■ 中国海关管理干部学院资助出版项目

特许权使用费海关估价与稽查案例研究

谷儒堂 许圣兵 著

燕山大学出版社

·秦皇岛·

图书在版编目（CIP）数据

特许权使用费海关估价与稽查案例研究 / 谷儒堂，许圣兵著．—2 版．—秦皇岛：燕山大学出版社，2022.1

ISBN 978-7-5761-0301-4

Ⅰ．①特… Ⅱ．①谷… ②许… Ⅲ．①特许经营－费用－海关估值－案例②特许经营－费用－税务稽查－案例 Ⅳ.①F713.3

中国版本图书馆 CIP 数据核字（2022）第 004356 号

特许权使用费海关估价与稽查案例研究

谷儒堂 许圣兵 著

出 版 人：陈 玉

责任编辑：孙志强

封面设计：朱玉慧

出版发行：燕山大学出版社 YANSHAN UNIVERSITY PRESS

地 址：河北省秦皇岛市河北大街西段 438 号

邮政编码：066004

电 话：0335-8387555

印 刷：英格拉姆印刷(固安)有限公司

经 销：全国新华书店

开 本：700mm×1000mm 1/16　印 张：14.75　字 数：220 千字

版 次：2022 年 1 月第 2 版　印 次：2022 年 1 月第 1 次印刷

书 号：ISBN 978-7-5761-0301-4

定 价：45.00 元

《特许权使用费海关估价与稽查案例研究》

撰　写　组

组　长：谷儒堂

副组长：许圣兵

成　员：（按姓氏笔画排序）

王　栋　王　浩　丘锦堂　庄智铉　杜庆生

李　骏　杨振宇　杨鑫炜　吴柯华　何　峰

谷　丰　张建国　陈　康　范海文　郑琳琳

郑萱萱　娄振峰　曹鹏鹏　潘瀚铖

序　一

粗读《特许权使用费海关估价与稽查案例研究》，备感欣慰，在学术界终于有一本这方面的专著，它对于指导海关估价和稽查工作有重要参考价值，对企业也有重要参考价值。

全国通关一体化改革对传统海关作业带来根本性的变化，同时也对海关税收征管工作和稽查工作带来了新的挑战。在新时代、新海关的大背景下，海关税收征管和稽查的任务越来越重，其中特许权使用费海关估价和稽查工作是重中之重。

特许权使用费海关估价和稽查是一项技术性很强的工作，需要加强研究，为海关工作提供动力，希望该专著尽快出版发行。

海关稽查一级专家
南京海关副关长

2018 年 4 月 22 日

序　二

欣闻《特许权使用费海关估价与稽查案例研究》即将付梓，既感动又欣慰。感动的是在谷儒堂老师的带领下，在收集大量实操材料的基础上，经过辛勤耕耘，终有所突破和创新；欣慰的是，海关学人在学术界终于有一本这方面的专著。通过以案说法，不仅能对指导海关估价和稽查工作发挥重要的启示作用，对广大企业实施合规管理，同样也具有重要的参考价值。

众所周知，海关估价有两个难啃的硬骨头：一是特许权使用费；二是关联企业之间交易。是否成为海关完税价格的组成部分，并非仅观察费用本身，还需要海关甄别围绕交易的各项因素和条件。这也是海关和纳税人最具争议的焦点。海关通过引入后续管理和风险稽查，大大拓展了海关征管的时空，其中，对于特许权使用费海关估价拓展了更为广阔的舞台。

由于海关估价本身就是一项集专业性、技术性和法律政策性于一体的工作，不仅需要基本的相关法律知识，而且还需要具体的实操经验为支撑。本书以案例为线索，以法律政策知识为铺垫，对征纳双方而言，对化解海关估价难题大有好处。期盼该专著能够早日出版发行。

海关一级专家（关税）
海关总署研究中心副主任　苏铁
2018年4月24日

前　言

近年来，随着我国进口结构的变化，伴随货物进口的知识产权引进日益增多，特许权使用费在对外贸易中出现的频率越来越高，海关税收征管和稽查工作面临新的机遇与挑战，从而这一领域的研究也进入了一个新阶段。

在我国，特许权使用费的研究主要是应用研究，理论研究还有待深入。但海关和企业相关践行者对特许权使用费问题进行了理性思考，如王栋结合《专利法》《著作权法》《商标法》对成套设备引进涉及的特许权使用费与海关估价进行了研究，对部分费用性质认定提出了相关观点（2012），林弘、严晓莉对完善特许权使用费估价问题的路径进行了探讨（2014），李骏对专利和专有技术使用费的应税标准进行了深入探讨，并对机械、化工和药品行业中间体所涉及的专利或专有技术使用费问题进行了分析（2017），刘天水从典型案例入手，就企业如何应对海关对进口货物特许权使用费的专项稽查进行了研究（2017）。

在国际上，对特许权使用费研究比较深入的是世界海关组织估价技术委员会有关的估价案例研究，为世界各国海关估价提供指引；在立法上，比较健全的是欧盟、美国和日本，特别是美国诸多涉及特许权使用费海关估价的判例，在构成本国重要法律渊源的同时，也为各国立法提供参考。

近年来，我国学者开始重视特许权使用费案例研究，如张雪梅对进口货物特许权使用费海关估价案例进行了较为深入的分析（2011），查贵勇以典型案例形式对这一费用进行了解读。在海关系统，关税征管司组织人力编写了不少估价案例，其中包括特许权使用费估价案例。但总的来看，目前国内各界对特许权使用费海关估价案例研究刚刚起步，处于碎片阶段。就笔者所知，目前鲜有专门研究特许权使用费海关估价与稽查案例的著作。在这种情况下，

《特许权使用费海关估价与稽查案例研究》应运而生。

编写本专著的目的可以概括为以下几个方面：

一是为海关和企业提供参考。特许权使用费海关估价和稽查技术性强、专业难度高，是海关管理的难题，在我国海关实际工作中存在着发现难、取证难、认定难、分摊难、征管难等问题，特别需要一本相关著作提供参考；另一方面，随着海关改革的不断深入，关税自报自缴制度也已成为关税征管制度改革的方向，而企业这方面的知识相对匮乏，如漏报应税特许权使用费易导致后续行政处罚，因此也需要相关研究成果提供参考和指引。

二是密切学院与海关合作关系，为学院进行专业培训打下基础。作为关税四大技术之一的海关估价与监督进出口活动真实性、合法性的稽查业务将是今后海关培训工作的一个重点和热点，海关和企业都有需求。随着学院与海关估价和稽查专家的合作与交流，海关与学院关系会进一步密切，学院情结会不断强化，他们会成为学院坚定而优秀的兼职教师，为学院海关业务培训提供智力支持。

三是为开展进一步研究打基础。本书是一种基础性研究工作，本书完成后，可对相关个案进行进一步研究。

本专著共设 5 章及附录，主要内容如下：

第一章是特许权使用费海关估价相关规定，主要介绍特许权使用费海关估价的相关法律、法规和行政规章，作为本案例研究的依据。第二章是海关估价案例研究，侧重在估价技术层面研究特许权使用费。第三章是海关稽查案例研究，侧重在稽查技术层面研究特许权使用费。第四章是 WCO 海关估价技术委员会相关案例，该部分案例对各国海关估价工作具有重要参考意义，但不是我国法律依据。第五章是世界主要国家相关案例和判例，作为特许权使用费海关估价案例研究的参考。附录共选择了 6 篇相关论文，以期从理论上指导特许权使用费海关估价与稽查案例的研究。

特许权使用费既是一个技术问题，也是一政治问题，由于各国利益不同，看问题的角度也存在诸多差异，有鉴于此，《WTO 估价协定》对该问题仅作出简单规定，与此相适应，我国《审价办法》对该问题的规定也不可能十分详细。立场不同，观点各异。正因为如此，同样案例会有不同观点，观点撞击启发的思考也正是本书起意的原因之一。

鉴于时间及作者本身能力所限，本专著难免有疏漏之处，可能存在这样或那样问题，敬请各位读者斧正。

谷儒堂

2018 年 4 月 21 日于中国海关管理干部学院

目　　录

第一章 特许权使用费海关估价相关规定

第一节 国际法渊源

一、《世界海关组织估价协定》第一条及其说明

（一）《世界海关组织估价协定》第一条

1. 进口货物的完税价格应为成交价格，即为该货物出口销售至进口国时依照第 8 条的规定进行调整后的实付或应付的价格，只要：

（a）不对买方处置或使用该货物设置限制，但下列限制除外：

（i）进口国法律或政府主管机关强制执行或要求的限制；

（ii）对该货物转售地域的限制；

（iii）对货物价格无实质影响的限制。

（b）销售或价格不受某些使被估价货物的价值无法确定的条件或因素的影响。

（c）卖方不得直接或间接得到买方随后对该货物转售、处置或使用后的任何收入，除非能够依照第 8 条的规定进行适当调整。

（d）买方和卖方无特殊关系，或在买方和卖方有特殊关系的情况下，根据第 2 款的规定为完税目的的成交价格是可接受的。

2.（a）在确定成交价格是否就第 1 款而言可接受时，买卖双方之间存在属第 15 条范围内的特殊关系的事实本身并不得构成将该成交价格视为不能接受的理由。在此种情况下，应审查围绕该项销售的情况，只要此种关系并未影响价格，则即应接受该成交价格。如按照进口商或其他方面提供的信息，海关有理由认为此种关系影响价格，则海关应将其理由告知进口商，并给予

进口商作出反应的合理机会。如进口商提出请求，则海关应以书面形式将其理由通知进口商。

（b）在有特殊关系的人之间的销售中，只要进口商证明成交价格非常接近于下列同时或大约同时发生的价格之一，则该成交价格应被接受，并依照第 1 款的规定对该货物进行估价：

（i）供出口至相同进口国的相同或类似货物售予无特殊关系的买方的成交价格；

（ii）根据第 5 条的规定确定的相同或类似货物的完税价格；

（iii）根据第 6 条的规定确定的相同或类似货物的完税价格。

在适用上述测试价格时，应适当考虑在商业水平、数量水平、第 8 条包含要素以及在买卖双方无特殊关系的销售中卖方承担的费用与在买卖双方有特殊关系的销售中卖方不予承担的费用方面的已证实的差异。

（c）第 2 款（b）项所列测试价格应在进口商自行提出后使用，且仅用于进行比较的目的。不得根据第 2 款（b）项的规定确定替代价格。

（二）《世界海关组织估价协定》附件一对第一条的说明

1. 实付或应付价格指买方为进口货物向卖方或为卖方利益而已付或应付的支付总额。支付未必采取资金转移的形式。支付可采取信用证或可转让信用工具的形式。支付可以是直接的，也可以是间接的。间接支付的一个例子是买方全部或部分偿付卖方所欠债务。

2. 买方自负责任所从事的活动，除第 8 条规定的进行调整的活动外，即使可能被视为对卖方有利，也不被视为对卖方的间接支付。因此，在确定完税价格时，此类活动的费用不得计入实付或应付价格。

3. 完税价格不得包括下列费用或成本，只要这些费用或成本可与进口货物的实付或应付价格相区别：

（a）在如工厂、机械或设备等进口货物进口后发生的建设、安装、装配、维修或技术援助费用；

（b）进口后的运输费用；

（c）进口国的关税和国内税。

4. 实付或应付价格指对进口货物支付的价格。因此，买方向卖方支付的、与进口货物无关的股息或其他支付不属完税价格的一部分。

第 1 款（a）项（iii）目

在各项限制中，不会致使实付或应付价格不可接受的限制是对货物价格无实质影响的限制。此类限制的一个例子是：卖方要求汽车的购买者在代表新产品年度开始的一固定日期前不出售或展览这些汽车。

第 1 款（b）项

1. 如销售或价格受某些条件或因素的约束，从而使被估价货物的完税价格无法确定，则该成交价格不得为完税目的而被接受。这方面的例子包括：

（a）卖方以买方也将购买指定数量的其他货物为条件而确定进口货物的价格；

（b）进口货物的价格取决于进口货物的买方向进口货物的卖方销售其他货物的价格；

（c）依据与进口货物无关的支付形式确定的价格。例如，进口货物是以卖方将收到一定数量的制成品为条件而提供的半制成品。

2. 但是，与进口货物的生产和销售有关的条件或因素不得导致成交价格被拒绝。例如，买方向卖方提供在进口国进行的工程和设计的事实不得导致就第 1 条而言的成交价格被拒绝。同样，如买方自负责任从事与进口货物的销售有关的活动，即使经卖方同意，这些活动的价值既不是完税价格的一部分，也不应导致成交价格被拒绝。

第 2 款

1. 第 2 款（a）项和（b）项规定了确定成交价格的可接受性的不同方法。

2. 第 2 款（a）项规定，如买方和卖方有特殊关系，则应审查围绕销售的情况，只要此种关系未曾影响价格，即应将成交价格按完税价格接受。这并不意味着在买卖双方有特殊关系的所有情况下均对有关情况进行审查。只有在怀疑价格的可接受性时才要求进行此种审查。如海关不怀疑价格的可接受性，则应接受该价格而不再要求进口商提供进一步的信息。例如，海关以往已对此种关系进行审查，或海关可能已经获得买卖双方的详细信息，并且可能已经通过此种审查或信息确信此种关系并未影响价格。

3. 如海关不进行进一步调查即不能接受成交价格，则海关应给予进口商提供海关审查围绕销售的情况所必需的进一步详细信息的机会。在这方面，海关应准备好审查交易的有关方面，包括买卖双方组织其商业关系的方式和制定所涉价格的方法，以便确定此种关系是否影响价格。如审查表明，虽然根据第15条的规定买卖双方有特殊关系，但双方之间的相互买卖如同无特殊关系一样，则这一点可证明价格并未受到此种关系的影响。例如，如定价方式与所涉产业的正常定价做法相一致或与卖方制定售予与其无特殊关系的买方的价格的方法相一致，则这一点可证明该价格未受此种关系的影响。又如，如证明价格足以收回全部成本加利润，该利润代表该公司在一代表期内（如按年度计）销售同级别或同种类货物所实现的总利润，则可表明该价格未受影响。

4. 第2款（b）项向进口商提供机会，使其能够证明成交价格与海关以往接受的“测试”价格非常接近，因此根据第1条的规定是可接受的。如符合第2款（b）项规定的测试价格，则不必根据第2款（a）项审查影响的问题。如海关已获得充分信息，而不需进行进一步详细调查即可确信第2款（b）项中规定的测试价格之一已经符合，则海关无理由要求进口商证明可符合该测试价格。在第2款（b）项中，“无特殊关系的买方”指在任何特定情况下与卖方均无特殊关系的买方。

第2款（b）项

在确定一价格是否“非常接近”另一价格时，必须考虑许多因素。这些因素包括进口货物的性质、产业本身的性质、货物进口的季节以及价格上的差异是否具有商业意义。由于这些因素可因情况不同而不同，无法对每种情况适用一个统一标准，如一固定的百分比。例如，在确定成交价格是否非常接近第10条第2款（b）项中规定的“测试”价格时，在涉及一种货物的情况下价格上的较小差异可能是不可以接受的，而在涉及另一种货物的情况下价格上的较大差异却可能是可以接受的。

二、《世界海关组织估价协定》第八条及其说明

（一）《世界海关组织估价协定》第八条

1. 在根据第1条的规定确定完税价格时，应在进口货物的实付或应付价格中加入：

（a）下列各项，要由买方负担但未包括在货物实付或应付的价格中：

（i）佣金和经纪费用，购买佣金除外；

（ii）为完税目的而与所涉货物被视为一体的容器费用；

（iii）包装费用，无论是人工费用还是材料费用。

（b）与进口货物的生产和销售供出口有关的、由买方以免费或降低使用成本的方式直接或间接供应的酌情按比例分摊的下列货物和服务的价值，只要该价值未包括在实付或应付的价格中：

（i）进口货物包含的材料、部件、零件和类似货物；

（ii）在生产进口货物过程中使用的工具、冲模、铸模和类似货物；

（iii）在生产进口货物过程中消耗的材料；

（iv）生产进口货物所必需的、在进口国以外的其他地方所从事的工程、开发、工艺、设计工作以及计划和规划。

（c）作为被估价货物销售的条件，买方必须直接或间接支付与被估价货物有关的特许权使用费和许可费，只要该特许权使用费和许可费未包括在实付或应付的价格中。

（d）进口货物任何随后进行的转售、处置或使用而使卖方直接或间接获得的收入的任何部分的价值。

2. 每一成员在制定法规时，应对将下列各项内容全部或部分地包括或不包括在完税价格之中作出规定：

（a）进口货物运至进口港或进口地的费用；

（b）与进口货物运至进口港或进口地相关的装卸费和处理费；

（c）保险费。

3. 根据本条规定加入实付和应付价格中的费用应以客观和可量化的数据为依据。

4. 除本条所规定的内容外，在确定完税价格时，不得将其他内容计入实付或应付价格。

（二）对第八条的说明

第 1 款（a）项（i）目

“购买佣金”一词指进口商向其代理人为代表其在国外购买被估价货物中所提供的服务而支付的费用。

第 1 款（b）项（ii）目

1. 第 8 条第 1 款（b）项（ii）目所列要素分摊到进口货物的问题涉及两个因素，即要素本身的价值和价值分摊到进口货物的方式。这些要素的分摊应以适合有关情况的合理方式并依照公认的会计原则进行。

2. 关于要素的价值，如进口商以一特定成本自与其无特殊关系的卖方获得该要素，则该要素的价值即为该成本。如该要素由进口商生产或由与其有特殊关系的人生产，则该价值为生产该要素的成本。如该要素以往被进口商使用过，则无论是由进口商获得的还是由其生产的，为获得该要素的价值，需将最初获得或生产该要素的成本向下调整以反映其曾被使用的事实。

3. 有关要素的价值一经确定，即有必要将该价值分摊到进口货物中。这方面存在多种可能性。例如，进口商希望一次性支付全部价值的税款，则该价值可分摊到第一批装运货物中。又如，进口商可要求将该价值分摊至直至第一批装运货物发运时已生产的单位数量中。再如，进口商可要求将价值分摊到对生产订有合同或有确切承诺的全部预计生产中。所使用的分摊方法将取决于进口商所提供的单证。

4. 作为上述内容的例子，一进口商向生产商提供了一件用于生产进口货物的模具，并与生产商订立了购买 10000 个单位进口货物的合同。到第一批 1000 个单位的装运物货物到货时，生产商已生产了 4000 个单位的产品。进口商可要求海关将该模具的价值分摊到 1000 个单位、4000 个单位或 10000 个单位中。

第 1 款（b）项（iv）目

1. 第 8 条第 1 款（b）项（iv）目中所列增加要素应以客观和可量化的数据为依据。为将进口商和海关在确定应增加价值方面的负担减少到最小程度，应尽可能使用买方商业记录系统中的可容易获得的数据。

2. 对于由买方提供的、买方购买或租赁的要素，增加的要素即为购买或租赁的成本。对于在公共范围内可获得的要素均不得增加，但获得这些要素复制品的费用除外。

3. 计算应加入价值的难易程度取决于一特定公司的体制、管理惯例以及会计方法。

4. 例如，自几个国家进口多种产品的一公司可能保存其在进口国以外的设计中心的记录，从而可以准确表明可归因于一特定产品的费用。在此类情况下，可根据第 8 条的规定适当作出直接调整。

5. 在另一种情况下，一公司可将进口国以外的设计中心的费用作为公司一般管理费用记账，而不分摊到具体产品。在这种情况下，可根据第 8 条的规定，通过将设计中心总费用分摊到从该设计中已获益的全部产品按单位基数将所分摊的费用加入进口产品中，从而对进口产品作出调整。

6. 当然，以上情况的变化在确定适当分摊方法时需要考虑不同的因素。

7. 如所涉要素的生产涉及许多国家并发生在一段时间内，则调整应限于在进口国以外实际增加至该项要素中的价值。

第 1 款（c）项

1. 第 8 条第 1 款（c）项所指的特许权使用费和许可费，可特别包括对专利、商标和版权所支付的费用。但是，在进口国中复制进口货物的权利所需的费用不得计入进口货物的实付或应付价格。

2. 买方为获得进口货物分销或转售权利而支付的费用不得计入进口货物实付或应付价格，如此类支付不构成进口货物向进口国销售供出口的条件。

第 3 款

如对于根据第 8 条的规定需要增加的要素不存在客观和可量化的数据，则成交价格不能根据第 1 条的规定确定。例如，特许权使用费是按一特定产品在进口国以升为单位销售的价格支付的，而该产品是按公斤进口的，进口后被制成溶液。如特许权使用费部分依据进口货物，部分依据与进口货物无关的其他因素（例如，进口货与国产成分混合而无法分辨，或特许权使用费无法与买卖双方之间的特殊财务安排区分开来），则试图增加特许权使用费是不适当的。但是，如该项特许权使用费的金额仅依据进口货物，并且容易量化，则可计入实付或应付价格。

第二节　国内法渊源

一、《中华人民共和国海关法》相关规定

第四十五条　自进出口货物放行之日起三年内或者在保税货物、减免税进口货物的海关监管期限内及其后的三年内，海关可以对与进出口货物直接有

关的企业、单位的会计账簿、会计凭证、报关单证以及其他有关资料和有关进出口货物实施稽查。具体办法由国务院规定。

第五十五条　进出口货物的完税价格，由海关以该货物的成交价格为基础审查确定。成交价格不能确定时，完税价格由海关依法估定。

进口货物的完税价格包括货物的货价、货物运抵中华人民共和国境内输入地点起卸前的运输及其相关费用、保险费；出口货物的完税价格包括货物的货价、货物运至中华人民共和国境内输出地点装载前的运输及其相关费用、保险费，但是其中包含的出口关税税额，应当予以扣除。

进出境物品的完税价格，由海关依法确定。

二、《中华人民共和国进出口关税条例》相关规定

第十八条　进口货物的完税价格由海关以符合本条第三款所列条件的成交价格以及该货物运抵中华人民共和国境内输入地点起卸前的运输及其相关费用、保险费为基础审查确定。

进口货物的成交价格，是指卖方向中华人民共和国境内销售该货物时买方为进口该货物向卖方实付、应付的，并按照本条例第十九条、第二十条规定调整后的价款总额，包括直接支付的价款和间接支付的价款。

进口货物的成交价格应当符合下列条件：

（一）对买方处置或者使用该货物不予限制，但法律、行政法规规定实施的限制、对货物转售地域的限制和对货物价格无实质性影响的限制除外；

（二）该货物的成交价格没有因搭售或者其他因素的影响而无法确定；

（三）卖方不得从买方直接或者间接获得因该货物进口后转售、处置或者使用而产生的任何收益，或者虽有收益但能够按照本条例第十九条、第二十条的规定进行调整；

（四）买卖双方没有特殊关系，或者虽有特殊关系但未对成交价格产生影响。

第十九条　进口货物的下列费用应当计入完税价格：

（一）由买方负担的购货佣金以外的佣金和经纪费；

（二）由买方负担的在审查确定完税价格时与该货物视为一体的容器的费用；

（三）由买方负担的包装材料费用和包装劳务费用；

（四）与该货物的生产和向中华人民共和国境内销售有关的，由买方以免费或者以低于成本的方式提供并可以按适当比例分摊的料件、工具、模具、消耗材料及类似货物的价款，以及在境外开发、设计等相关服务的费用；

（五）作为该货物向中华人民共和国境内销售的条件，买方必须支付的、与该货物有关的特许权使用费；

（六）卖方直接或者间接从买方获得的该货物进口后转售、处置或者使用的收益。

第二十条　进口时在货物的价款中列明的下列税收、费用，不计入该货物的完税价格：

（一）厂房、机械、设备等货物进口后进行建设、安装、装配、维修和技术服务的费用；

（二）进口货物运抵境内输入地点起卸后的运输及其相关费用、保险费；

（三）进口关税及国内税收。

三、《中华人民共和国海关稽查条例》相关规定

第二条　本条例所称海关稽查，是指海关自进出口货物放行之日起3年内或者在保税货物、减免税进口货物的海关监管期限内及其后的3年内，对与进出口货物直接有关的企业、单位的会计账簿、会计凭证、报关单证以及其他有关资料（以下统称账簿、单证等有关资料）和有关进出口货物进行核查，监督其进出口活动的真实性和合法性。

第三条　海关对下列与进出口货物直接有关的企业、单位实施海关稽查：

（一）从事对外贸易的企业、单位；

（二）从事对外加工贸易的企业；

（三）经营保税业务的企业；

（四）使用或者经营减免税进口货物的企业、单位；

（五）从事报关业务的企业；

（六）海关总署规定的与进出口货物直接有关的其他企业、单位。

第六条　与进出口货物直接有关的企业、单位所设置、编制的会计账簿、会计凭证、会计报表和其他会计资料，应当真实、准确、完整地记录和反映

进出口业务的有关情况。

第七条 与进出口货物直接有关的企业、单位应当依照有关法律、行政法规规定的保管期限，保管会计账簿、会计凭证、会计报表和其他会计资料。

报关单证、进出口单证、合同以及与进出口业务直接有关的其他资料，应当在本条例第二条规定的期限内保管。

第八条 与进出口货物直接有关的企业、单位会计制度健全，能够通过计算机正确、完整地记账、核算的，其计算机储存和输出的会计记录视同会计资料。

第十四条 海关进行稽查时，可以行使下列职权：

（一）查阅、复制被稽查人的账簿、单证等有关资料；

（二）进入被稽查人的生产经营场所、货物存放场所，检查与进出口活动有关的生产经营情况和货物；

（三）询问被稽查人的法定代表人、主要负责人员和其他有关人员与进出口活动有关的情况和问题；

（四）经直属海关关长或者其授权的隶属海关关长批准，查询被稽查人在商业银行或者其他金融机构的存款账户。

第十五条 海关进行稽查时，发现被稽查人有可能转移、隐匿、篡改、毁弃账簿、单证等有关资料的，经直属海关关长或者其授权的隶属海关关长批准，可以查封、扣押其账簿、单证等有关资料以及相关电子数据存储介质。采取该项措施时，不得妨碍被稽查人正常的生产经营活动。

海关对有关情况查明或者取证后，应当立即解除对账簿、单证等有关资料以及相关电子数据存储介质的查封、扣押。

第十七条 被稽查人应当配合海关稽查工作，并提供必要的工作条件。

第十八条 被稽查人应当接受海关稽查，如实反映情况，提供账簿、单证等有关资料，不得拒绝、拖延、隐瞒。

被稽查人使用计算机记账的，应当向海关提供记账软件、使用说明书及有关资料。

第十九条 海关查阅、复制被稽查人的账簿、单证等有关资料或者进入被稽查人的生产经营场所、货物存放场所检查时，被稽查人的法定代表人或者主要负责人员或者其指定的代表应当到场，并按照海关的要求清点账簿、打开货物存放场所、搬移货物或者开启货物包装。

第二十条　海关进行稽查时，与被稽查人有财务往来或者其他商务往来的企业、单位应当向海关如实反映被稽查人的有关情况，提供有关资料和证明材料。

第二十一条　海关进行稽查时，可以委托会计、税务等方面的专业机构就相关问题作出专业结论。

被稽查人委托会计、税务等方面的专业机构作出的专业结论，可以作为海关稽查的参考依据。

第二十四条　经海关稽查，发现关税或者其他进口环节的税收少征或者漏征的，由海关依照海关法和有关税收法律、行政法规的规定向被稽查人补征；因被稽查人违反规定而造成少征或者漏征的，由海关依照海关法和有关税收法律、行政法规的规定追征。

被稽查人在海关规定的期限内仍未缴纳税款的，海关可以依照海关法第六十条第一款、第二款的规定采取强制执行措施。

第三十一条　被稽查人未按照规定编制或者保管报关单证、进出口单证、合同以及与进出口业务直接有关的其他资料的，由海关责令限期改正，逾期不改正的，处 1 万元以上 5 万元以下的罚款；情节严重的，撤销其报关注册登记；对负有直接责任的主管人员和其他直接责任人员处 1000 元以上 5000 元以下的罚款。

四、《中华人民共和国海关审定进出口货物完税价格办法》相关规定

第七条　进口货物的成交价格，是指卖方向中华人民共和国境内销售该货物时买方为进口该货物向卖方实付、应付的，并且按照本章第三节的规定调整后的价款总额，包括直接支付的价款和间接支付的价款。

第八条　进口货物的成交价格应当符合下列条件：

（一）对买方处置或者使用进口货物不予限制，但是法律、行政法规规定实施的限制、对货物销售地域的限制和对货物价格无实质性影响的限制除外；

（二）进口货物的价格不得受到使该货物成交价格无法确定的条件或者因素的影响；

（三）卖方不得直接或者间接获得因买方销售、处置或者使用进口货物而

产生的任何收益，或者虽然有收益但是能够按照本办法第十一条第一款第四项的规定做出调整；

（四）买卖双方之间没有特殊关系，或者虽然有特殊关系但是按照本办法第十七条、第十八条的规定未对成交价格产生影响。

第九条　有下列情形之一的，应当视为对买方处置或者使用进口货物进行了限制：

（一）进口货物只能用于展示或者免费赠送的；

（二）进口货物只能销售给指定第三方的；

（三）进口货物加工为成品后只能销售给卖方或者指定第三方的；

（四）其他经海关审查，认定买方对进口货物的处置或者使用受到限制的。

第十条　有下列情形之一的，应当视为进口货物的价格受到了使该货物成交价格无法确定的条件或者因素的影响：

（一）进口货物的价格是以买方向卖方购买一定数量的其他货物为条件而确定的；

（二）进口货物的价格是以买方向卖方销售其他货物为条件而确定的；

（三）其他经海关审查，认定货物的价格受到使该货物成交价格无法确定的条件或者因素影响的。

第十一条　以成交价格为基础审查确定进口货物的完税价格时，未包括在该货物实付、应付价格中的下列费用或者价值应当计入完税价格：

（一）由买方负担的下列费用：

1. 除购货佣金以外的佣金和经纪费；

2. 与该货物视为一体的容器费用；

3. 包装材料费用和包装劳务费用。

（二）与进口货物的生产和向中华人民共和国境内销售有关的，由买方以免费或者以低于成本的方式提供，并且可以按适当比例分摊的下列货物或者服务的价值：

1. 进口货物包含的材料、部件、零件和类似货物；

2. 在生产进口货物过程中使用的工具、模具和类似货物；

3. 在生产进口货物过程中消耗的材料；

4. 在境外进行的为生产进口货物所需的工程设计、技术研发、工艺及制图等相关服务。

（三）买方需向卖方或者有关方直接或者间接支付的特许权使用费，但是符合下列情形之一的除外：

1. 特许权使用费与该货物无关；

2. 特许权使用费的支付不构成该货物向中华人民共和国境内销售的条件。

（四）卖方直接或者间接从买方对该货物进口后销售、处置或者使用所得中获得的收益。

纳税义务人应当向海关提供本条所述费用或者价值的客观量化数据资料。纳税义务人不能提供的，海关与纳税义务人进行价格磋商后，按照本办法第六条列明的方法审查确定完税价格。

第十二条　在根据本办法第十一条第一款第二项确定应当计入进口货物完税价格的货物价值时，应当按照下列方法计算有关费用：

（一）由买方从与其无特殊关系的第三方购买的，应当计入的价值为购入价格；

（二）由买方自行生产或者从有特殊关系的第三方获得的，应当计入的价值为生产成本；

（三）由买方租赁获得的，应当计入的价值为买方承担的租赁成本；

（四）生产进口货物过程中使用的工具、模具和类似货物的价值，应当包括其工程设计、技术研发、工艺及制图等费用。

如果货物在被提供给卖方前已经被买方使用过，应当计入的价值为根据国内公认的会计原则对其进行折旧后的价值。

第十三条　符合下列条件之一的特许权使用费，应当视为与进口货物有关：

（一）特许权使用费是用于支付专利权或者专有技术使用权，且进口货物属于下列情形之一的：

1. 含有专利或者专有技术的；

2. 用专利方法或者专有技术生产的；

3. 为实施专利或者专有技术而专门设计或者制造的。

（二）特许权使用费是用于支付商标权，且进口货物属于下列情形之一的：

1. 附有商标的；

2. 进口后附上商标直接可以销售的；

3. 进口时已含有商标权，经过轻度加工后附上商标即可以销售的。

（三）特许权使用费是用于支付著作权，且进口货物属于下列情形之一的：

1. 含有软件、文字、乐曲、图片、图像或者其他类似内容的进口货物，包括磁带、磁盘、光盘或者其他类似载体的形式；

2. 含有其他享有著作权内容的进口货物。

（四）特许权使用费是用于支付分销权、销售权或者其他类似权利，且进口货物属于下列情形之一的：

1. 进口后可以直接销售的；

2. 经过轻度加工即可以销售的。

第十四条　买方不支付特许权使用费则不能购得进口货物，或者买方不支付特许权使用费则该货物不能以合同议定的条件成交的，应当视为特许权使用费的支付构成进口货物向中华人民共和国境内销售的条件。

第十五条　进口货物的价款中单独列明的下列税收、费用，不计入该货物的完税价格：

（一）厂房、机械或者设备等货物进口后发生的建设、安装、装配、维修或者技术援助费用，但是保修费用除外；

（二）进口货物运抵中华人民共和国境内输入地点起卸后发生的运输及其相关费用、保险费；

（三）进口关税、进口环节海关代征税及其他国内税；

（四）为在境内复制进口货物而支付的费用；

（五）境内外技术培训及境外考察费用。

同时符合下列条件的利息费用不计入完税价格：

（一）利息费用是买方为购买进口货物而融资所产生的；

（二）有书面的融资协议的；

（三）利息费用单独列明的；

（四）纳税义务人可以证明有关利率不高于在融资当时当地此类交易通常应当具有的利率水平，且没有融资安排的相同或者类似进口货物的价格与进口货物的实付、应付价格非常接近的。

第三十四条　进口载有专供数据处理设备用软件的介质，具有下列情形之一的，应当以介质本身的价值或者成本为基础审查确定完税价格：

（一）介质本身的价值或者成本与所载软件的价值分列；

（二）介质本身的价值或者成本与所载软件的价值虽未分列，但是纳税义务人能够提供介质本身的价值或者成本的证明文件，或者能提供所载软件价值的证明文件。

含有美术、摄影、声音、图像、影视、游戏、电子出版物的介质不适用前款规定。

第五十一条　本办法中下列用语的含义：

境内，是指中华人民共和国海关关境内。

完税价格，是指海关在计征关税时使用的计税价格。

买方，是指通过履行付款义务，购入货物，并且为此承担风险，享有收益的自然人、法人或者其他组织。其中进口货物的买方是指向中华人民共和国境内购入进口货物的买方。

卖方，是指销售货物的自然人、法人或者其他组织。其中进口货物的卖方是指向中华人民共和国境内销售进口货物的卖方。

向中华人民共和国境内销售，是指将进口货物实际运入中华人民共和国境内，货物的所有权和风险由卖方转移给买方，买方为此向卖方支付价款的行为。

实付、应付价格，是指买方为购买进口货物而直接或者间接支付的价款总额，即作为卖方销售进口货物的条件，由买方向卖方或者为履行卖方义务向第三方已经支付或者将要支付的全部款项。

间接支付，是指买方根据卖方的要求，将货款全部或者部分支付给第三方，或者冲抵买卖双方之间的其他资金往来的付款方式。

购货佣金，是指买方为购买进口货物向自己的采购代理人支付的劳务费用。

经纪费，是指买方为购买进口货物向代表买卖双方利益的经纪人支付的劳务费用。

相同货物，是指与进口货物在同一国家或者地区生产的，在物理性质、质量和信誉等所有方面都相同的货物，但是表面的微小差异允许存在。

类似货物，是指与进口货物在同一国家或者地区生产的，虽然不是在所有方面都相同，但是却具有相似的特征、相似的组成材料、相同的功能，并且在商业中可以互换的货物。

大约同时，是指海关接受货物申报之日的大约同时，最长不应当超过前后 45 日。按照倒扣价格法审查确定进口货物的完税价格时，如果进口货物、相同或者类似货物没有在海关接受进口货物申报之日前后45日内在境内销售，可以将在境内销售的时间延长至接受货物申报之日前后 90 日内。

公认的会计原则，是指在有关国家或者地区会计核算工作中普遍遵循的原则性规范和会计核算业务的处理方法，包括对货物价值认定有关的权责发生制原则、配比原则、历史成本原则、划分收益性与资本性支出原则等。

特许权使用费，是指进口货物的买方为取得知识产权权利人及权利人有效授权人关于专利权、商标权、专有技术、著作权、分销权或者销售权的许可或者转让而支付的费用。

技术培训费用，是指基于卖方或者与卖方有关的第三方对买方派出的技术人员进行与进口货物有关的技术指导，进口货物的买方支付的培训师资及人员的教学、食宿、交通、医疗保险等其他费用。

软件，是指《计算机软件保护条例》规定的用于数据处理设备的程序和文档。

专有技术，是指以图纸、模型、技术资料和规范等形式体现的尚未公开的工艺流程、配方、产品设计、质量控制、检测以及营销管理等方面的知识、经验、方法和诀窍等。

轻度加工，是指稀释、混合、分类、简单装配、再包装或者其他类似加工。

同等级或者同种类货物，是指由特定产业或者产业部门生产的一组或者一系列货物中的货物，包括相同货物或者类似货物。

介质，是指磁带、磁盘、光盘。

价格核查，是指海关为确定进出口货物的完税价格，依法行使本办法第四十三条规定的职权，通过审查单证、核实数据、核对实物及相关账册等方法，对进出口货物申报成交价格的真实性、准确性以及买卖双方之间是否存在特殊关系影响成交价格进行的审查。

价格磋商，是指海关在使用除成交价格以外的估价方法时，在保守商业秘密的基础上，与纳税义务人交换彼此掌握的用于确定完税价格的数据资料的行为。

起卸前，是指货物起卸行为开始之前。

装载前，是指货物装载行为开始之前。

五、《中华人民共和国海关进出口货物报关单填制规范》相关规定

四十五、与货物有关的特许权使用费支付确认

本栏目根据《审价办法》第十一条和第十三条，填报确认买方是否存在向卖方或者有关方直接或者间接支付与进口货物有关的特许权使用费，且未包括在进口货物的实付、应付价格中。

买方存在需向卖方或者有关方直接或者间接支付特许权使用费，且未包含在进口货物实付、应付价格中，并且符合《审价办法》第十三条的，在“支付特许权使用费确认”栏目应填报“是”。

买方存在需向卖方或者有关方直接或者间接支付特许权使用费，且未包含在进口货物实付、应付价格中，但纳税义务人无法确认是否符合《审价办法》第十三条的，在本栏目应填报“是”。

买方存在需向卖方或者有关方直接或者间接支付特许权使用费，且未包含在实付、应付价格中，纳税义务人根据《审价办法》第十三条，可以确认需支付的特许权使用费与进口货物无关的，填报“否”。

买方不存在向卖方或者有关方直接或者间接支付特许权使用费的，或者特许权使用费已经包含在进口货物实付、应付价格中的，填报“否”。

本栏目出口货物免予填报，加工贸易及保税监管货物（内销保税货物除外）免予填报。

六、《〈中华人民共和国海关稽查条例〉实施办法》相关规定

第三条　海关对与进出口货物直接有关的企业、单位（以下统称进出口企业、单位）的下列进出口活动实施稽查：

（一）进出口申报；

（二）进出口关税和其他税、费的缴纳；

（三）进出口许可证件和有关单证的交验；

（四）与进出口货物有关的资料记载、保管；

（五）保税货物的进口、使用、储存、维修、加工、销售、运输、展示和复出口；

（六）减免税进口货物的使用、管理；

（七）其他进出口活动。

第五条　进出口企业、单位应当依据《中华人民共和国会计法》以及其他有关法律、行政法规的规定设置、编制和保管会计账簿、会计凭证、会计报表和其他会计资料，建立内部管理制度，真实、准确、完整地记录和反映进出口活动。

进出口企业、单位应当编制和保管能够反映真实进出口活动的原始单证和记录等资料。

第十一条　海关稽查人员查阅、复制被稽查人的会计账簿、会计凭证、报关单证以及其他有关资料（以下统称账簿、单证等有关资料）时，被稽查人的法定代表人或者主要负责人或者其指定的代表（以下统称被稽查人代表）应当到场，按照海关要求如实提供并协助海关工作。

对被稽查人的账簿、单证等有关资料进行复制的，被稽查人代表应当在确认复制资料与原件无误后，在复制资料上注明出处、页数、复制时间以及“本件与原件一致，核对无误”，并签章。

被稽查人以外文记录账簿、单证等有关资料的，应当提供符合海关要求的中文译本。

第十二条　被稽查人利用计算机、网络通信等现代信息技术手段进行经营管理的，应当向海关提供账簿、单证等有关资料的电子数据，并根据海关要求开放相关系统、提供使用说明及其他有关资料。对被稽查人的电子数据进行复制的，应当注明制作方法、制作时间、制作人、数据内容以及原始载体存放处等，并由制作人和被稽查人代表签章。

第十六条　海关实施稽查时，可以向与被稽查人有财务往来或者其他商务往来的企业、单位收集与进出口活动有关的资料和证明材料，有关企业、单位应当配合海关工作。

第二十五条　进出口企业、单位主动向海关书面报告其违反海关监管规定的行为并接受海关处理的，海关可以认定有关企业、单位主动披露。但有下列情形之一的除外：

（一）报告前海关已经掌握违法线索的；

（二）报告前海关已经通知被稽查人实施稽查的；

（三）报告内容严重失实或者隐瞒其他违法行为的。

第二十六条　进出口企业、单位主动披露应当向海关提交账簿、单证等有关证明材料，并对所提交材料的真实性、准确性、完整性负责。

海关应当核实主动披露的进出口企业、单位的报告，可以要求其补充有关材料。

第二章　特许权使用费海关估价案例研究

第一节　一般案例研究

R 品牌护肤品商标费案

一、基本情况

（一）进口商

B 中国公司，系 F 国 R 有限公司在中国设立的全资子公司，进口带 R 品牌商标的护肤品，并从事 R 品牌护肤品在中国地区的销售。

（二）出口商

E 国 S 公司，系 F 国 R 有限公司在 E 国设立的全资子公司，从事 R 品牌护肤品在亚太地区的生产和物流分拨。

（三）商标持有人

F 国 R 有限公司，总部设于 F 国的跨国企业，组织全球范围内 R 品牌护肤品生产和销售。

二、审查过程

海关对 B 中国公司进行价格核查，发现 B 中国公司与 R 有限公司签订了《商标许可协议》，该协议规定：作为在业务中使用 R 商标的对价，B 中国公司每季度需要按 R 品牌护肤品国内销售净额的 3% 向 R 有限公司支付商标权使用费。海关对 B 中国公司所支付的商标使用费进行审核，确定是否应计入完税价格：

（一）审核商标权使用费是否与进口货物有关

B 中国公司所进口的护肤品，在进口状态下已经附带了 R 品牌商标。根据《审价办法》第十三条的规定："符合下列条件之一的特许权使用费，应当视为与进口货物有关：……（二）特许权使用费是用于支付商标权，且进口货物属于下列情形之一的：1. 附有商标的；……"可以确定 B 中国公司对外支付的商标权使用费与进口货物有关。

（二）审核商标权使用费是否构成进口货物的销售条件

在《商标许可协议》中规定：如果 B 中国公司不按协议规定按期支付商标权使用费，B 中国公司将不得在国内销售附有 R 商标的商品。因此所支付的商标权使用费构成了货物进口销售条件。

综上所述，B 中国公司对外支付的商标权使用费应计入完税价格。

汽车零配件专利和专有技术使用费估价案例

一、基本情况

位于中国境内的 B 汽车配件公司是 E 国 S 集团公司在中国设立的全资子公司。B 汽车配件公司向 S 集团公司购买并进口汽车油泵零部件，在国内生产发动机油泵。B 汽车配件公司所生产的产品主要为几家汽车生产企业提供配套。

二、审查过程

经对比 B 汽车配件公司主要进口产品和其他公司进口类似货物的申报价格数据，海关发现该公司申报价格明显偏低。海关遂对 B 汽车配件公司进口货物开展后续价格核查。

经审查 B 汽车配件公司的审计报告，海关发现该公司对外支付了技术提成费。因此，海关进一步向 B 汽车配件公司调阅了相关的《技术转让协议》、主要进口产品的技术说明及其与汽车生产企业之间关于产品配套方面的文件。

经审查上述相关的文件，海关确认：B汽车配件公司根据与E国R公司（S集团公司的另一家子公司）签订的《技术转让协议》，每年按发动机油泵国内销售总额的1%向R公司支付技术提成费，R公司授权B汽车配件公司在制造油泵过程中使用相关专利和专有技术。海关对B汽车配件公司所支付的技术提成费进行审核，确定是否应计入完税价格。

（一）审核技术提成费是否与进口货物有关

审查B汽车配件公司签订的《技术转让协议》附件所列专利和专有技术清单等，并结合相关专利文件及其进口货物清单，确定所进口的油泵零部件大部分是特殊工件。这些特殊工件是使用R公司所授权专利和专有技术生产的产品，或含有相关专利的产品。《审价办法》第十三条规定："符合下列条件之一的特许权使用费，应当视为与进口货物有关：（一）特许权使用费是用于支付专利权或者专有技术使用权，且进口货物属于下列情形之一的：1. 含有专利或者专有技术的；2. 用专利方法或者专有技术生产的；……"据此，可以确定B汽车配件公司对外支付的技术提成费与进口货物有关。

（二）审核技术提成费是否构成进口货物的销售条件

根据《技术转让协议》，B汽车配件公司只能向S集团公司采购油泵零部件，而且如果B汽车配件公司不按协议所约定的时间及时向R公司足额支付技术提成费，S集团公司将不会向B汽车配件公司提供油泵零部件。因此，该公司所支付的技术提成费构成了该货物的销售条件，其对外支付的技术提成费应计入完税价格。

数字投影仪特许权使用费估价案例

一、基本情况

（一）进口商

B中国公司系R国R公司在中国设立的合资公司，进口并销售高档数字投影仪。

（二）出口商

S公司是位于E国的企业，主要从事高档数字投影仪生产，与B中国公司及R公司均无特殊关系。

（三）商标持有人

R公司位于R国，是一家从事电子产品设计、生产和销售的企业，拥有众多产品的知识产权。

B 中国公司是进口交易的买方，向 S 公司采购数字投影仪。S 公司是进口交易的卖方，R 公司委托其负责数字投影仪的生产，但不参与数字投影仪的设计和研发，所有生产用的数字投影仪图纸均由 B 中国公司提供。

二、价格审核

B 中国公司进口的数字投影仪的申报价格低于其他类似产品的进口价格，而且依据企业提供的内销发票，其内销价格远远高于进口价格。海关遂对该公司实施了价格核查。海关在其提交的年度财务报表中发现，B 中国公司除了向数字投影仪的生产工厂 S 公司支付正常货款外，与 R 公司之间还存在着非货物贸易项下的支付情况。该公司提供的财务数据显示，B 中国公司每年定期向 R 公司支付产品销售提成费用。根据 B 中国公司所提供的其与 R 公司签订的《技术授权协议》，R 公司作为数字投影仪的设计和研发方，其向 B 中国公司收取研发费用和专利费，收取方式为每台设备净销售额的 5%。

考虑到 B 中国公司除申报价格外，还另外支付了研发和专利费用。故海关根据《审价办法》第十一条、第十三条和第十四条的规定对申报价格进行进一步审核。

根据《审价办法》相关规定，B 中国公司支付的专利费是否应该计入应税价格，主要取决于是否满足以下两个条件：一是特许权使用费与该数字投影仪有关；二是特许权使用费的支付构成了该数字投影仪向中华人民共和国境内销售的条件。对于这两个条件的认定，海关与企业有不同意见。

（一）企业意见

企业认为数字投影仪的工程设计、工艺制图均由 B 中国公司在国内完成，根据《审价办法》第十一条规定："以成交价格为基础审查确定进口货物的完税价格时，未包括在该货物实付、应付价格中的下列费用或者价值应当计入完税价格：……（二）与进口货物的生产和向中华人民共和国境内销售有关的，由买方以免费或者以低于成本的方式提供，并可以按适当比例分摊的下列货物或者服务的价值：……4. 在境外进行的为生产进口货物所需的工程设计、技术研发、工艺及制图等相关服务。"故上述工程设计、技术研发、工艺及制图等相关服务的费用无须进行调整分摊。

（二）海关意见

海关认为虽然该数字投影仪外观设计、工艺制图均在国内完成，但其核心专利是归境外公司所有的。企业所支付的特许权使用费，针对的是使用R公司所拥有的专利和技术图纸等知识产权的权利，而非在国内进行外观设计、工艺制图等相关服务本身的费用。

经磋商，该企业认可了海关上述观点，承认后续的外观设计和工艺制图等都是以R公司的核心专利和软件为基础完成的。故可以认定该特许权使用费与该数字投影仪有关。

《审价办法》第十四条规定："买方不支付特许权使用费则不能购得进口货物，或者买方不支付特许权使用费则该货物不能以合同议定的条件成交的，应当视为特许权使用费的支付构成进口货物向中华人民共和国境内销售的条件。"据此，企业最终承认在国内每销售一台设备都要向R公司支付设备销售额5%的研发和专利使用费，如不支付则不能购得该货物。海关据此认定B中国公司特许权使用费的支付构成进口货物向中华人民共和国境内销售的条件。

三、估价结论

根据《审价办法》第十三条、第十四条规定，海关认定B中国公司对外支付的特许权使用费，符合专利应税的两个条件，应根据特许权使用费应税的计征标准予以补税。

随着全球产业分工的进一步细化，越来越多的研发设计企业剥离了自身的生产职能，专心投入产品的研发和销售，将生产交由代工厂负责。在此种模式下，代工厂只负责产品的生产，销售给委托方的价格通常只是材料费和加工费，产品本身涉及的专利费、研发设计费等费用不会包含在进口货物价格之中。因此，应加强特许权使用费等应税费用的审核，防止出现漏报的情况。

风力发电设备特许权使用费估价案例

一、基本情况

2011年11月，某海关在对A公司开展特许权使用费专项核查过程中，查实该公司除申报进口风力发电机用设备零部件外，另在技术进口合同项下对外支付技术使用许可费，且已实际计提并对外支付费用。根据《中华人民共和国海关审定进出口货物完税价格办法》（海关总署令第148号，简称《审价办法》）规定，海关认定A公司向外方B公司支付的技术使用许可费部分符合计入完税价格条件，经合理分摊最终补征税款80万元。

（一）交易各方情况

1. 进口商

A公司为外商独资企业，是B公司在华投资的子公司，时属海关A类企业。

2. 供应商

B公司是电动变桨控制系统的创始者，为保证全球产品质量的稳定性和一致性，对生产组装变桨系统的重要部件实行全球统一研发、设计和管理，是A公司的主要供货商。

（二）特许权使用费基本情况

海关通过查阅A公司与B公司签订的《技术使用许可协议》发现，B公司统一研发，A公司根据外方提供的专有设计方案来组织采购。采购分为国内采购和国外采购，国外采购商品主要是由B公司提供风力发电机专用部件，约占整个成本的40%，依据变桨控制系统的销售额A公司依照协议规定的比例向外方支付技术使用许可费。

二、估价依据及结论

（一）A公司向B公司支付的“技术使用许可费”与进口货物有关

《审价办法》第十三条规定：“符合下列条件之一的特许权使用费，应当视为与进口货物有关：（一）特许权使用费用于支付专利权或者专用技术使用权，且进口货物属于下列情形之一的：1. 含有专利或者专有技术的；2. 用专利方法或者专有技术生产的；3. 为实施专利或者专有技术而专门设计或者制造的。”本案中，A公司根据设计方案的技术要求，从B公司进口为该专有设计方案专门制造的部件。双方《技术使用许可协议》第一条规定，B公司提供的技术资料包括与专门技术有关的可用于被许可产品生产的图纸、产品样本、零件信息、操作技术、技术文档或其他文档。文档可以包括但不限于专利技术及专门技术。经会同企业对零件信息部分核实，资料中包括零件设计的外观、独特功能发明设计、质量检测控制等方面资料，资料尚未公开，未申请专利，应认定为专有技术。综上所述，A 公司支付给 B 公司的技术使用许可费符合《审价办法》第十三条第一项规定，与进口货物相关。

（二）A 公司向 B 公司支付的“技术使用许可费”是构成进口销售的必要条件

《审价办法》第十四条规定：“买方不支付特许权使用费则不能购得进口货物，或者买方不支付特许权使用费则该货物不能以合同议定的条件成交的，应当视为特许权使用费的支付构成进口货物向中华人民共和国境内销售的条件。”在本案中，根据双方签署的《技术使用许可协议》，A 公司生产必须按照技术使用协议中的设计方案采购零件（即只能采购 B 公司指定的零件），同时支付特许权使用费。根据《技术使用许可协议》规定：“若接收方违反许可费用支付协议，且在收到书面通知 30 日内没有纠正的，可书面通知终止本协议。”因此，如买方不支付许可费用，则《技术使用许可协议》将会终止，也意味着买方将不能再按照设计方案购买到进口货物。

综上所述，A 公司向 B 公司支付的技术使用许可费与所进口的货物相关且技术使用许可费的支付构成了货物进口销售的条件。根据《审价办法》相关规定，以上两个要求同时满足，海关确认技术使用许可费应计入货物成交价格。

（三）A 公司向 B 公司支付的“专有技术使用费用”的分摊

依据双方技术许可协议的规定，A 公司根据生产成品在国内的销售额，按比例向外方支付技术使用许可费，而成品是由国外进口货物和国内采购货物组装而成的，计入进口货物完税价格的特许权使用费应该是与进口货物相关的技术使用许可费，在与企业多次沟通协商后，最终按照进口货物所占成品的比例对技术使用许可费进行分摊。因为从 B 公司获得的技术合同中除零件信息部分外，还包含国内生产组装等技术，在分摊专有技术使用费到进口零部件时应考虑相关产成品在国内的增值部分，即

$$\text{完税价格} = \frac{\text{相关进口零部件金额}}{\text{总生产装配成本}} \times \text{应付或已付的专有技术使用费}$$

在此标准下企业补征税款 80 万元。

三、企业注意事项

（一）在特许权使用费分摊征税中充分利用举证责任，积极争取自身合法权益

《WTO 估价协定》以及我国现行《审价办法》对特许权使用费是否应计入完税价格的认定标准进行了比较明确具体的规定，但在实践中往往会遇到企业对外支付的特许权使用费只有其中一部分符合计入完税价格的条件，在这种情况下，就必须通过合理分摊和准确的计算，将有关部分的特许权使用费计入进口货物的完税价格，但现行海关审价法规对特许权使用费的分摊并没有具体的标准，仅是提到要用公认的会计准则。对此海关的对策往往是要求企业履行举证责任，如果企业无法提供客观可量化的数据标准，则有可能导致两种结果：一是不分摊全部计入完税价格，二是采用成交价格法之外的其他 5 种估价方法估价，但无论哪种都会导致企业税负增加。对此企业应充分认识到举证责任在此不仅意味着自己的义务，更意味着争取自身权益的权利，要充分发挥贸易、技术、财务等部门的作用，共同推导出特许权使用费作价的依据，如个别必要劳动时间与按时工筹的方法等等，只要该部分推导有理有据，并有具体客观量化数据支撑，海关往往会接受，如此就可避免不必要的损失。

（二）连续性支付特许权使用费一定要按时申报，避免超期造成违规导致海关处罚

该案中，企业进口零部件是一个连续性的过程，特许权使用费也是根据进口的情况定期计提支付，该类情况属于比较常见的特许权使用费贸易惯例。因此其一次核查补税并不意味着特许权使用费补税的终结，而是要根据货物进口、特许权使用费对外支付情况定期向海关申报补税。根据《关税条例》规定，企业应在纳税义务产生 1 年之内向海关申报补税，否则将有可能导致违规，并在此基础上导致海关处罚并加征滞纳金，因此企业应建立相关支付档案，在 1 年内定期向海关申报补税，如因特殊情况在货物进口 1 年内无法对外支付特许权使用费的，应及时向海关说明情况，避免被动。

L 公司特许权使用费估价案例

一、基本情况

L 公司自 2011 年起在合肥口岸进口多芬、凌仕、旁氏、舒耐和立顿等品牌日化用品和食品，每年按照协议向外方权利人支付商标和技术许可使用费，且未计入进口货物完税价格。海关根据《中华人民共和国海关审定进出口货物完税价格办法》（海关总署第 148 号令，以下简称《审价办法》）的有关规定，对该公司 2011 年和 2012 年两年内对外支付的特许权使用费应税情况进行审核，经过深入调研和认真分析，确定部分费用应计入完税价格，成功补征税款 243.1 万元。

（一）L 公司主要情况

L 公司是 L（中国）投资有限公司全资经营的外商独资企业，2005 年 12 月 22 日经批准由 L 日化有限公司更名而来，设立于某经济技术开发区内，注册资本 3 亿美元，2011 年起，其主要进出口业务开始在某海关通关。

（二）对外支付特许权使用费情况

经审核 L 公司 2011 和 2012 年度审计报告、《L 公司商标许可协议》《L 公司技术许可协议》以及其他相关材料，海关确认以下事实：

荷兰 L 有限公司和英国 L 有限公司为力士、多芬、舒耐、凌仕、立顿等品牌的权利人，通过协议授权给 L 公司使用，每年上半年 L 公司要按其上年各授权品牌国内年度销售净额的 2.5% 分别计提商标权费和技术许可使用费，合计为销售净额的 5% 支付给外方权利人（商标许可涉及 10 个品牌，技术许可无具体列名项目，详见表 1 和表 2）。

表 1　商标许可附表

食品	个人护理用品	家庭护理用品
lipton	clear	omo
	dove	comfort
	lux	signal
	ponds	
	rexona/sure	
	vaseline	

表 2　商标、技术许可费率附表

种类	商标许可费率	技术许可费率
食品	2.5%	2.5%
个人护理用品	2.5%	2.5%
家庭护理用品	2.5%	2.5%

经审核年度审计报告，该公司 2011 年和 2012 年分别对外支付 3.71 亿元和 3.82 亿元特许权使用费。

二、估价依据及结论

要想证明特许权使用费应税，必须证明两点：一是该笔特许权使用费与对应进口货物有关；二是该笔特许权使用费的支付是进口货物向我国境内销售的条件。联合工作组针对以上 2 个要件逐项展开分析认定。

（一）费用的支付是否与进口货物有关

1. 原料

该公司进口的生产原料包括钛白粉、碳酸钙和硬脂酸、复合奶茶起泡粉、椰子油脂肪酸、香精和吡啶硫酮锌等，经审核进口货物本身不含专利或专有技术，也未包含或隐含商标权，进口后的加工过程也远远超出“轻度加工”范畴。因此，涉及该类通用原料产成品对外支付的特许权使用费与进口货物无关。

2. 半成品

多芬香块的进口状态为已分割的零售块状，经工作组实地核查，进口后经简单加工包装后即可销售，应属“轻度加工”范畴，据此，海关认定进口多芬香块已隐含商标权，而且该香块为利用专有技术生产，即海关认定特许权使用费的支付与该项半成品有关。

3. 成品

该公司进口的成品，如舒耐男（女）士抑汗清新喷雾和凝膏、旁氏岁月奇迹无痕修颜乳、多芬香皂和立顿黄牌精选红茶等，进口时已附商标，并为专有技术加工生产，因此，海关认定特许权使用费的支付与该成品等有关。

（二）特许权使用费的支付是否构成进口销售要件

经审核 L 公司的年度《审计报告》，得知其母公司为 L（中国）投资有限公司，但该母公司并不是进口货物的卖方，实际卖方为荷兰L有限公司，特许权权利人最终控制方为荷兰L有限公司和英国L有限公司。

荷兰L有限公司与L公司签订的《商标（技术）许可协议》规定“由于任何原因导致本协议终止，接收方同意不再继续使用该商标，或者继续制造、销售任何该商标或包装材料的产品”，意即买方如果不支付特许权使用费或履行许可协议载明的其他义务，则许可协议终止，买方就不能再生产和销售含有特许权的产品，当然也就不能以现在买卖合同议定的条件进口相关货物。

综合以上情况，经过海关全面分析，海关认定该公司进口的货物包括通用原料、专用原料等六类产品部分半成品及成品对外支付的特许权使用费符合应税要件，需调整计入完税价格。

（三）特许权使用费分摊与计征

《审价办法》第四十六条规定：“货物买卖中发生本办法第二章第三节所列的价格调整项目的，纳税义务人应当如实向海关申报。前款所述的价格调整项目如果需要分摊计算的，纳税义务人应当根据客观量化的标准进行分摊，并同时向海关提供分摊的依据。”

根据上述规定，在尊重企业贸易实际和公平公正原则的基础上，海关提出以下列公式作为分摊与计征的依据：

应税特许权使用费 = 已进口货物涉及的净销售额 × 特许权使用费支付比例

在上述公式中，“已进口货物涉及的净销售额”是指该公司进口产品最终销售额扣除各种支出费用（包括增值税、销售税、商业回扣及给予购货方的补贴等）后金额，该金额与《商标（技术）许可协议》规定的销售金额为同一概念。

企业表示同意海关提出的分摊方式，并在海关确定的进口数据基础上，提供了全部国内销售数据资料。

2013年11月，海关对2011—2012年期间L（中国）有限公司进口符合应税条件的部分特许权使用费计入进口货物的完税价格，补征税款243.1万元，并对该企业的特许权使用费实施长期跟踪管理。

三、企业注意事项

形成与海关的互信合作机制是准确合理估价补税的关键。

L 公司是国际知名的跨国企业集团，具有较高的资信等级。在审价工作中，企业关务和财务等部门人员积极配合海关审价工作，及时研究了解海关特许权使用费审价有关规定，与海关建立了互信合作机制，在关键问题上达成共识，确保了海关特许权使用费审核工作的准确性，维护了自身合法权益。

进口涂料商标权与专利权使用费估价案

一、基本情况

（一）进口商

B 中国有限公司，系 R 国 R 集团公司在中国设立的全资子公司。B 中国有限公司进口涂料专用原料，并在国内从事涂料成品生产和销售。

（二）出口商

E 国 E 公司系 R 国 R 集团公司在 E 国设立的全资子公司，从事涂料专用原料的物流分拨和销售。

R 集团公司系一家总部设在 R 国的跨国企业，组织全球范围 R 品牌相关产品的生产和销售。

二、价格审核

海关对 B 中国有限公司开展价格核查，向 B 中国有限公司调取了企业章程、年度审计报告、涉及特许权使用费的协议、产品成本分析说明以及产品说明书等资料。

根据 B 中国有限公司提供的产品成本分析说明以及企业年度审计报告，B 中国有限公司在 R 品牌涂料进行国内销售定价时，所考虑的成本费用，既包括进口的货物价格（即涂料专用原料的进口价格），还包括国内发生的制造成本、折旧，以及对外支付给 R 集团公司的商标使用费和专利权使用费。

根据 B 中国有限公司与 R 集团公司签订的特许权使用费的协议，作为 B 中国有限公司在生产和销售过程中使用 R 集团公司所授权的商标和专利的对价，B 中国有限公司需要每半年按涂料净销售额的 2% 向 R 集团公司支付商标使用费，按涂料净销售额的 3% 支付专利权使用费。

根据上述情况，海关对相关的商标使用费和专利权使用费进行审查，具体内容如下：

（一）商标权使用费

B中国有限公司进口涂料专用原料后，将根据其特定生产工艺流程在生产车间内生产出R品牌涂料，涂料与专用原料相比，物理、化学性质都发生很大改变。根据《审价办法》第十三条的规定："符合下列条件之一的特许权使用费，应当视为与进口货物有关：……（二）特许权使用费是用于支付商标权，且进口货物属于下列情形之一的：1. 附有商标的；2. 进口后附上商标直接可以销售的；3. 进口时已含有商标权，经过轻度加工后附上商标即可以销售的。"由于涂料专用原料进口时并未附上商标，而且涂料专用原料经过加工生产为涂料，物理和化学性质都发生了很大的改变，已经超过了轻度加工的范围，因此可以认为商标使用费与进口货物无关，对外支付的商标使用费不应计入完税价格征税。

（二）专利权使用费

B中国有限公司进口涂料专用原料是利用R集团公司的专利技术（有相应的专利号）制造的，根据《审价办法》，该专利权使用费与进口货物有关。该办法第十三条规定："符合下列条件之一的特许权使用费，应当视为与进口货物有关：（一）特许权使用费是用于支付专利权或者专有技术使用权，且进口货物属于下列情形之一的：1. 含有专利或者专有技术的；2. 用专利方法或者专有技术生产的；3. 为实施专利或者专有技术而专门设计或者制造的。"B中国有限公司为了涂料专用原料的有关的专利对外支付专利权使用费，因此该部分专利权使用费符合特许权使用费应税条件。此外，部分专利权涉及涂料的国内制造，可不计入完税价格。

根据特许权使用费的相关协议，在B中国有限公司得到相应使用许可并按期交纳特许权使用费的前提下，B中国有限公司才能向E公司采购涂料专用原料，因此专利权使用费是货物进口销售的条件。

三、估价结论

本案所涉商标使用费与进口货物无关，不应计入进口货物的完税价格；而部分专利权使用费应调整计入完税价格。

第二节　综合案例研究

电子产品特许权使用费以及协助费用估价案例

一、基本情况

R 国 R 集团是从事消费类电子产品设计、生产及销售的企业，拥有自己的商标以及大量专利、专有技术。B 有限公司是 R 集团在国内投资成立的独资企业，进口产品主要为消费类个人电子产品。

经 R 集团授权，B 有限公司可委托第三方 OEM 工厂生产消费类个人电子产品。OEM 工厂生产完毕以后，直接销售给 B 有限公司，B 有限公司负责电子产品的申报进口。

B 有限公司与 OEM 加工厂签订了《生产协议》，《生产协议》的相关条款规定，在协议有效期内，OEM 加工厂应根据 B 有限公司指定的型号生产个人电子产品。《生产协议》中还规定，双方可就价格构成进行谈判。虽然该协议为委托加工协议，但是从协议的具体条款分析，B 有限公司并不控制 OEM 加工厂采购原材料的行为，OEM 加工厂的采购、加工及销售行为都是独立的。在议定价格时，OEM 加工厂需要和 B 有限公司进行谈判，并确定最终的销售价格。

二、对交易事实的审核及估价方法的适用

《审价办法》第五十一条规定：买方，是指通过履行付款义务，购入货物，并且为此承担风险，享有收益的自然人、法人或者其他组织。其中进口货物的买方是指向中华人民共和国境内购入进口货物的买方；卖方，是指销售货物的自然人、法人或者其他组织。其中进口货物的卖方是指向中华人民共和国境内销售进口货物的卖方；向中华人民共和国境内销售，是指将进口货物实际运入中华人民共和国境内，货物的所有权和风险由卖方转移给买方，买方为此向卖方支付价款的行为。OEM 加工厂是销售个人电子产品的主体，应作为交易的卖方。B 有限公司履行付款义务，实际购得了进口个人电子产

品，并为此承担个人电子产品进口以后的风险和收益，应作为交易的买方。本次交易中，所有权在进口申报后发生转移，货物的风险发生转移，买方也需支付款项，交易价格的确定是公平的。根据以上事实，可以认定本次交易符合“向中华人民共和国境内销售”。因此，根据已有证据，可以认为在交易双方之间存在成交价格，应以成交价格作为确定完税价格的基础。

三、对商标使用许可费、技术使用许可费和软件费应否计入完税价格的审核

海关通过核查发现，B 有限公司向 R 国 R 集团支付了三项费用，分别为商标使用许可费、技术使用许可费和软件费，以下分别进行分析：

（一）商标使用许可费

R 集团与 B 有限公司签订了《个人电子产品商标许可协议》，协议规定：“R 集团作为商标持有人，授予 B 有限公司在中国境内使用商标的权利。”根据商标许可协议的规定，B 有限公司只能在协议附件所列的型号范围内使用上述商标权利。附件中所列的产品型号均由第三方 OEM 加工厂负责生产，并直接销售给 B 有限公司。商标许可协议规定 B 有限公司应根据净销售额的 1%，向商标权利所有人——R 集团支付商标使用许可费。

《审价办法》第十一条规定：“以成交价格为基础审查确定进口货物的完税价格时，未包括在该货物实付、应付价格中的下列费用或者价值应当计入完税价格：……（三）买方需向卖方或者有关方直接或者间接支付的特许权使用费，但是符合下列情形之一的除外：1. 特许权使用费与该货物无关；2. 特许权使用费的支付不构成该货物向中华人民共和国境内销售的条件。”本案的商标许可协议显示，商标使用许可费指向的对象为 OEM 加工厂生产的产品，B 有限公司向海关申报时，进口产品上已经附有 R 集团的商标。

《审价办法》第十三条规定：“符合下列条件之一的特许权使用费，应当视为与进口货物有关：……（二）特许权使用费是用于支付商标权，且进口货物属于下列情形之一的：1. 附有商标的；2. 进口后附上商标直接可以销售的；3. 进口时已含有商标权，经过轻度加工后附上商标即可以销售的。”因此，可以认定本案涉及的商标与进口货物有关。

商标许可协议与生产协议是同时发生的，R 集团是在 B 有限公司同意签

订商标许可协议，并按议定价格支付商标使用许可费的前提条件下，才授权B有限公司委托第三方OEM工厂生产消费类个人电子产品。根据《审价办法》第十四条规定：买方不支付特许权使用费则不能购得进口货物，或者买方不支付特许权使用费则该货物不能以合同议定的条件成交的，应当视为特许权使用费的支付构成进口货物向中华人民共和国境内销售的条件。根据相关协议，如果B有限公司不签订商标许可协议，则无法达成生产协议。因此，商标使用许可费的支付构成进口货物向中华人民共和国境内销售的条件。

综上所述，海关认定，B有限公司支付的商标使用许可费符合特许权使用费应税的条件，在确定进口货物完税价格时应合并计入。

（二）技术使用许可费

R集团与B有限公司还签订了《个人电子产品技术许可协议》，协议规定："B有限公司为了获得R集团的技术和知识产权，应承担向R集团支付技术使用许可费的义务。"根据技术许可协议的定义部分，B有限公司只能在协议附件所列的型号范围内使用上述技术和知识产权。附件中所列的产品型号均由第三方OEM加工厂负责生产，并直接销售给B有限公司。技术许可协议规定B有限公司应根据净销售额的1%向权利所有人R集团支付技术使用许可费。

技术许可协议显示，技术使用许可费指向的对象为OEM加工厂生产的产品，产品在生产过程中使用了技术许可协议和知识产权。然而，OEM工厂虽然使用了上述技术和知识产权，但其并未向R集团支付技术使用许可费，这些技术和知识产权均是由B有限公司从R集团购得，再免费提供给OEM工厂。从OEM工厂免费取得的技术许可协议和知识产权样本来看，主要包含了设计图、工艺流程图等，这与《审价办法》第十一条中关于"协助"的情况非常接近。因此，审价关员决定从"协助"角度对其专利费进行调整。

根据《审价办法》第十一条规定："以成交价格为基础审查确定进口货物的完税价格时，未包括在该货物实付、应付价格中的下列费用或者价值应当计入完税价格：……（二）与进口货物的生产和向中华人民共和国境内销售有关的，由买方以免费或者以低于成本的方式提供，并且可以按适当比例分摊的下列货物或者服务的价值：……4. 在境外进行的为生产进口货物所需的工程设计、技术研发、工艺及制图等相关服务。"因此，OEM加工厂在出口加工区生产进口货物时，所使用到的由B有限公司向OEM加工厂免费提供的技术和知识产权符合《审价办法》第十一条的相关规定，应作为“协助”费用计算该货物的完税价格。

综上所述，海关认定，B有限公司支付的技术使用许可费符合“协助”应税的条件，在确定进口货物完税价格时应合并计入。

（三）软件费

出于便于产品销售的考虑，B有限公司免费向OEM工厂提供系统和相应软件，要求OEM工厂在生产个人电子产品的同时，将相应软件也装入电子产品。

通常情况下，电子产品的操作系统和软件施行一机一授权的模式，即一套软件或一个安装序列号只能安装在一个电子产品中。同时，对于OEM厂商来说，相关软件也属于电子产品生产料件单中的一个料件，拥有独立的料件号。所以，安装在电子产品中的软件都应作为电子产品的一个组成部分。根据R集团的经营体系，由其与第三方软件持有人统一谈判，并确定每次安装软件的价格。B有限公司自R集团收到软件安装母盘以后，免费提供给境内第三方OEM加工厂在生产过程中进行安装。随后，B有限公司根据R集团与第三方软件持有人达成的协议，将软件费支付给R集团。因此，B有限公司向OEM加工厂免费提供的软件符合《审价办法》第十一的有关规定，应作为“协助”费用计算该货物的完税价格。

综上所述，海关认定，B有限公司支付的软件费符合“协助”应税的条件，在确定进口货物完税价格时应合并计入。

四、估价结论

根据上述分析，得出如下结论：B有限公司向R集团支付的软件费、技术使用许可费和商标使用许可费分别符合海关估价中应税“协助”、特许权使用费的要求，应计入该批货物的完税价格。

进口横编机特许权使用费案

一、基本情况

（一）进口商

B有限公司，系E国S公司在国内设立的全资子公司，进口横编机散件，在国内组装生产为成品并进行销售。

（二）出口商

E国S公司。

二、价格审核

海关对B有限公司开展价格核查，发现B有限公司定期向S公司支付特许权使用费。根据B有限公司提供的B有限公司和S公司签订的《技术知识产权授权合同》以及作为合同附件的相关专利权表，B有限公司向S公司支付的特许权使用费主要包括三部分内容：

第一，技术资料费，由于S公司提供横编机散件组装装配的指示图、技术说明书以及其他有关资料，B有限公司所应支付的费用。

第二，技术使用费，由于S公司所提供的横编机关键零部件中含有专利或专有技术，B有限公司为此应支付的费用。

第三，技术支援费，由于S公司提供技术专家，以指导和帮助B有限公司开展生产活动，B有限公司所应支付的费用。

海关对上述三项费用分别进行分析，具体如下：

（一）技术资料费

《技术知识产权授权合同》中技术资料费支付的标的，是组装装配横编机的指示图、技术说明书以及其他有关资料；技术资料费是为了在国内开展组装生产所发生的费用，与进口货物无关，技术资料费不应计入完税价格。

（二）技术支援费

《技术知识产权授权合同》中技术支援费用，是指由于S公司提供技术专家，以指导和帮助B有限公司顺利开展生产所支付的费用。该费用是为了在国内开展生产所发生的费用，与进口货物无关，而且《审价办法》第十五条规定："进口货物的价款中单独列明的下列税收、费用，不计入该货物的完税价格：（一）厂房、机械或者设备等货物进口后发生的建设、安装、装配、维修或者技术援助费用，但是保修费用除外；……"因此，技术支援费不应计入完税价格。

（三）技术使用费

S 公司所提供的横编机关键零部件中已含有专利或专有技术，根据《审价办法》第十三条的规定，可以确定 B 有限公司对外支付的技术使用费与进口货物有关，而且根据《技术知识产权授权合同》的相关条款，B 有限公司按规定支付足额的技术使用费之后，才能向 S 公司采购横编机散件，因此技术使用费是货物进口销售的条件。

三、估价结论

本案例所涉及的特许权使用费中，技术使用费是应调整计入完税价格的。

二手轮胎模具估价案例

一、基本情况

某海关经后续价格监控，发现 KH（天津）有限公司（以下简称"KH 天津"）进口二手轮胎模具价格明显偏低。经价格核查，发现该公司进口申报价格受到特殊关系影响，定价机制明显不合理，且存在对外支付技术许可费未向海关申报的事实。最终根据《中华人民共和国海关审定进出口货物完税价格办法》（海关总署令第 213 号，简称《审价办法》）有关规定，采用合理方法对 KH 公司进口商品补税 102.9 万元。

（一）贸易流程

KH 天津是某国知名轮胎制造企业 KH 集团在中国设立的独资公司，主要从事汽车轮胎的生产制造，该公司从某国本社（以下简称"KH 株式会社"）购买二手轮胎模具，该模具为 KH 株式会社下属的研究部自行研发设计，委托中国境外制造厂加工制作。出于整个集团的生产计划的安排，会出现部分型号轮胎的生产需要由某国转移至中国工厂的情况，为节省生产成本，KH 株式会社将对应型号轮胎的旧模具销售给 KH 天津。具体流程如下图所示：

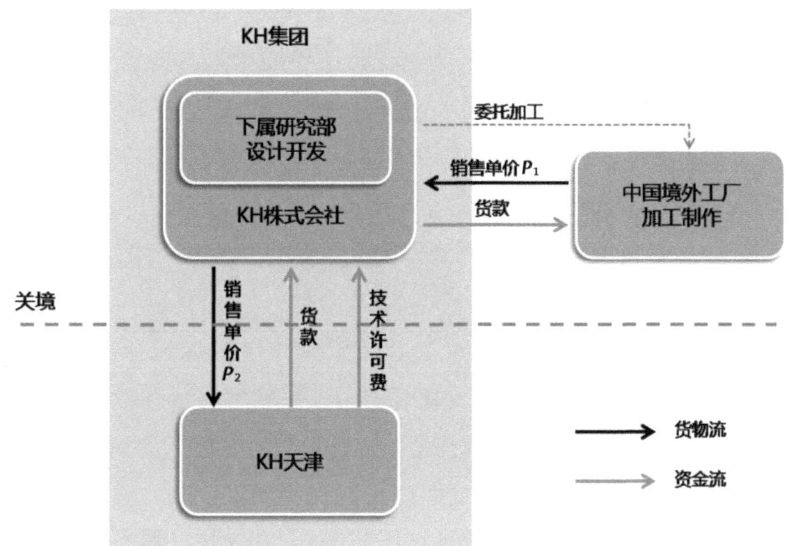

（二）买卖双方存在特殊关系

KH 天津进口商品均从某国 KH 株式会社购买，经企业提供相关材料并查询企业备案信息，KH 天津是由 KH（香港）有限公司投资的独资企业，KH（香港）有限公司是 KH 株式会社直接投资设立的法人企业，投资方均持有 100% 股份。根据《审价办法》第十六条规定："有下列情形之一的，应当认为买卖双方存在特殊关系：……（六）一方直接或间接地拥有、控制或持有对方 5% 以上（含 5%）公开发行的有表决权的股票或者股份的……"据此海关认定买卖双方存在特殊关系。

（三）企业定价公式

经核查，KH 天津对二手轮胎模具采购没有定价权，进口价格完全由 KH 株式会社制定。KH 株式会社将模具纳入企业固定资产，以采购单价 P_1 入账，并采用直线法折旧，折旧年限为四年，残值为 1000 韩元（约合 1 美元），按照如下方式确定出口销售价格 P_2：

已完成四年折旧的模具：P_2 ＝ 100000 韩元（基础价格）×（1+5%）＋清洗费＋修理费＋包装费＋运输费　　（公式一）

折旧未满四年的模具：P_2 ＝账面净值 ×（1+5%）（加成率）＋清洗费＋修理费＋包装费＋运输费　　（公式二）

其中，5% 为加成率，即销售利润；基础价格为一固定数值，并非残值，由 KH 株式会社制定。

按上述公式，折旧未满四年的模具进口单价为 CIF3000 ～ 4000 美元 / 套，折旧满四年的模具进口单价仅为几百美元 / 套。

此外，KH 株式会社采购的新模具均为本社研究部设计开发，委托第三方工厂进行加工制造，因此其采购单价 P_1 仅为工厂的加工费、材料费等相关费用以及利润，并不包含模具的研发费用 P_x。

（四）存在对外支付技术许可费的事实

经海关审查，除支付实际货款外，KH 天津与 KH 株式会社于 2007 年签有《技术许可协议》，并按协议规定定期对外支付技术许可费。

《技术许可协议》规定，在协议期间，被许可方 KH 天津被授权获得其所需的许可方 KH 株式会社享有的全部关于轮胎研发设计制造的专利技术、技术信息和商业秘密，并可要求许可方提供必要的现场指导服务和培训咨询服务。其中技术信息包括产品结构规格图样、材料规格、化合物配方、生产信息以及设备操作维修手册等。作为对价，KH 天津需要先向 KH 株式会社支付 236 万美元作为“首次许可授权费”，而后每年以其销售轮胎产品的净销售额为基础支付技术许可费，具体比例为：销售给中国境内汽车厂家的轮胎：净销售额 ×4.5%；销售到中国境内零售市场的轮胎：净销售额 ×3.5%；出口销售的轮胎：不计提。

二、估价依据

（一）特殊关系影响成交价格认定

第一，KH 天津在二手模具的进口贸易中完全没有定价权，进口价格完全由某国本社控制。而 KH 株式会社制定进口价格机制并不合理：一部分以会计记账价格为基础（公式二），一部分以固定价格为基础（公式一），采用双重标准，且海关未了解到二手设备行业内存在如此定价的行业惯例，企业亦无从举证。

第二，企业采购二手模具的目的是用于国内生产，进口时仍具有较高使用价值，但申报价格却极低，部分甚至低至采购原值的 1% 左右，远不能体现进口货物实际价值。

第三，用于计算折旧的原值 P_1 中不包含模具的研发费用 P_x，该笔费用作为成本，应该是进口模具价格中的一部分，而 KH 株式会社未将其计入，显然受到双方的特殊关系的影响。

基于上述情况，企业无法根据《审价办法》第十七条的规定，证明其贸易行为未受到特殊关系影响，海关认定双方交易受到特殊关系影响，对其成交价格不予接受。

第四，根据《审价办法》第六条规定，海关应依次使用该条款规定的五种方法审查确定进口货物的完税价格。海关和企业均无法找到非特殊关系下的相同/类似货物进口资料，因此排除相同/类似货物成交价格估价方法；模具进口后用于生产而非转售，不存在境内销售价格，模具的销售方也并非生产厂商，无法获得相关各项成本资料，故倒扣价格估价方法和计算价格估价方法同样无法适用。最终根据《审价办法》第二十六条规定，按照合理方法进行估价。

（二）技术许可费认定

海关根据《审价办法》相关规定，对该笔技术许可费从“与进口货物相关性”和“是否构成进口销售要件”两方面进行了审查：

1. 技术许可费与进口货物相关性审查

经下厂核实了解，企业制造轮胎所使用的技术图纸中包含轮胎规格结构、花纹设计等未公开的技术信息，也是轮胎设计制造的核心技术之一。经企业确认，该技术信息属于其专有技术的一部分。而进口轮胎模具的设计制造与上述专有技术信息密切相关，只有按照特定规格设计制造出来的模具才能使上述专有技术得以实现。据此海关认为，进口轮胎模具是为实现企业制造轮胎专有技术而专门设计制造的，应认定技术许可费的支付与进口模具相关。同时，对于《技术许可协议》中涉及的材料规格、化合物配方、生产信息以及设备操作维修手册等相关费用，因没有进口货物与之相对应，应视为与进口货物无关。

2. 技术许可费支付是否构成进口销售要件

本案中贸易双方签订的《技术许可协议》明确指出，如果被许可方实质性不履行其在本协议下的职责，许可方可通过书面通知立即终止协议，协议终止通知应在通知收到时立即生效。可见，如果 KH 天津不按协议规定支付技术许可费，KH 株式会社有权终止此协议，不再向 KH 天津提供其享有的专有技术资料，其中就包括轮胎规格结构、花纹设计等技术信息。显然，轮胎模具作为包含轮胎规格结构和花纹设计信息的货物，也在此范围内。买方不支付该笔技术许可费就无法购得进口模具，据此海关认定技术许可费的支付构成轮胎模具的进口销售要件。

三、估价结论

（一）折旧方法调整

参照海关总署于2009年下发的《二手机器设备验估参考汇编》，海关认为，根据企业提供的采购原值及进口模具新旧程度等信息，成新折旧法较为适用，具体计算公式为：

$$二手设备估值=(P_1+P_x)\times 折旧率系数$$

其中，P_1为模具采购原值，P_x为企业模具研发费用，折旧率系数按照《二手机器设备验估参考汇编》中随附的折旧率系数表根据模具的生产年限对照选取。经过价格磋商，企业最终接受海关意见，同意按此方法重新计算折旧，此项补税17.1万元。

（二）技术许可费

海关认定技术许可费中涉及与模具相关部分应分摊计入进口模具完税价格，但企业签署该协议采取的是“一揽子许可”，无法对协议中的每项内容进行客观量化。最终双方选取了公开发行的轮胎设计方面的书籍《子午线轮胎机构设计与制造技术》作为依据，该书对轮胎结构设计的7个主要部分的设计研发作了详细说明，海关根据上述书籍及企业提供的相关材料，认定轮胎结构设计和胎面花纹设计2项为与进口模具有关的专有技术。双方经磋商取得一致意见，将技术许可费的2/7比例计入进口模具完税价格，此项补税85.8万元。

综合上述两部分，海关最终采用合理方法对KH公司进口二手模具估价补税102.9万元。

四、企业注意事项

（一）二手设备审价问题的复杂性

本案涉及的二手设备审价问题既涉及特殊关系影响成交价格，又含有应税技术许可费，还存在未申报的应付款项，案情可谓错综复杂。企业和海关在估价认定的过程中以贸易事实为起点，积极、完整地提供企业内部关联和定价信息，同时搜集行业专业书籍作为重要依据，为最终合理选择估价方法并顺利完成估价提供了保证。

（二）正确使用合理方法估价

当确定特殊关系影响成交价格后，估价方法只能选择除成交价格估价方法以外的方法，而单独仅对特许权使用费应计入完税价格的估价，估价方法只能选择成交价格估价方法，估价方法选取不当往往导致估价和磋商工作陷入两难境地。本案使用合理方法将“二手模具折旧调整”与“技术许可费分摊计入”作为客观标准合并考虑和计征具有一定的创新性，对类似问题的解决有一定的参考意义。

（三）估价依据必须客观可量化

选择合理方法估价的关键是标准客观可量化，而如何选取既合法又合理的方法和客观可量化数据是二手设备价格磋商的难点。本案中，将企业数据与海关经常使用的折旧方法进行对比分析，选取了成新折旧法进行估价，引入第三方公开发行的专业书籍作为依据，按照相关技术所占比例进行分摊，进而解决特许权使用费的“一揽子许可”分摊难题，既符合法规要求，又存在客观标准，具备可操作性，海关和企业均予以认可。

化工生产装置特许权使用费估价案例

一、基本情况

2013 年，某海关发现 W 公司进口化工生产设备合同中存在关于许可及基础设计的约定，经审核企业补充提供的基础设计合同，发现企业除支付设备合同中约定货款外，还需对外支付基础设计合同中约定的相关许可费和基础设计费。根据《中华人民共和国海关审定进出口货物完税价格办法》规定，海关最终认定 W 公司支付的专利许可费、部分设计费符合特许权使用费计入完税价格条件，经合理分摊最终补征税款 50 余万元。

（一）交易各方情况

1. 买方

W 公司，自 N 公司购进化工生产设备的同时，购进相关专利技术和专有技术，是本次专利技术和专有技术交易的受让方。

2. 卖方

N 公司，向 W 公司销售化工生产设备，并且向 W 公司提供专利技术和专有技术许可，是专利技术和专有技术的权利方。

3. 分包商

C 公司，根据 N 公司提供的含有专有技术的设计进行化工生产设备制造。在交易中，C 公司仅根据 N 公司指令进行设备制造，并且将设备提供给 W 公司，其实质是为 N 公司提供设备制造服务，与 W 公司不发生直接关系。

（二）特许权使用费基本情况

海关通过查阅 W 公司与 N 公司签订的《设备合同》发现，该合同目录中提及附件中含有技术许可内容，技术附件中明确列明了相关专利。为此，企业补充提供了《设计合同》，海关审核发现 N 公司向 W 公司提供技术许可和基础设计，并且 W 公司为技术许可、基础设计向 N 公司支付相关费用。

（三）贸易流程基本事实

W 公司和 N 公司分别签订《设计合同》和《设备合同》，在《设备合同》中约定，N 公司向 W 公司提供设备。在《设计合同》中约定，N 公司向 W 公司提供专利技术和专有技术的许可，并且负责整个设备的基础设计，基础设计包含《设备合同》中约定货物的设计，以及其他 W 公司需要根据 N 公司提供的设计文件要求在国内采购的设备设计等。N 公司将部分利用专利技术和专有技术设计的文件，交由 C 公司进行设备制造。C 公司根据 N 公司提供的技术文件进行设备制造后，根据 N 公司指令将货物发至 W 公司。在整个贸易过程中，W 公司仅需向 N 公司支付货款及许可和基础设计费用，无须向包括 C 公司在内的第三方支付费用。具体如下图所示：

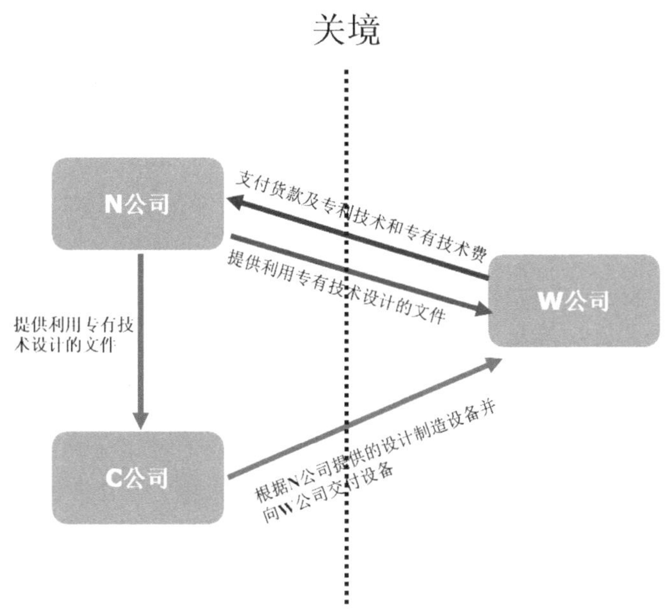

二、估价依据及结论

（一）特许权使用费的审核和认定

1.W 公司向 N 公司支付的合同许可费及部分设计费与进口货物有关

《审价办法》第十三条规定："符合下列条件之一的特许权使用费，应当视为与进口货物有关：（一）特许权使用费用于支付专利权或者专用技术使用权，且进口货物属于下列情形之一的：1. 含有专利或者专有技术的；2. 用专利方法或者专有技术生产的；3. 为实施专利或者专有技术而专门设计或者制造的。"

在本案中，W 公司自 N 公司进口设备，在《设备合同》和《设计合同》的共同技术附件中明确约定了相关专利技术。进口设备作为整体化工生产装置的关键部件，是专利设备，本身含有专利技术。因此，符合《审价办法》第十三条第一项中"1. 含有专利或者专有技术的"规定，设备专利许可费的支付与进口货物有关。另外，进口的设备还是为实施某化工工艺而专门设计的，其中工艺包括《设计合同》技术附件中所列的方法技术专利。因此，符合《审价办法》第十三条第一项中"3. 为实施专利或者专有技术而专门设计或者制造的"规定，应认定专利技术许可费的支付与进口货物有关。

N 公司根据《设计合同》约定，进行设计后将设计文件分别提供给 W 公司和 C 公司。W 公司根据 N 公司提供的技术文件进行国内设备采购以及土建工程等，C 公司则根据 N 公司提供的设计文件进行设备制造，设备制造后根据 N 公司的指令发至 W 公司。C 公司在进行设备制造的过程中，采用了卖方 N 公司的专有技术，因此其生产出来的设备为含有专有技术的设备，符合《审价办法》第十三条第一项“1. 含有专利或者专有技术的”规定，因此，与进口设备相关的设计费支付与进口货物有关。

2.W 公司向 N 公司支付的合同许可费和部分设计费是构成进口销售的必要条件

《审价办法》第十四条规定：“买方不支付特许权使用费则不能购得进口货物，或者买方不支付特许权使用费则该货物不能以合同议定的条件成交的，应当视为特许权使用费的支付构成进口货物向中华人民共和国境内销售的条件。”在本案中，《设计合同》规定，在合同条款和条件以及相应的设备合同所规定的价格和付款条件下，N 公司向 W 公司提供合同许可。

（1）专利技术费用的支付构成进口货物销售的必要条件

在《设计合同》中约定：没有 N 公司的认可，W 公司不得出售或运转利用N公司技术的装置，如果W公司或其分公司或附属机构打算扩大合同装置，或利用本技术新建装置，W 公司或其子公司或附属机构应当与 N 公司谈判并单独签订合同。通过判断可以得出以下结论：W 公司可以运行该批装置的前提是向 N 公司支付合同许可费用，如果没有支付合同许可费用，同样不能运转该装置。由此可见，W 公司不支付合同许可费，则该批装置不能以合同议定的条件成交（虽然装置可以顺利进境，但不能运转）。因此，合同许可费的支付构成进口销售的必要条件。

（2）部分设计费用的支付构成进口货物销售的必要条件

在《设计合同》及《设备合同》的共同技术附件中，明确约定了 N 公司的基础设计范围。作为《设计合同》和《设备合同》的共同附件，技术附件约定对两份合同都有效力，对于《设备合同》来说，技术附件的工程和建设分工中明确约定了包括进口设备在内的设计工作，对于《设计合同》来说，明确了包含进口设备设计的基础设计内容及设计费用总金额，两份合同看似独立，实则不可分割。由此可见，W 公司不支付设计费则不能以目前《设备合同》中约定的价格购进进口设备，因此与进口货物有关的设计费构成进口货物销售的必要条件。

综上所述，W 公司向 N 公司支付的合同许可费及与进口设备有关的设计费与进口货物有关，并且两项费用的支付构成了货物进口销售的必要条件。根据《审价办法》相关规定，以上两个要求同时满足，海关确认合同许可费及与进口设备有关的设计费应计入货物成交价格。

（二）W 公司向 N 公司支付的设计费的分摊

根据《设计合同》技术附件约定，整个化工生产装置的设计除包含进口设备的设计外，还有买方国内采购设备的设计、国内土建工程、建筑设计、工艺管道设计、现场仪表设计、控制系统设计和电气设计等。N 公司向 W 公司提供的设计费中仅部分和进口货物有关，因此要分摊出与进口货物有关的设计费用。

起初海关提出使用进口设备占整个项目的价值比例来计算与进口设备有关的设计费用，但由于设计中涉及土建工程等内容，无法以客观量化的数据来进行价值比例的分摊，因此放弃了使用价值比例分摊的方法。在与企业沟通的过程中，企业提出使用与进口货物有关的设计所耗用工时占总基础设计所耗用的工时的比例来分摊整体基础设计费，即计入完税价格设计费＝（与进口货物有关的设计所耗用工时 / 总基础设计所耗用工时）× 总基础设计费。经 W 公司联系 N 公司，N 公司出具了各项设计所耗用的工时情况，海关接受该意见进行费用分摊，最终补征税款 50 万元。

三、企业注意事项

（一）特许权使用费已成为海关关注的热点问题，企业应在进口环节如实向海关申报

当前，伴随着经济全球化进程的加速，国际知识产权贸易日益增多，由此引发的特许权使用费海关征税问题也在逐年增多，这反映出海关对特许权使用费问题的关注度在不断加大。一方面，通过日积月累和审价实践，海关处理特许权使用费疑难问题的能力日益增强，监管、稽查等手段的运用也拓展了问题处理的空间，风险防范措施日益严密。另一方面，海关与其他政府部门以及商业银行等专业机构的信息共享、协作正在推动形成更加完善的海

关监管大数据池，企业非贸项下对外支付、技术合同进出口数据等以往保留在外管、商务等部门的敏感数据，已经毫无保留地呈现在海关面前，成为风险分析、开展重点查缉的素材。

综上，企业按照海关规定要求如实申报特许权使用费事项才是唯一明智的选择。只有这样，企业才能合理、完整核算其生产经营成本，科学制定销售政策，避免海关后续补税给企业生产经营带来不利影响，同时避免不按照该公告要求申报导致海关以申报不实为由对企业进行违规处罚。

（二）重视海关服务职能，在大项目落地建设前积极沟通，用好用足国家政策

本案大型化工设备的进口模式不是孤例，而是具有相当的代表性，即该类项目往往是国家或地方重点工程技术改造的配套项目，除进口整套生产线等大型设备外，对外支付特许权使用费成为其“标配”。该类项目在立项初期，往往会考虑到进口设备减免税问题而与政府相关部门进行沟通，但企业关注重点往往是设备能否免税而忽略了完税价格认定对减免税额度的影响，如果一个项目获批免税资格，但由于进口设备完税价格核算错误导致减免税额度不足，将直接影响项目启动与企业成本，造成巨大损失。对此建议企业在大项目办理项目审批前，申请海关提前介入提供政策辅导，针对性地加强特许权使用费审核确定完税价格，并在此基础上合理确定减免税额度，申请项目立项，用好用足国家政策。

进口化工原料或半成品特许权使用费估价案例

一、基本情况

某海关稽查部门发现P天津公司存在对外支付特许权使用费（包括“技术资料”及“被许可专利”技术许可费、“商标”许可费）事实，通过对许可协议条款的分析研究，经价格磋商，根据《中华人民共和国海关审定进出口货物完税价格办法》（海关总署令第213号，简称《审价办法》）有关规定，依法认定该公司许可协议中涉及的进口专用化工品对外支付特许权使用费3622万元应计入完税价格，最终补税912万元。

（一）交易方情况

P俄亥俄公司，《许可协议》的“许可人”。P天津公司，《许可协议》的“被许可人”。P天津公司在生产涂料的过程中需要特定的技术资料，并在销售时使用P商标，这些技术资料和商标的所有人是P俄亥俄公司。P俄亥俄公司与P天津公司签署《许可协议》，以取得相关技术资料和商标的使用许可。许可使用的技术资料仅限于P天津公司在国内的生产过程所需技术；许可使用的P商标也仅能用于P天津公司销售的自行生产的产品上。作为对价，P天津公司会按自行生产的产品净销售额的一定比例向P俄亥俄公司支付特许权使用费（包括“技术资料”及“被许可专利”技术许可费、“商标”许可费），如技术许可费是按照关联方销售和第三方销售的车身涂料净销售额的2.5%、工业涂料净销售额的2%、修补涂料净销售额的4%计提；商标许可费是按照上述净销售额的0.5%计提。在P天津公司销售的成品涂料中，有部分为从关联方采购的成品涂料，用于进口后直接销售，但并不对外支付技术许可费。

（二）特许权使用费应税分析

1. 商标许可费

P天津公司销售的成品涂料包括从关联方采购、第三方采购和自行生产三种来源，其中自行生产的成品涂料占销售量的绝大多数。不同来源的成品涂料商标费支付情况如下：

（1）关联方采购成品，换签销售。对于从关联方采购后转售的成品涂料，P天津公司不会向P俄亥俄公司支付商标许可费，因此P天津公司为自行生产并销售的成品涂料支付的商标许可费不应计入从关联方采购的进口成品涂料完税价格中。

（2）第三方采购成品，换签销售。P天津公司对于从非关联方采购后转售的成品涂料向P俄亥俄公司支付商标许可费，但这部分成品涂料均为国内采购，因此相应的商标许可费与进口货物无关，不应被计入进口货物的完税价格。

（3）自行生产销售。P俄亥俄公司许可P天津公司使用特定商标的权利仅适用于P天津公司销售自行生产的产品，而不是从关联方采购原料或半成品时附有商标的使用权，P天津公司支付的商标许可费不属于进口货物附有的商标。

2. 技术许可费

关联方采购、第三方采购和自行生产三种来源的成品涂料技术许可费支付情况如下：

（1）关联方采购成品，换签销售。由于P天津公司并未就从关联方采购后转售的成品涂料向P俄亥俄公司支付技术许可费，因此自行生产并销售的成品涂料支付的技术许可费不应计入从关联方采购的进口成品涂料完税价格中。

（2）第三方采购成品，换签销售。P天津公司对于从非关联方采购后转售的成品涂料未向P俄亥俄公司支付技术许可费，且这部分成品涂料均为国内采购，因此第三方采购成品与技术许可费无关。

（3）自行生产销售。根据《许可协议》P俄亥俄公司向P天津公司提供的技术资料包括配方、原料与供应来源之信息、工程设计、技术及应用信息及配方、制造资料与程序等与生产和使用涂料相关的资料。如果P天津公司从境外关联方采购并进口的原料或半成品（化工品，下同）属于在市场上公开销售的通用原材料，则可以认为特许权使用费与进口化工品无关，海关未查到其他非关联企业进口同品牌型号化工品，P天津公司也无法就关联方生产全部化工品是否具有通用性进一步进行举证。

二、估价依据

（一）"商标"许可费

根据协议规定，关联方采购成品进口后附上商标可以直接销售，P天津公司并没有支付商标许可费。此外，P天津公司对进口的化工品加工已经超出了《审价办法》中关于"轻度加工"含义的规定。P天津公司自行生产并销售成品涂料而支付的商标许可费不属于《审价办法》十三条第二项规定，因此，商标许可费不应计入完税价格。

（二）技术许可费

根据《许可协议》相关条款，P天津公司从P俄亥俄公司获得的是将化工品生产为成品涂料过程中所使用的技术，该技术应用于P天津公司为生产成品涂料而采购的所有化工品，P天津公司为此支付技术许可费。其中从关联方采购的进口化工品具有专用型和特殊性，是生产涂料的关键原料，是生产过程中使用技术所不可或缺的。

《审价办法》第十三条规定："符合下列条件之一的特许权使用费，应当视为与进口货物有关：（一）特许权使用费是用于支付专利权或者专有技术使用权，且进口货物属于下列情形之一的：……3. 为实施专利或者专有技术而专门设计或者制造的。"进口的专用化工品与技术许可费有关，涉及的技术许可费有关部分应从技术许可费总额中拆分出来。

根据《许可协议》，许可协议与合同产品业务关联，被许可人只有支付技术许可费的情况下，才能获得制造或让他人为其制造、出售合同产品的权利。根据《审价办法》第十四条规定，其对外支付的技术许可费，已构成进口货物向中华人民共和国境内销售的条件。

综上所述，该技术许可费经分摊后应计入完税价格。

三、估价结论

P 天津公司由于在自行生产销售和关联方销售的方式下支付技术许可费，技术许可费对应的是全部用于生产的化工品，而进口专用化工品只占所有用于生产的化工品的一部分，故需要根据进口专用化工品占所有用于生产的化工品的比例分摊，并计入完税价格。技术许可费分摊计算公式如下：

$$\text{应税特许权使用费}=\frac{\text{进口关联方生产非成品金额}}{\text{非成品采购总额}}\times \text{特许权使用费支付额（不含商标费）}$$

根据《审价办法》第十一条第三项、第十三条第一项第三分项和第十四条规定，P 天津公司进口专用化工品对外支付特许权使用费经分摊后的 3622 万元应计入完税价格，最终补税 912 万元。

四、企业注意事项

（一）对进口商品专业性审核是技术许可费认定的关键

在判断技术许可费是否与进口货物有关方面，不能只考虑技术对价是配方工艺、工程设计、技术应用、制造程序等如何使用原料进行生产的过程，或者不是原料本身的专利或专有技术资料，就认为技术许可费与进口货物无关，而是需要细致研究合同条款，特别是技术许可的相关资料和实质，从专业角度分析进口商品与实现许可技术之间的关联，从所有进口货物中排除通用的、不含有专用性的商品，并筛选出具有特殊性、专用性且不可替代的进口商品，以此为关键点进行特许权使用费的相关性分析。

（二）注意商标权费的隐蔽性

海关估价中涉及的商标权包含附带的商标权和暗含的商标权，如果权利人声称对进口货物拥有商标权，则无论货物的外观上是否存在商标，均应视为含有商标权的货物。有的企业签署的协议名称为服务协议、推广协议或者设计协议，支付费用的目的却是获得商标权，这就需要进一步分析其与进口商品的关联，确定其目的和实质是否属于商标权费范畴，不能简单根据支付项目名称判断相关性。

（三）关注进口后生产的成品计提商标权费实质

根据《审价办法》第十三条（二）条款，商标权费与进口货物有关的认定关键是使用商标权利的标的物是不是进口货物，如果标的物包括进口货物，则相关性的认定比较容易；如果标的物是进口后生产的成品，则需要重点分析生产成品的过程是否符合“轻度加工”定义。在判断一项加工是否为轻度加工时，应注意审查加工过程对于商标价值的影响，如果一项加工对于商标价格产生了明显影响，如本案进口的原料或半成品制造为成品的工艺较复杂，进口商品与最后成品性状发生明显变化，则加工过程不属于轻度加工。

第三节　疑难案例研究

二手减免税设备特许权使用费估价案例

一、案情简介

2016 年 11 月至 2017 年 6 月期间，浙江 A 公司以“合资合作设备”贸易方式在海关分批申报进口二手减免税成套增亮膜生产设备，海关对该公司启动价格质疑程序，并对其进口成套设备的合同条款和技术转让合同等开展价格审核。

经审核认定，该公司对外支付的技术转让费用3000万元符合应税条件，根据《中华人民共和国海关审定进出口货物完税价格办法》（海关总署令第213号，简称《审价办法》）有关规定，将该笔费用全部计入完税价格，补征税款521.28万元。

二、案情分析

减免税进口设备，因其高技术性，多具有专利或专有技术，在购进此类设备时，尤其是成套生产线，除货物销售价格外，可能还涉及维修费、拆卸费、专利权费、技术转让费、设计服务费等费用。

（一）交易方情况

1. 买方：A公司，浙江省新建光膜生产企业，主要进行液晶屏背光模组光学膜生产与销售、光电器件的研发和销售。

2. 设备卖方：新加坡B公司，A公司与B公司签订《成套增亮膜生产设备买卖合同》，合同价格为25000万元。

3. 设备生产商：台湾C公司，是国内第一家以自有专利技术实现LCD光学膜量产的公司，拥有一百多项光学膜产品、设备、技术等相关专利。

4. 生产技术转让方：萨摩亚D公司，是C公司在萨摩亚注册的离岸公司，A公司与D公司签订《增亮膜生产技术转让合同》，合同价格为3000万元。

（二）特许权使用费的认定和结论

1. 买方存在特许权使用费的支付

海关在与A公司的价格磋商中，通过实地走访和了解贸易实质，发现A公司与D公司于2016年签订了一份《增亮膜生产技术转让合同》，合同价格为3000万元，A公司对外支付的技术转让费未向海关申报。从形式上看，进口货物的卖方与特许技术的转让方分别为两家公司，但通过审核《成套增亮膜生产设备买卖合同》和《增亮膜生产技术转让合同》，发现两份合同中的货物贸易与技术贸易相关联，特许权使用费构成货物进口的条件。

《增亮膜生产技术转让合同》中列明：“‘专有技术’是指生产合同产品，乙方所需要的甲方拥有和提供的全部生产技术及加工工艺。该生产技术和加工工艺包括全部设计、制造、操作图纸及技术资料、制造工艺、生产程序和生产技术细节。‘技术资料’是指制造合同产品所需要的全部‘专有技术’和‘知识产权’，以及乙方在生产合同产品的过程中，所使用的全部有关设计和制造图纸、加工技术和工艺文件等资料。甲方同意乙方使用其商标的权力。”

2. 特许权使用费的审核

根据《审价办法》相关规定，具体审核认定意见如下：

（1）审核是否与进口货物有关

《增亮膜生产技术转让合同》中的技术特许权使用费是用于支付专利权或者专有技术使用权，且进口成套增亮膜生产设备是为实施专利或者专有技术而专门设计或者制造的。符合《审价办法》第十三条第（一）项的规定，海关由此认定技术特许权使用费与进口货物有关，企业对此无异议。

（2）审核特许权使用费的支付是否构成进口货物的销售条件

《增亮膜生产技术转让合同》表明A公司需向D公司支付技术转让费3000万元，该技术转让费包括“全部技术资料运抵乙方的费用、专利与商标的使用费以及甲方在本合同中所承担的技术咨询、技术培训及技术指导等其他义务的全部费用”。合同中同时也说明“乙方采用甲方的专有技术，结合经甲方确认并由乙方自行采购的合同产品生产线设备，能够在乙方工厂生产出合格的合同产品”。说明A公司向D公司支付的技术特许权使用费构成进口货物销售的必要条件。

（3）对特许权使用费海关是否重复征税

A公司认为其《增亮膜生产技术转让合同》已在商务部门备案登记，也已向税务机关依法缴纳国内增值税，海关不应再将特许权使用费计入进口货物的完税价格。

海关认为征税对象和主体不同，不存在重复征税。税务机关征收的国内增值税的征收对象是在境内发生的应税劳务，纳税人是在中国境内出售特许权使用费并取得收入的那一方，海关征收的进口增值税是对进口货物的单位和个人征收的进口增值税，征税对象是进口货物，纳税人是进口货物的单位和个人。

（4）合同价格是否有扣减项

《增亮膜生产技术转让合同》价格为3000万元，包括“全部技术资料运抵乙方的费用、专利与商标的使用费以及甲方在本合同中所承担的技术咨询、技术培训及技术指导等其他义务的全部费用”。根据《审价办法》第十五条相关规定：“进口货物的价款中单独列明的境内外技术培训及境外考察费用，不计入该货物的完税价格。”《增亮膜生产技术转让合同》中技术咨询、培训、指导等其他费用在合同中未单独列明，企业也无法举证。

综上，根据《审价办法》相关规定，海关确认技术特许权使用费应计入货物完税价格。经磋商，最终将A公司对外支付的3000万元全部计入完税价格，补征税款521.28万元。

三、案例点评

（一）关注辖区新成立企业以及新上项目

企业新上项目、生产线往往伴随着设备的进口和技术合同的签订，海关应关注辖区进出口企业新项目情况，并加强与商务、外管、税务、知识产权等部门的协同配合，共享企业技术合同备案及对外付汇信息，拓展特许权使用费的发现渠道。

（二）强化企业如实申报的义务意识

海关应加强法律宣传和政策解释工作，提高企业对海关审价法规的认识。在价格核查中应加强与企业的良性沟通，向企业阐明其应尽的法律义务，要求其积极履行举证责任，提高价格磋商效率与质量。

（三）加强对贸易事实的准确认定

特许权使用费是目前海关估价领域的热点和难点，在审查特许权使用费是否应税时，应将特许权使用费合同条款、财务处理方式、进口货物实际流向相结合，厘清买卖多方关系，在此案例中，C公司通过在海外注册D公司与A公司签订技术转让合同，海关关员正是从这里入手，通过抽丝剥茧，还原贸易真相，找到特许权使用费与进口货物的关联，及时固定有关证据，准确援引相关法条，保障税款应收尽收。

涂覆隔热膜的技术转让费和商标费估价案例

一、基本情况

（一）交易各方情况

1. 专有技术及商标持有人

R 国 R 公司，拥有涂覆隔热膜生产技术和 R 商标。

2. 进口商

位于中国的 B 公司，B 公司是 R 公司的关联企业。进口大轴涂覆隔热膜，在国内进行分切整理并最终加工为成品。所进口的大轴涂覆隔热膜供货商为 E 公司。

3. 出口商

E 国 E 公司，向 B 公司出售大轴涂覆隔热膜，其为 R 公司的子公司。

（二）特许权使用费审核情况

海关关员通过审查企业财务报表及审计报告，发现 B 公司每年向 R 公司支付销售收入 3% 的特许权使用费，该费用未向海关申报。经向 B 公司进一步了解情况，B 公司提交了 R 公司和 B 公司签订的《技术和商标许可协议》（简称《协议》）。

《协议》规定：作为在业务中使用 R 公司提供的商标和产品技术所得到的价值报偿，B 公司将以美元向 R 公司支付相当于销售收入 3% 的商标和技术使用费（技术使用费占销售收入的 2%，商标使用费占销售收入的 1%）。其中，“产品技术”是指先进的技术知识和专有信息或发明，包括技术诀窍、管理技术、计算标准、公式、图表等，以及现存的或在生效日以后产生的、与产品及其制造有关的、在产品的生产和装配及提供服务过程中运用的商业秘密（包括但不限于预溶、乳剂成分、测试、涂布以及分切技术等）；“商标”是指 R 商标及相关附件中所列出和描述的其他商标。

二、价格审核与争议

（一）特许权使用费是否与进口货物有关

根据《协议》关于产品技术的相关规定，技术使用费所指向的对象覆盖涂覆隔热膜生产的整个过程，即进口的涂覆隔热膜是使用R公司所授权的技术所生产的，而且进口的涂覆隔热膜中已印有R商标，因此，根据《审价办法》第十三条有关规定，有关的技术转让费与商标费均与进口货物有关。B公司对此没有异议。

（二）特许权使用费是否构成进口货物销售条件

B公司与海关争议的焦点主要在于特许权使用费的支付是否构成进口货物销售的条件。各方观点如下：

1.B公司的观点

首先，虽然根据技术和商标许可使用相关协议的安排，B公司必须就其自身被许可使用R公司所拥有的相关生产技术进行产品生产加工，以及在产品销售过程中使用R公司所拥有的商标而支付特许权使用费，但是特许权使用费的支付与B公司是否从R公司及其关联企业采购原材料或者是否从其他公司采购原材料不存在因果限定关系。由于特许权使用费的支付与原材料供应商的选择和原材料采购价格的确定没有任何相关性，因此无论生产企业选择哪个供应商或者无论生产企业和供应商订立怎样的原材料交易价格，作为使用R公司所拥有的技术和商标的对价，R公司旗下相关生产企业都必须相应地向R公司支付特许权使用费。

其次，B公司还列举了R公司另一家关联企业I有限公司，虽然该公司生产所需要的原材料（如薄膜以及基础化学原料）主要从无关联第三方购买，但是其仍需要就使用R公司生产技术和商标向R公司支付相应的特许权使用费。因此，B公司认为该公司向R公司所支付的特许权使用费，并不构成B公司向包括E公司等境外关联企业在内的任何境外原材料供应商采购货物原材料进入中国境内的条件。

2. 海关的观点

针对B公司的观点，海关逐一进行分析。

首先，海关审核《协议》发现其中18.7条规定，R公司提供给B公司的“产品技术”，包括“先进的技术知识和专有信息或发明，包括技术诀窍、管理技术……，在产品的生产和装配及提供服务过程中运用的商业秘密（包括但不限于预溶、乳剂成分、测试、涂布以及分切技术等）”。这实际上也就是针对涂覆隔热膜生产过程全流程的技术授权，其技术使用费所指向的对象覆盖涂覆隔热膜生产的整个过程。由于B公司仅在国内进行分切业务，B公司所进口的大轴涂覆隔热膜在进口时已经包含了部分的生产技术，已经不再属于原材料的范畴，而是属于成品或半成品。

《协议》和B公司提供的材料显示：R公司集团属下的相关生产企业必须就其自身被许可使用R公司所拥有的相关生产技术进行产品生产加工以及在产品销售过程中使用R公司所拥有的商标而向R公司支付特许权使用费。只要使用R公司的生产技术和商标就必须支付技术转让费与商标费，意味着买方不支付这些费用，就不能获得使用R公司产品技术和商标所生产的涂覆隔热膜。就B公司进口的大轴涂覆隔热膜而言，货物在进口时已经附有R公司相关的产品技术和商标，因此，根据《审价办法》第十四条的规定，产品技术和商标已构成相关货物进口销售的条件。

其次，I公司从无关联第三方供应商进口的主要为衬纸以及基础化学原料等，这属于提供生产的原材料，其中进口材料本身并不包含R公司所提供产品技术和商标，采用R公司的产品技术的加工过程发生在国内。因此，与B公司进口涂覆隔热膜的实际情况不具有可比性。

根据《审价办法》第十四条有关规定，海关确认B公司根据《协议》的规定所对外支付的商标权使用费以及部分技术使用费与进口货物有关，且构成出口销售的条件，应计入完税价格。

三、特许权使用费的分摊

本案特许权使用费的分摊，要考虑到以下三方面因素：一是B公司支付特许权使用费涉及多种商品；二是进口商品还涉及加工贸易内外销业务，其中外销部分的特许权使用费不应计入完税价格；三是由于R公司向B公司转让的产品技术属于全流程授权，B公司还有国内对涂覆隔热膜进行进一步加工的业务，而针对国内使用的技术所支付的特许权使用费不应计入完税价格。因此需要对特许权使用费进行分摊，具体分摊方案如下：

1. 针对B公司支付特许权使用费涉及多种商品的分摊

根据《协议》，作为B公司在业务中使用R公司提供的商标和产品技术所得到的价值报偿，B公司将以美元向R公司支付相当于销售收入的3%的技术使用费。B公司是根据其销售收入计算特许权使用费的，因此按不同商品的销售收入比例分摊相应的特许权使用费。

2. 针对进口货物涉及加工贸易内外销业务的分摊

B 公司进口货物涉及加工贸易料件内销。根据 B 公司提交的相关报告以及特许权使用费实际支付情况来看，B 公司就加工贸易业务也向外支付特许权使用费。因此，按每年加工贸易内销进口涂覆隔热膜金额占加工贸易进口涂覆隔热膜总金额的比例分摊相应的应税特许权使用费。

3. 针对 B 公司支付特许权使用费涉及国内及国外使用技术的分摊

由于 R 公司向 B 公司转让的产品技术属于全流程授权，B 公司在国内开展对涂覆隔热膜进行进一步分切整理的业务。对于国内使用的产品技术所支付的特许权使用费不应计入完税价格，因此对于应税的特许权使用费按扣除国内生产的增值部分进行分摊。

四、估价结论及注意事项

B 公司所进口的涂覆隔热膜涉及对外支付商标和技术使用费，该费用未包括在进口货物的申报价格中，根据《审价办法》第十一条和第十三条的相关规定，海关对 B 公司对外支付特许权使用费调整计入进口货物的完税价格（由于 B 公司向 R 公司支付的特许权使用费金额是基于年度的销售收入计算而得）。

综上所述，在估价实践中，特许权使用费往往涉及多种税率不同的进口货物，货物如果以加工贸易方式进口还会涉及内外销问题。此外，根据特许权使用费支付的标的，可能只有其中部分应税。海关应根据公认的会计原则及客观可量化标准进行相应的分摊。海关还应与纳税义务人进行充分沟通和磋商，使其提供尽可能详尽的会计资料及相关单证，这样才更有利于特许权使用费的合理分摊。

以“特许权使用费”名义的进口手机协助估价案例

一、基本情况

2013 年 6 月，A 公司至海关进行业务咨询，主动申明进口手机存在对外支付“专利费”“商标费”等特许权使用费情况，海关审核后将其定性为应税

“协助”。与此同时，还发现企业存在向卖方无偿提供手机软件、加工工具等情况，亦属应税“协助”性质。根据《中华人民共和国海关审定进出口货物完税价格办法》（海关总署令第 148 号，简称《审价办法》）第十一条相关规定，海关对上述费用征税 400 余万元。

A 公司是 B 公司在中国设立的子公司，负责经营 B 品牌手机在中国区域的销售。业务咨询时 A 公司采用委托 C 公司旗下企业代工生产的方式，自中国境内出口加工区进口手机。

1. 货物成交模式

A 公司进口手机的操作模式为：B 公司与 C 公司签订供应框架协议，A 公司根据业务需求直接下订单给 C 公司的香港子公司，后者将订单转至位于中国境内出口加工区内的 E 公司生产，报关后直接发货给 A 公司。通过调取 A 公司进口数据发现，其以“数字移动电话机”与“测试用手机样机”2 种品名向海关申报进口手机，经向企业了解，后者为型号定型上市前产品，其不带中国 3C 认证与入网许可，仅限内部使用，无法正常进入市场流通。

2. 与进口货物有关项目情况

（1）与 D 公司发生的专利使用费

A 公司向海关提供了 B 公司与境外 D 公司签订的《专利许可协议》（以下简称《许可协议》）。根据该协议，B 公司及其下属关联公司因在生产、销售手机过程中使用 D 公司专利，须向其支付专利使用费，其计提方式为：移动终端净销价格 × 提成费比率。根据 A 公司书面说明，其不直接发生与 D 公司的支付行为，该部分专利使用费统一由 B 公司向 D 公司支付，A 公司再向 B 公司支付。

（2）与 P 公司发生的专利使用费

A 公司向海关提供了 B 公司与 P 公司签订的《知识产权许可协议》（以下简称《P 协议》）。根据该协议，B 公司及其子公司生产的手机使用了部分 P 公司专利，因此需向 P 公司支付专利使用费，根据《P 协议》，该部分专利使用费也是以“手机净销价格 × 提成费比率”计算得出，A 公司在财务上计提该部分费用。

（3）与 P 公司发生的商标使用费

B 公司及其子公司生产的手机使用了“P”商标，该商标所有权人为 P 公司。根据《P 协议》，B 公司支付对价获得 P 公司商标授权后分许可给 A 公司，

A 公司在财务上计提该部分费用，费用也是根据净销价格计算得出。

在海关审核的过程中又发现了与确定完税价格相关的两部分内容：

（4）向 E 公司免费提供加工工具费用

在审核 A 公司提供的《销售成本明细表》时发现，其核定净销价格时列明了加工工具费用。经了解，该部分加工工具大致分为模具和夹具两种，由 A 公司统一购买并无偿提供给出口加工区内的 E 公司用于手机的生产，到使用年限后直接在 E 公司报废。

（5）软件费用

对于一部可以在市场销售的成品手机，除硬件配置外，还必须搭配必要软件才能实现其应用，尤其是在智能手机盛行的今天，手机预装软件的数量、种类成倍增长，以 A 公司某型手机为例，其预装软件达到 26 种。对于该部分预装软件，A 公司向境外权利方支付相关费用获取使用权，免费提供给 E 公司，由后者在手机加工过程中充注于手机中。

至此，A 公司进口手机涉及相关货物贸易、知识产权贸易流程已完全清晰，可以以下图表示：

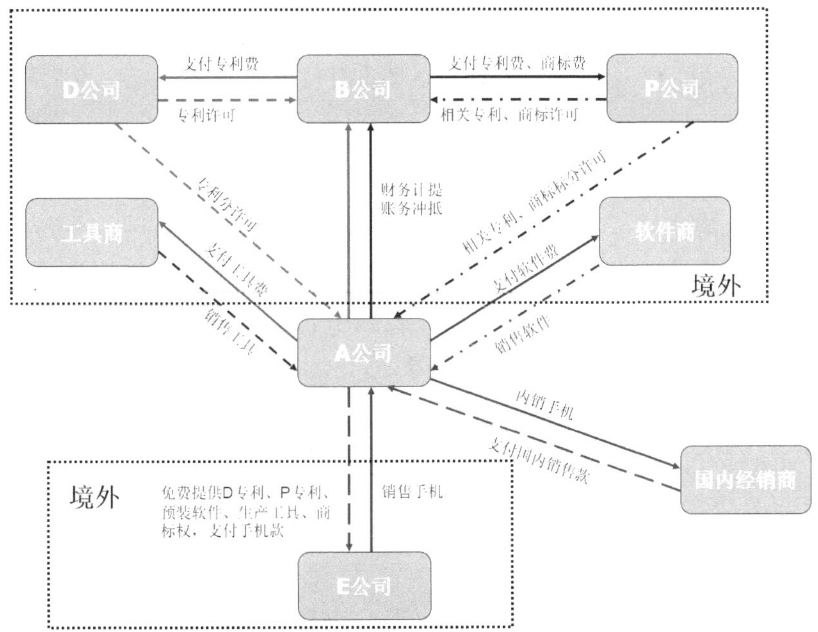

二、估价依据及结论

A公司向海关咨询专利使用费与商标使用费时，对其理解是应作为“特许权使用费”这一价格加项调整因素计入完税价格，但海关在审核整体贸易实际后，确定货物买卖双方为A公司与E公司，卖方与相关权利方并不发生任何关系，仅是由买方获得权利后免费许可其使用，同时买方还存在向卖方免费提供加工工具与软件的情况。根据《审价办法》第十一条第一款第二项的规定，上述有关费用应作为应税“协助”计入完税价格，为此，审价关员根据前述费用的发生情况逐项进行了定性。

1. 与D公司、P公司发生的专利使用费

A公司通过B公司统一向2家公司支付专利使用费，然后通过财务计提、账务冲抵的方式完成对B公司的支付义务，获得2家公司的专利使用权，然后无偿提供给手机生产商E公司使用。经取证，上述专利是在境外开发，主要体现为工程设计与技术研发，且由A公司无偿提供给E公司，符合《审价办法》第十一条第一款第二项关于“协助”的第4种情况，即“在境外进行的为生产进口货物所需的工程设计、技术研发、工艺及制图等相关服务”，应认定为“协助”费用计入完税价格。

根据相关协议，具体费用根据净销价格计算得出。

2. 与P公司发生的商标使用费

A公司获得P公司商标使用权后无偿提供给E公司，供其在手机生产中使用，由于“协助”项目中没有列明商标权这类无形资产，因此不适合作为“协助”计入完税价格，但由于其构成了进口货物的生产成本，应认定为“实付应付价格”计入完税价格，具体费用根据净销价格计算得出。

3. 向E公司免费提供加工工具费用

该部分工具由A公司免费提供给出口加工区内的E公司，用于手机的生产直至其报废，符合《审价办法》第十一条第一款第二项关于“协助”的第2种情况，即“在生产进口货物过程中使用的工具、模具和类似货物”，应认定为“协助”费用计入完税价格。

由于E公司采用该部分“协助”加工工具生产的手机，除部分内销外，有部分出口销售，因此将其价值一次性全部分摊至进口手机中对企业来讲税负不公平。同时由于手机型号的更新，A 公司会连续性提供工具，在该种情况下，采用了企业提供具体客观量化数据，将工具价值分摊至每部手机，海关最终审核确定的方法。

4. 软件费用

经了解预装软件全部在境外开发，A 公司向软件权利方支付相关费用，并免费提供给 E 公司。当该部分软件安装至手机时，已经成为手机组成部分之一，且具有一机一授权的特点，而不像其他刻录在光盘等介质中的普通软件可以在不同数据处理设备中任意安装，同时对于 A 公司、E 公司而言，该部分软件也归入生产料件范畴，拥有独立的料件号，因此其符合《审价办法》第十一条第一款第二项关于“协助”的第 1 种情况，即“进口货物包含的材料、部件、零件和类似货物”，应认定为“协助”价值计入完税价格。

5. 销售用手机中的内部订单问题

在 A 公司进口的以“数字移动电话机”申报的手机分为两种：（1）销售订单；（2）内部订单。其中销售订单用于国内销售，存在前述费用，应计入完税价格。内部订单手机有入网许可，但用于“测试部门进行升级测试和向客户进行展示促销使用，结束后将产品进行内部处理”。由于计提特许权使用费前提是销售手机，加之企业可以证明其财务计提不含该部分手机费用，海关未对该部分“特许权使用费（认定为‘协助’和实付应付）”征税，但由于该部分手机生产过程中同样使用工具并预装软件，该两部分分摊计入完税价格。

6. 测试用手机样机

企业可以证明其财务计提不含该部分手机费用，海关未对该部分“特许权使用费（认定为‘协助’和实付应付）”征税。此外企业说明，该部分手机申报价格明显高于同型号产品正式定型后价格，原因是其成本已包含使用工具费用以及预装软件费用，该部分手机未分摊工具与软件费用，直接以企业申报价格征税。

三、企业注意事项

（一）充分认识海关守法便利、违法惩戒的价值取向，提升守法自律水平

由于特许权使用费非贸项下单独支付的特殊性，在海关没有通过正式途径获取相关执法部门的数据以前，对特许权使用费的风险捕捉客观上存

在一定难度。因此部分企业存在不向海关申报的侥幸心理，但在当前国家层面不断加大口岸三互大通关建设的形势下，口岸执法部门信息共享互换与执法互助的力度逐年加大，企业非贸项下支付数据已成为海关大数据池中的一部分，海关查发仅是早晚问题而已。因此，企业更应充分认识守法便利、违法惩戒的重要性，故意瞒报除了面临追补税外，还可能导致海关行政处罚与企业降级，得不偿失，而主动向海关申报有利于提早研究确定问题性质，并且沟通确定适合企业的补税方式，既可以避免错误操作引起不必要的麻烦，又可以提高通关物流效率，最大限度地减少海关对企业经营的干扰度，形成共赢。

（二）对海关审价依据进行深入研究，准确定性费用性质，避免认识错误造成损失

本案中，企业守法自律主动向海关申报特许权使用费并申请补税，但其商标费、专利费、专有技术使用费复杂，并不能简单地依据企业申请以“特许权使用费”的名义计入完税价格，而是要根据具体的贸易流程进行判断。本案最终认定其为“协助”费用就是在实事求是的基础上作出的负责判断。《审价办法》规定的“在境外进行的为生产进口货物所需的工程设计、技术研发、工艺及制图等相关服务”应认定为“协助”费用，由此可见商标费、专利费、专有技术使用费都可以是“协助”费用的表现形式，这与特许权使用费往往难以在字面进行区分，但性质判断错误将直接导致认定结果不同，即只有在境外的设计才可以作为“协助”计入，因此企业可以将涉及的工程设计费用进行合理分摊，刨除掉国内设计部分然后计入完税价格，这与笼统的将其作为特许权使用费全部计入完税价格有很大差异，直接影响到企业税负，对此企业一定要加强研究，在进行准确的性质认定的基础上到海关补税。

国际招投标医疗设备估价案例

一、案情简介

2015 年 4 月，S 公司申报进口医用血管造影 X 射线机 1 台，经海关审核认定其申报价格不符合成交价格条件，依据《中华人民共和国海关审定进出口货物完税价格办法》（总署第 213 号令）的相关规定，经充分磋商最终以中标价格为基础，采用成交价格法调整相关费用后实现估价补税 6.57 万元，并延伸审核对漏报的专有技术等特许权使用费审价补税 6.07 万元，合计 12.64 万元。

二、案情分析

（一）贸易情况

2014 年 8 月，安徽省某医院因业务发展，需要采购一批医疗设备，包括含单光子发射计算机断层扫描系统、磁共振成像系统及医用血管造影 X 射线机各 1 台，根据有关规定采购进口医疗设备必须通过国际招投标方式开展。安徽 Y 公司作为取得境外制造商——X 医疗公司授权的代理商，代表 X 公司参与投标，中标后货物将由 X 公司自德国直接发货进口。经过一系列符合规定的国际招投标程序后，安徽 Y 公司以 DDP 人民币 2298 万元的总金额中标，其中本次进口的医用血管造影 X 射线机中标价格为 308 万元。

因医院无进出口货物资质，需委托相关企业代理进口。2014 年 9 月，设备使用方某医院与 S 公司签订代理进口合同，委托 S 公司与 X 公司及 Y 公司共同签订外贸进口合同，需要说明的是 S 公司是受 Y 公司控制的关联企业，本次代理业务是由 Y 公司授权所得。经海关审核，该份外贸进口合同中列明该批进口医疗设备的买方为 S 公司，经销商为 X 公司，卖方为 Y 公司，最终用户为安徽某医院。其中医用血管造影 X 射线机价格为 CIF 32.86 万美元（约合 202 万元人民币）。

因该血管造影 X 射线机进口时需申领《机电产品自动进口许可证》，而 S 公司不具备申领资格，所以 2015 年 4 月，S 公司以“安徽省 W 公司自用”名义申领了该进口许可证，并以 W 公司为经营单位、S 公司为收货单位向海关申报进口，申报价格为外贸进口合同标明价格 32.86 万美元。具体关系可见下图：

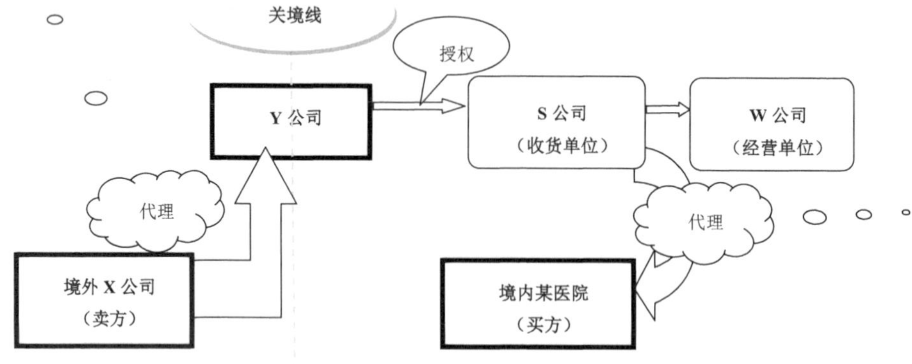

（二）关系剖析

与一般的自由进口货物不同，本案的特殊性在于进口货物为医用血管造影 X 射线机。根据《机电产品国际招标投标实施办法（试行）》（商务部令 2014 年第 1 号）第六条和《机电产品进口自动许可实施办法》（商务部、海关总署 2008 年第 6 号令）第五条的规定，属于必须进行招标的机电产品，进口单位必须在签订合同之前进行国际招标，否则既无法申领《自动进口许可证》，也无法办理进口海关手续。

国际招标活动的招投标环节和进口环节是一体的、不可分割的，某医院是此次国际招标活动的招标人和进口货物的最终用户。从招标合同、报关资料等证据材料可知，整个交易起源于某医院因购买医用血管造影 X 射线机自用而发起的国际招标，进而产生了之后的 Y 公司中标、签约、申领许可证、委托 S 公司报关进口等一系列行为。虽然报关单上的经营单位和收货单位分别是 S 公司和 W 公司，但是通过对各方在此次贸易中实际地位和作用的分析，S 公司和 W 公司均为买方代理，而 Y 公司所起的也就是卖方代理的作用。

（三）审价情况

1.S 公司申报的价格不符合成交价格条件，不能作为海关审定完税价格的基础

海关经履行价格质疑程序审核企业提交的合同等单证，发现合同中约定进口设备的收货方和使用方是某医院，认为 S 公司 32.86 万美元的外贸合同

约定只能销售给第三方某医院，是对进口货物的处置和使用进行了限制，违反了《审价办法》第八、九条的规定，不符合成交价格条件，不能作为海关审定完税价格的基础。进口货物是某医院通过国际招投标程序购买的，医院是进口货物的实际买方，中标价格 DDP 308 万人民币（约 49.60 万美元）是医院为进口货物实付、应付的价格，应是海关审定完税价格的基础。

2. 海关依法确定国际招投标进口货物的买卖双方

经海关质疑，S 公司提供了 Y 公司参与招标的中标合同。该中标合同反映了进口货物的实际成交情况。

（1）进口货物实际买方——某医院

某医院作为发起国际招标采购的招标人和货物的实际使用人，是中标合同的买方。其买方地位通过上述《机电产品国际招标投标实施办法》《机电产品进口自动许可实施办法》的规定即可确定。同时，医院履行付款义务，购入货物；承担货物交付后的风险；对交付后的货物享有完整的所有权；可以自由占有、使用、收益和处分，符合《审价办法》对买方的定义。

（2）进口货物实际卖方——X 公司

国际招投标行为决定了制造商 X 公司的卖方地位。

国家规定目录商品必须进行国际招投标，目的是在确保货物来源、质量与服务的前提下，以最低或最优价格购买所需商品。

因此，为实现这一目标招标人应当直接向制造商采购，当制造商不直接参与投标时，可以授权贸易商作为其代理代表其投标。但该情况下根据招投标文件的规定，在投标资格的确定、投标货物的技术条款和商务条款的响应，以至到完成交货义务，制造商和贸易商都是共同履行、不可分割的，并且按照招投标文件、中标合同的约定各负其责。这在《机电产品国际招标投标实施办法》具体的法律条款及商务部机电和科技产业司编制的招投标文件范本（亦是本案国际招投标采用的文本）中均有体现：如果制造商直接以投标人身份参加投标的，只需提交《制造商资格声明》，而制造商授权贸易商作为投标人投标的，贸易商则必须额外提交《贸易公司（作为代理）的资格声明》和《制造商出具的授权函》。

本案进口货物的制造商——X 公司采用的是第二种投标方式，即授权 Y 公司作为代理参与投标。

（3）Y 公司在本次国际招投标活动中处于 X 公司的代理地位

根据《机电产品国际招标投标实施办法》，如果 Y 公司要独立进口目录货物，就必须自己作为招标人在进口前进行国际招投标，并且以自己的名义去申领《自动进口许可证》，而由于贸易公司不是实际使用人，不符合招标人资格，根本无法发起国际招投标，无法以其名义申领许可证。实际上，本案的招标人为某医院，《自动进口许可证》上的“进口用户”也是医院，“商品用途”是“自用”。

同样，如果没有制造商 X 公司提交完整的投标人资格文件，Y 公司作为贸易公司根本没资格参与投标，其投标人资格是紧紧依附于制造商的。贸易公司只是作为制造商的代理参与投标，帮助制造商把货物成功中标后销售给招标人，实际上，最终履行交货义务的也是 X 公司。

3. 海关依法对成交价格进行了调整、扣减

基于上述情况，海关根据《海关法》第五十五条，《关税条例》第十八条、第二十条，《审价办法》第五条、第七条、第十五条等规定，以中标价格 DDP 308 万人民币为基础、按照成交价格估价方法进行了调整、扣减后（具体扣减费用见下表），审定进口货物的完税价格为 232.58 万元，补税 6.57 万元。

扣减费用一览表

项目		价格（人民币）	备注
中标价		308 万元	
扣减部分	专业显示器及 LED 屏	15 万元	国内采购
	激光打印机	10 万元	国内采购
	关税增值税	50.42 万元	
合计		232.58 万元	

4. 海关依法对成交价格中涉及特许权使用费的部分进行调整

根据 Y 公司提供的投标分项报价，除涉及 2 台国内采购设备外，还有 1 项图像升级软件费，共 28 万元人民币。海关在审核时，认为：

一是进口货物为 X 公司设计生产，其使用运行的图像处理部分专有技术为 X 公司所有，并在进口时已加载在设备中，为设备正常使用所必需；

二是该项费用与进口货物有关，包含在货物招投标价格中；

三是该项费用作为被估货物销售要件之一，某医院不支付该项费用，则无法按合同议定条件成交。

据此，该项费用应作为特许权使用费计入完税价格，不能从中扣减，补税 6.07 万元。

三、案例点评

（一）抽丝剥茧，去伪存真，还原贸易真相

本案中涉及的当事人较多，贸易关系也互为交叉颇为复杂，海关审价工作只有抓住成交价格这个“牛鼻子”才能去伪存真，锁定贸易过程中符合审价办法规定的实际买卖双方，为成功审价补税奠定基础。一般来说机电产品进口许可证上的最终用户与报关单上的经营单位或收货单位是一致的，但是本案中却出现了不一致的特殊情况，海关关员正是从这一异常现象入手，加强对监管证件的逻辑审核，质疑进口企业与许可证用户之间关系，摸清招投标贸易实质，认定许可证用户是货物进口所有者，进口企业仅是“交付”该进口货物给许可证用户而非“销售”，从而最终厘清买方、卖方的关系。

（二）他山之石，可以攻玉，拓展审价思路

海关审价最重要的依据当然是审价办法，但是在实践中仅仅依靠一部审价办法是远远不够的，因为国际贸易千姿百态、千差万别，需要海关关员注意了解其他领域的法律法规，旁征博引、借力打力，找寻支持海关审价观点的依据，全面了解贸易实际环境、明晰货物的属性认识，不断拓宽审价思路，从而做到一击命中。本案中，海关估价其中重要依据之一是《机电产品国际招标投标实施办法》《机电产品进口自动许可实施办法》，通过相关规定作为辅助证据，成功认定 S 公司声称的买方、卖方身份不成立的说法，准确判断实际买方和卖方的关系。

第三章　特许权使用费海关稽查案例研究

第一节　一般案例研究

电机和稳压器特许权使用费补税案例

一、案情简介

2015 年 2 月，海关对某环境系统有限公司（以下简称 S 公司）实施后续价格稽查，发现该公司进口电机、稳压电源等零部件在国内生产换气送风系列产品，每年向境外支付“技术提成费、开发费”等特许权使用费情况。海关认为该公司对外支付的特许权使用费符合应税条件，应当计入完税价格，根据《中华人民共和国海关审定进出口货物完税价格办法》（海关总署令第 213 号，以下简称《审价办法》）规定，海关对 S 公司 2012—2014 年对外支付的 21142 万元特许权使用费，按照该公司一般贸易进口货物比例以及含有特许权使用费的进口货物所占比例等客观量化数据进行分摊后调整计入完税价格，共补征税款 187.5 万元。

二、案情分析

（一）交易流程和特许权使用费支付项目

S 公司是某国 S 公司（以下简称“境外母公司”）在国内的全资子公司，主要生产和销售换气扇、空气清净机等换气送风系列产品，该公司部分产品通过加工贸易方式销往海外市场，部分产品直接在中国国内市场销售。生产原材料有的在国内采购，有的从某国境外母公司购买。

S 公司生产的空气清净机和换气扇使用了境外母公司的专有技术，S 公司每年定期向境外母公司支付相关的特许权使用费，以获得该专有技术，S 公司进口的货物（专用料件）涉及该专有技术。

（二）对特许权使用费计入完税价格的认定

根据 S 公司与境外母公司签订的《有关换气扇技术引进使用许可合同》（以下简称《技术合同》）中的相关条款，境外母公司拥有换气扇的特定的技术诀窍、设计及知识等，并根据本合同约定的条款，向 S 公司提供有关特定的换气扇的设计、开发、制造、检查、质量管理、生产管理等方面的技术合作。其中：

《技术合同》第二条第一款规定：在本合同期限内，境外母公司允许 S 公司使用“技术诀窍”及“技术资料”，设计、开发、生产“合同产品”，并在中国国内外市场有不能转让的非独占性的销售权利。S 公司在得到境外母公司事前书面同意的前提下，可为第三方以商业行为进行商品设计 / 开发。

《技术合同》第二条第二款规定：境外母公司提供以下关于“合同产品”的技术合作：

（1）有关设计、开发的技术合作。

（2）有关制造工程及生产设备的技术合作。

（3）有关生产及检查（包含品质确认）的技术合作。

（4）有关品质管理、制造工程管理、生产管理的技术合作。

（5）有关部件和材料的检查及品质确认的技术合作：

①境外母公司向 S 公司提供部件和材料的规格、参数，部件和材料的进厂检验方法、检测仪器清单及检验标准。

②境外母公司在为 S 公司培养部件和材料进厂检验人员的同时，在 S 公司于中国国内市场上购买检测仪器、设备时，提供有关建议。

③境外母公司根据 S 公司的要求，对 S 公司提供的部件和材料的样品，认定其能否使用，再向 S 公司提供境外母公司的认定方法、使用的检测仪器清单，认定操作过程的数据、认定结果及改进意见。

《技术合同》第五条第一款规定：S 公司同意在境外母公司帮助下，S 公司设计、开发的“合同产品”的规格、参数以及生产、销售的所有“合同产品”的规格、参数，要与“技术资料”上记载的规格、参数（但是，双方另行协议达成的规格、参数除外）一致。境外母公司按照本合同通过技术合作，对此进行协助。

《技术合同》第六条第一款规定：在本合同有效期内，根据本合同由S公司生产并且在中国国内外销售的所有“合同产品”，由S公司向境外母公司支付该“合同产品”的“销售价格”3%的“技术提成费”，作为依照本合同第二条第一款规定的权利及根据本合同的技术合作之代价。

根据上述《技术合同》条款，海关认为：

第一，由于S公司对外支付的特许权使用费是其按照生产产品的销售价格进行计提支付，因此S公司进口货物的申报价格中并未包括该特许权使用费。

第二，S公司进口的用于生产换气扇的零部件（包括电机、开关、变流器、稳压电源等），是生产该“合同产品”的专用料件，是实现《技术合同》第二条、第五条列明的相关品质标准、设计、开发、生产等专有技术而专门设计制造的，因此根据《审价办法》第十三条“为实施专利或者专有技术而专门设计或者制造的”规定，可以确定特许权使用费与进口货物有关。

第三，S公司只有如约向境外母公司支付特许权使用费，才能获得进口料件生产“合同产品”的资格，由此可认定支付特许权使用费已经构成进口货物向我国境内销售的条件。

基于上述理由，海关认定该特许权使用费符合《审价办法》第十三条、十四条的规定，需要进行合理分摊后调整计入完税价格。期间，海关多次对S公司相关人员进行海关法律法规的政策宣讲，详细介绍了《审价办法》关于“特许权使用费”的有关规定，经过多次沟通和讲解，企业最终接受了海关的估价意见。

（三）特许权使用费的分摊和补税税款的计核

海关根据S公司向境外母公司支付特许权使用费的财务支付记录和国家外汇管理局的相关数据，对S公司在2012—2014年期间进口货物对应的特许权使用费共21142万元进行核算，扣除产品加工贸易出口部分和国内采购料件部分，对用于国内市场销售的涉及空气清净机和换气扇的特许权使用费按年度进行计核，按照含有特许权使用费进口货物的平均关税税率进行分摊，实现补征关税和增值税共计187.5万元。具体详见下表：

S公司2012—2014年特许权使用费补税情况

年份	对外支付特许权使用费（万元）	贸易方式比例		生产料件比例		含有特许权使用费进口料件平均关税税率	特许权使用费补税（万元）
		加工贸易比例	一般贸易比例	含特许权使用费进口料件比例	不含特许权使用费料件比例		
2012	6650	26.5%	73.5%	20.3%	79.7%	7.0%	29.6
2013	6671	66.9%	33.1%	30.3%	69.7%	7.0%	40.3
2014	7821	60.9%	39.1%	68.7%	31.3%	8.8%	117.6
合计	21142						187.5

三、案例点评

（一）特许权使用费具有较大的复杂性和隐蔽性，海关关税部门需要与稽查部门密切联系配合，共同做好特许权使用费的补税工作

目前，企业进口货物通关环节的单证（包括发票、合同等），都没有关于“特许权使用费”的相关表述，现场关员难以通过审核随附单证发现是否存在相关特许权使用费，往往需要充分发挥稽查部门的后续管理作用，进一步调取企业审计报告、财务报表、年度付汇明细等资料才能确定。

从海关近年来成功对特许权使用费进行征税的案例看，基本都是由稽查部门在下厂稽查过程中发现线索，确定企业有对外支付的特许权使用费未包括在申报价格中，并提取、固定相关证据，联合关税部门共同开展研究认定。因此，必须充分发挥关税部门和稽查部门的专业特长，密切配合，形成合力，同时加强对企业的政策宣讲，充分交流信息，促使企业提高依法纳税意识，按照《审价办法》有关规定对特许权使用费进行补税。

（二）充分调查了解进出口贸易实际，确定特许权使用费补税的重要抓手

根据《审价办法》第十三条、十四条的规定，特许权使用费计入完税价格应该同时符合两个基本条件：一是与进口货物有关；二是费用的支付作为卖方出口销售该货物到中华人民共和国关境内的条件。而对于上述两个条件的认定是特许权使用费征税工作中的难点，需要大量资料的支撑。海关应根据企业与外商签订的贸易合同、技术协议、商标使用协议、特许经营协议、独家代理协议等具体条款，结合企业的付汇记录、财务报表、审计报告进行认真细致的研究、印证，紧紧抓住确定企业对外支付的费用符合特许权使用

费条件的关键点，才能实现特许权使用费的成功补税。

手机涂料配方特许权使用费稽查补税案例

一、案情简介

2013 年 12 月至 2015 年 8 月，海关对某涂料有限公司（以下简称 A 公司）实施稽查，发现该公司进口丙烯酸树脂、聚羧酸盐溶液、消光蜡浆等，用于以“塑料用涂料制造技术”生产产品，并向境外支付了特许权使用费，海关认为该公司对外支付的特许权使用费符合应税条件，应当计入完税价格。根据《中华人民共和国海关审定进出口货物完税价格办法》（海关总署令第 213 号，以下简称《审价办法》）规定，海关对 A 公司 2011 年 1 月至 2013 年 12 月对外支付的特许权使用费，经调整后计入进口货物的完税价格，共补税款 38.6 万元。

二、案情分析

（一）基本案情

1. 交易各方情况

A 公司为境外 A 公司（以下简称“境外母公司”）全资子公司，主要生产经营高性能涂料，其主要进口商品包括丙烯酸树脂、聚羟酸溶液、颜料、聚硅氧烷、催干剂、光引发剂、消光蜡浆等，这些商品皆由境外母公司供货或由境外母公司指定生产商供货，且均需对外支付相关特许权使用费。

2. 贸易及特许权使用费支付流程

2008 年 1 月 1 日，A 公司与境外母公司签订《技术转让合同》。2008 年 7 月至 2013 年 12 月，A 公司又陆续与境外母公司签订《“塑料用涂料制造技术”技术转让合同补充协议》，明确权利人和义务人，并将合同展期至 2016 年 12 月 31 日。根据《技术转让合同》，A 公司从境外母公司获得“塑料用涂料制造技术”的“制造”和“销售相关制品”的权利，用于制造和销售手机涂料；同时以手机涂料销售总额的 3%，作为“技术转让的经常技术费用”（以下简称技术费用）向境外母公司支付 ，每年结算一次。

（二）稽查切入点

1. 对产品配方的性质进行认定

根据合同，由 B 公司负责开发新产品、研究产品配方，然后将产品配方通过电子邮件的方式发送到 A 公司的技术负责人的邮箱。产品配方的内容，从构成要素来看，包含 4 类技术信息：一是全球统一的产品型号；二是原材料的品牌和型号；三是原材料的投入比例和投入量；四是原材料的投入次序。A 公司生产的每种产品都有单独的配方，产品配方均由 B 公司研发，属于不公开、保密的技术。

海关据此认定，配方所确定的“原材料的品牌规格型号”信息，是配方的组成部分，不可缺少；同时也是 A 公司借以开展原材料采购、组织生产的依据，是货物进口的直接原因。另一方面，A 公司没有研发手机涂料配方的能力，配方的实施过程，就是严格遵照配方标明的原料名称、型号进行采购，进而根据配方确定投入量和投料进行生产的过程。经统计，2011 年 1 月 1 日至 2013 年 12 月 31 日，A 公司合计向境外母公司支付技术费用 5586243.73 元。

2. 对特许权使用费是否应计入完税价格进行认定

（1）对于境外母公司生产的进口手机涂料原材料的认定

A 公司进口的原材料有一部分是由境外母公司生产，即境外母公司从树脂、溶剂等专门生产商处购买基础原料，根据准备生产的涂料的技术指标，对基础原料进行一定程度的加工，形成半成品后再向 A 公司提供。A 公司确认，该原材料是境外母公司为其生产手机涂料而专门研发的。

（2）对于非境外母公司生产的进口手机涂料原材料的认定

配方对此类原材料的选择，体现了境外母公司在配方研发过程中，对诸多类似原材料在熟悉程度和化学特性上的甄别和取舍。A 公司确认，此类原材料即使不是境外母公司生产，但也须经境外母公司检测，以确认其物性和添加量是否符合某一配方品质的要求。

上述两类原材料，均由境外母公司在配方中予以限定，A 公司不会对配方作实质性修改，配方规定的原材料不能用其他原料代替。该限定本身构成了配方价值的一部分。综上，根据协议支付的技术费用所指向的专有技术使用权，包含了进口原材料所固化的专有技术，即配方信息，因此，该技术费用与进口货物有关。

另一方面，技术费用的支付构成了进口货物向中华人民共和国境内销售的条件。《技术转让合同》第八条规定，符合以下情形的，境外母公司可以解除、消除合同的全部或者一部分：一是违反合同的内容或者不完全履行合同的内容；二是在履行合同过程中有虚伪报告及其他违法行为；三是有其他不能存续合同的相当事由。鉴于A公司在稽查期间均按合同规定履行了技术费用的支付义务，不存在违约行为，且根据上述条款推断，A公司如不支付技术费用，境外母公司就可以“解除、消除合同的全部或者一部分”，从而A公司不能购得该货物。

（三）结论

综上所述，海关确认A公司根据《技术转让合同》对外支付的特许权使用费与进口货物有关，且构成进口货物向中华人民共和国境内销售的条件，应计入完税价格。

鉴于相关技术费用系配方信息的对价，而配方信息包括但不限于对原材产料的限定，还包括与原材料进口后在国内发生的投料生产环节有关的技术信息，因此，在计算需要调整计入完税价格的技术费用时，需要对技术费用进行分摊，即确定多少技术费用与进口货物有关。

海关认为，应参考成本核算归集和分摊的方法，按进口手机涂料原材料货值占全部手机涂料原材料货值的比例分摊技术费用，由于A公司从境外进口部分商品直接在国内销售，且进口后直接销售部分商品不计提特许权使用费，因此分摊公式如下：

特征税金额＝特许权使用费 ×（进口采购总额－进口直接销售部分）÷（进口采购总额－进口直接销售部分＋国内采购总额）

三、稽查技术的运用

（一）充分利用中介机构力量是顺利查获相关情事的关键

面对企业大量的进出口数据以及繁多的账册、进出口单证，选择正确的核查切入点是突破的关键。中介机构以其专业的视角，发现企业有以“技术转让费”对外支付的项目，而海关则以其职业的敏锐性确定稽查突破口，然后再通过调阅相关的技术转让合同、了解企业生产经营模式，找出对外支付的特许权使用费与进口货物相关的证据，也找到构成向我国销售的条件，从而确认企业有关特许权使用费应计入完税价格。

（二）对特许权使用费的合理分摊是成功估价的基础

在特许权使用费估价过程中，企业对特许权使用费如何计入完税价格一直持保留意见，海关通过对《技术转让合同》的深入研究，并就《中华人民共和国海关审定进出口货物完税价格办法》的相关规定向企业进行耐心的宣讲，跟企业就相关细节进行反复磋商后，最终确定了对特许权使用费进行合理分摊的方法，完成估价工作。

通话组件特许权使用费稽查实例

本实例系一起典型的进口货物漏报特许权使用费的稽查案例。在本实例中，稽查人员将审价办法与稽查方法有机结合起来，从财务资料入手，发现了企业进口的原材料存在特许权使用费漏报问题，积极耐心地与企业磋商，并且合理分摊特许权使用费，成功追补税款，圆满地完成了稽查任务。

一、实例简介

某通话组件生产企业主营研发、设计、生产销售新型手机通话组件及周边产品，并提供售后服务。2015 年 5 月，海关稽查人员在对该企业开展常规稽查过程中，认真审核合同、单证财务账，发现其存在定期对外支付技术转让费的情况，经政策宣讲与协商，对该企业三年来支付的特许权使用费进行合理分摊，补税 42 万元。

二、稽查情况

（一）稽查准备

稽查实施前，稽查人员通过风险平台调取该企业的进出口数据，初步了解企业进出口结构和贸易方式。数据分析显示，稽查期间该公司进出口基本上为一般贸易。因此，海关把稽查重点确定为一般贸易货物的价格、归类、数量等方面。

（二）稽查实施

1. 稽查取证

根据《常规稽查作业标准》，稽查人员对企业提供的稽查期间的财务审计报告进行了仔细审核，发现每年的审计报告中都有向其母公司支付技术转让费的情况。

稽查人员首先向该企业询问有关非贸付汇的情况，随后调取了其与母公司签订的《技术转让合同》。该合同主要规定了技术转让的内容、范围、报酬以及权利义务关系。经梳理，技术转让的主要项目有：

一是转让专有技术，包括生产设备的调试、操作和维护，零部件的检验，产品的制造，检验和相关的质量管理、生产管理，以及其他技术知识、信息和经验；二是提供全面的技术资料，包括设计图纸及相关数据、文件、技术标准等；三是对子公司的员工进行相关的培训；四是在产品转移的全过程，包括批量生产前的各项准备工作，提供不间断的技术咨询。报酬规定为母公司向子公司提供专有技术及配套服务收取占其相关产品销售净额 3% 的技术转让费，并按月计提按季支付。

稽查组结合该企业进口货物的实际情况，对技术合同和相关技术资料进行了认真审核，初步判定与进口货物相关的特许权使用费为母公司提供的全面技术资料，即设计图纸及相关的数据、文件、技术标准等。基于这一研判，稽查组要求该企业提供部分相关产品的图纸。经企业确认，这些产品和零件均根据母公司的设计图纸生产制造。经进一步沟通后该企业确认：第一，该企业为生产成品从国外供货商购入的零件均为严格按照母公司的设计图纸专门制造的，也就是说，如果没有设计图纸也就无法生产这些零部件；第二，如果不支付技术转让费就无法取得图纸。

通过以上稽查取证，稽查组确认该企业进口货物与技术转让费有关，且如果不支付技术转让费就无法取得该货物，再对照《中华人民共和国海关审定进出口货物完税价格办法》（海关总署令第 213 号，以下简称 213 号令），稽查组确定《技术转让合同》中的母公司提供的技术资料，包括设计图纸及相关的数据、文件、技术标准等费用，应计入进口货物完税价格，理由如下：

第一，设计图纸确实以进口的各种零件为实现形式，根据 213 号令第十三条第一项，可判定设计图纸与进口货物有关；

第二，该公司如果不支付相关技术转让费，则母公司不可能向其供应设计图纸。根据 213 号令第十四条规定，可判定相关特许权使用费的支付已构成货物向中华人民共和国境内销售的条件。

2. 价格磋商

在取得了相关证据材料以及了解了几个关键的情况以后，稽查组开始与企业进行价格磋商。首先，稽查组向该企业出示证据，并与该企业一起逐一确认《技术转让合同》及一般贸易进口零件与设计图纸之间的关联关系；接着，稽查组向企业详细解读特许权相关性条款和成交条件条款；最后，指出《技术转让合同》有关技术转让费与一般贸易进口零件相关，建议企业进行反向举证，如母公司提供的是通用图纸（排除相关性）虽然为专用图纸但相关商品同等价格公开售卖（排除成交条件）。

该企业管理人员向稽查组仔细询问了相关政策和规定，组织技术部门和贸易部门对进口货物开展梳理，向海关出示了零部件通用图纸清单和零部件公开售卖价格资料，并分别制作了应税目录和非应税目录。稽查组和企业一起，对相关证据材料开展了梳理和排查。经过反复磋商，企业主动向海关申请补税。

（三）稽查处理

稽查组根据相关规定，对该企业特许权使用费进行补税处理。由于该企业的技术同时涉及进口货物和国内生产技术，属于典型的混合型特许权使用费，因此，稽查组对照相关规定，指导企业财务人员采集了特许权金额、进口专用材货值和与其对应的生产成本，并按报关台账筛选测算了进口专用材的税率，最终按专用材的税后成本占对应生产成本的比例对特许权使用费进行了分摊。此外，该企业提出是否可以将其他与生产技术有关的成本纳入分摊分母，海关同意但要求举证。企业财务会同关务反复测算，发现相关成本在举证和计量上存在困难，且金额较小，遂放弃举证。最终海关按混合型特许权使用费公式征收税款。

三、经验启示

一是在常规稽查中要注意企业财务账和审计报告有无专利费、技术费、软件费等特许权使用费相关费用支付。

二是要及时固定财务、技术等与特许权使用费有关的证据。主要包括：收集特许权使用费合同标的内容、附件、补充协议等；财务支付特许权使用费的相关账册、凭证等。收集验证特许权对应成品生产过程中的技术投入的证据，以及许可内容是如何物化在产品中的证据。

三是在与企业磋商中，应充分理解213号令等海关法规。对特许权使用费的几个关键部分要有目的性地向企业进行详细宣讲、询问和查证。针对特许权使用费与进口货物的关系和特许权使用费是否构成向国内销售条件这两个关键问题，在充分取证的同时，应要求企业充分举证和排除。

四是要合理分摊特许权使用费。海关可以与企业协商进行合理分摊，按照公认会计准则将与进口货物相关并符合计入条件的特许权使用费调整计入货物完税价格，同时允许企业按技术投入实际对生产成本进行调整。

五是要树立证据意识和磋商意识，与企业充分磋商，坚持“谁主张谁举证”的原则。

H公司漏报特许权使用费稽查案例

一、案情简介

2016年5月某海关稽查部门对H公司开展汽车行业特许权使用费专项稽查，结合H公司稽查过程中主动报明的相关情况，最终认定该公司2013年5月至2016年5月期间，以一般贸易及进料料件转内销方式申报进口原材料、设备、模具时漏报技术服务费、商标费共计约8498万元，经合理分摊最终追征税款约1905万元。

二、案情分析

（一）基本情况

1. H公司基本情况

H公司是外商投资企业，主要从事载重汽车和公共汽车、轻型载重汽车、轿车、工程车、农业车辆和其他车辆用子午线轮胎、内胎的生产以及在国内外销售公司自产产品并提供售后服务。

2. H公司进口情况

稽查时间段内H公司以一般贸易方式主要进口货物为复合胶、丁苯橡胶、尼龙帘子布等，一般贸易主要进口设备为成型机、密炼机、模具等，进料料件内销主要商品为丁苯橡胶、天然橡胶、丁基橡胶等。

3. 特许权使用费基本情况

H 公司与其母公司签订的《技术转让合同》约定：H 公司分别按照上一年度合同产品净销售额的4%和1%支付年度经常技术费和年度许可商标使用费，每年一次性向母公司支付 。根据H公司提供的非贸付汇明细及相关财务资料，2013 年 5 月 17 日至 2015 年 12 月 31 日间，该公司通过非贸付汇方式支付技术服务费约 4.66 亿元，商标费约 7863 万元。

（二）稽查突破口

稽查组对 H 公司的相关资料和环境进行了研究，明确了技术使用费稽查的突破口和切入点：及时与 H 公司相关人员逐个沟通，了解各类生产原料、设备、模具的采购流程和技术流程，有针对性地了解其母公司提供的技术资料是如何流转和使用的，在进口货物的采购流程和技术流程中是否可能涉及母公司拥有的专利和专有技术。

起初，H 公司认为进口原料与母公司提供的“技术信息”无关。但海关稽查组通过了解 H 公司技术人员的详细陈述，加强与企业的沟通和取证，最终 H 公司被迫确认并主动提供了原副材料书生成以及使用的说明，企业新设备、新模具制造技术支援说明。同时，稽查组通过与 H 公司业务人员及管理人员的多次沟通，核实了 H 公司与母公司签署的《技术转让合同》中技术条款的具体含义，最终 H 公司主动向稽查组说明了相关情况，确认其向母公司支付的技术使用费与进口货物相关且构成销售条件。

（三）特许权使用费的审核和认定

1. H 公司向母公司支付的技术信息费及商标费与进口货物有关

（1）技术信息费

H 公司与母公司签订的《技术转让合同》第一条第三项规定，母公司向 H 公司提供的“技术信息”主要包括：①合同产品的设计、结构、配方、工程的详细资料和图纸；②与合同产品生产相关联的水、电、蒸汽、空气等的正确使用方法；③合同产品的生产技术、管理技术及试验技术；④制造和试验合同产品的设备的技术信息及管理技术；⑤原材料的试验、使用管理技术；⑥与合同产品的设计、生产、管理相关联的信息；⑦母公司研究所有关的产品试验资料；⑧母公司目前拥有的有关设备改造的图片资料；⑨为合同产品生产，母公司对 H 公司设备改造的技术服务；⑩持续的结构调整等。

稽查组通过核实上述《技术转让合同》的要点并结合 H 公司提供的原材料书生成以及使用的说明、企业新设备、新模具制造技术支援说明（主要为 H 公司原材料、设备、模具采购的技术流程）后认定，母公司向 H 公司提供的“技术信息”既有公开的专利，又有尚未公开并未申请专利的专有技术。

在本案中，H 公司根据母公司的技术要求，从母公司或者母公司指定的第三方供应商处采购含有母公司专利或者专有技术，或者根据母公司提供的专利或者专有技术生产制造的原材料、设备、模具。这些进口货物均涉及特许权，因此，稽查组认定 H 公司支付给母公司的技术信息费符合《审价办法》第十三条第一项规定，与进口货物有关。

（2）商标费

H 公司与母公司签订的《技术转让合同》第一条第六项规定，“许可商标”是指未注册、已注册商标和服务商标以及正在申请注册的商标和服务商标。

稽查组通过核实上述《技术转让合同》中关于商标权的约定以及 H 公司提供的自查报告，确认 H 公司一般贸易进口的部分半制品复合胶直接附有商标，稽查组认定 H 公司支付给母公司的商标费符合《审价办法》第十三条第二项规定，与进口货物有关。

2. H 公司向母公司支付的技术信息费及商标费是构成进口销售的必要条件

在本案中，根据 H 公司与母公司签订的《技术转让合同》相关终止条款，H 公司如果不支付相关费用，违约的后果是母公司不再提供相关专利、专有技术及商标权，H 公司也就无法获得含有相关专利、专有技术及商标权的进口商品，与上述货物相关的技术信息费、商标费构成向中华人民共和国境内销售的条件。

综上所述，H 公司向母公司支付的技术信息费、商标费与进口的原材料、设备、模具相关且技术服务费、商标费的支付构成了进口货物的销售条件。根据《审价办法》第十一条第三项的规定，以上两个条件同时满足，稽查组认定 H 公司向母公司支付的技术服务费、商标费应计入进口货物完税价格。

（四）稽查程序和结论

1. 稽查程序

根据调取的外管局非贸付汇数据、结合行业具体情况，稽查部门开展风险分析，确定对H公司开展特许权使用费专项稽查，通过成立“特许权使用费”专项稽查小组（成员为关税、稽查、现场海关业务骨干），集中力量解决特许权使用费稽查过程中的疑难问题。在与H公司主要负责人及关务、技术、生产、财务等部门开展了多回合的沟通后，H公司最终主动向海关说明了相关情况，并积极配合稽查组调取了大量技术、财务资料，稽查组最终对涉及漏报特许权使用费的进口货物做出了认定，并结合会计准则与H公司商定确认了最终的分摊方法。

2. 稽查结论

H公司2013年5月至2016年5月期间以一般贸易及进料料件转内销方式申报进口原材料、设备、模具时漏报与进口货物相关的技术信息费、商标费共计约8498万元，漏缴税款共计约1905万元。

（五）H公司向母公司支付的技术信息费、商标费的分摊

根据H公司提供的自查报告，稽查组对技术信息费按初步认可的“技术信息”项数进行分摊，分摊公式为：应税特许权使用费 = 进口货物（专用原材料、设备、模具）的税后成本 / 原材料或生产设备（模具）采购总额 × 对应年度支付的相关权利项涉及技术使用费。根据上述公式计算企业稽查时间段应税特许权使用费约8496万元。

稽查组以进口半制品复合胶占所有成品销售的比例对应税商标费进行分摊，并计算企业稽查时间段应税商标费约2.1万元。

H公司进口原材料中的天然橡胶、丁基橡胶、丁二烯橡胶、二氧化硅、尼龙帘子布是通用材料，不参与分摊；H公司临时进境（2600）项下进口的铁质包装箱属于包装物料，与技术服务费不相关，不参与分摊；H公司进口的管理设备及生产辅料，与技术服务费不相关，不参与分摊；H公司货样广告A（3010）和临时进出口免费（3339）项下进口的样品及外商免费提供的少量生产辅材，与技术服务费不相关，不参与分摊。

三、案例点评

当前，伴随着经济全球化进程的加速，由无形的服务贸易引发的特许权使用费海关征税问题日益凸显。本案特许权使用费稽查专项行动成效显著，具体做法如下：

（一）加大对外宣传引导企业主动披露

以新《稽查条例》和《实施办法》的颁布和实施为契机，利用官方互联网平台及相关企合作平台等形式进行政策法规宣讲，召开关企座谈会，讲解特许权使用费相关政策规定，让企业明确漏报、瞒报特许权使用费可能承担的责任；同时及时公布有典型意义的案例，以案例说法的形式让企业对号入座，并通报相应的责任制度，让企业了解海关审价方法，帮助企业在知法的情况下主动完成申报，引导企业开展特许权使用费主动披露，因势利导，促进企业守法经营。

（二）充分运用证据链相互印证法

在特许权使用费后续处置中应大力开展实质性审查，从外方转让的图纸、技术合同、财务付款、进口货物等方面进行充分取证、相互印证。将特许权与进口货物证据相互印证，以及将专利或专有技术与特许权使用费对外支付情况相互印证，以固定特许权使用费与进口货物有关的证据链。在依法处置的同时，最大限度地保护企业合法权益，并规范企业后续进出口活动。保障海关执法活动严肃性的同时，释放海关改革的红利。

（三）引入中介机构协助海关专项稽查工作

针对特许权使用费支付会计科目繁多、应税特许权使用费分摊复杂等情况，海关在专项稽查过程中引入会计师事务所，充分发挥会计师事务所审计、财务核算的专业优势，完成大量的数据整理、费用分摊等工作。

（四）加强内外部配合发挥整体监管效能

一方面主动与外管、国税等部门加强协作，借助外管收付汇、国税代扣代缴所得税数据的分析应用，筛选与进口货物相关的专利费、商标费、技术提成费等数据，甄别支付特许权使用费未计入进口货物完税价格的风险。另一方面加强海关内部各部门的联系配合，关税职能部门充分发挥估价技术和专业认定优势，共同研究解决估价技术疑难问题，为稽查部门提供了充分的技术支持。

（五）成立机动稽查小组提升稽查执法效能

充分拓展职能管理手段、尝试通过虚拟组织集中优势力量解决特许权使用费审价疑难问题，锻炼培养专家队伍。成立“特许权使用费”专项稽查小组（成员为关税、稽查、现场海关业务骨干），针对特许权使用费高风险企业组织开展特许权使用费课题研讨、整理典型案例，发挥各自优势，集中力量解决特许权使用费稽查过程中的疑难问题。同时根据查发企业特点及时归纳总结行业性风险，通过以点带面，由规范企业发展为规范行业，促进了管理效能的提升。

第二节　综合案例研究

进口空调压缩机特许权使用费估价案例

一、案情简介

某海关在开展跨国公司特许权使用费专项核查中，发现M公司进口的空调压缩机存在技术入门费和技术使用费等特许权使用费未向海关申报。经进一步专业认定，最终认定上述相关费用符合《中华人民共和国海关审定进出口货物完税价格办法》有关规定，应予以计入完税价格，补征相关税款。

二、案情分析

（一）基本情况

M公司是一家中外合资企业，外方投资者为境外的M公司，主要进口空调压缩机，生产、研发改良、销售空调器。

2010年9月10日至2013年9月9日期间（以下简称“稽查期间”），M公司以一般贸易方式申报进口的空调压缩机等货物约700余票，申报货值约5158.64余万美元。稽查组通过外汇管理局了解辖下进口企业对外支付特许权使用费的情况，发现M公司存在对外支付特许权使用费情事，并对该公司开展进一步的价格稽查。

通过稽查，海关发现M公司于2006年与境外M公司签订了《技术转让合同》作为公司成立和运营的附带条件，约定M公司需向境外M公司寻求技术支持，委托境外M公司设计空调器（另就每款空调器单独签订设计协议），进口境外M公司生产的空调压缩机，并限一定在该工厂使用相关技术制造、装配空调器；作为代价，M公司需向境外M公司支付技术入门费、技术使用费等费用。

M公司在稽查期间支付了特许权使用费共计3302.03万元，其中技术入门费2450.47万元，技术使用费851.56万元，其他为技术指导费、技术培训费、开发试验费等。

（二）特许权使用费的认定及结论

1. 对技术入门费和技术使用费的认定

（1）生产流程和费用定义

从进口商处了解到，境外M公司负责M公司的空调器生产流程是总体结构设计、电控系统及制冷系统设计、空调压缩机的选择和匹配样机操作等，M公司负责根据境外M公司设计要求及国家或行业标准测试量产。

《技术转让合同》约定了空调器研发设计的权责关系，据此M公司委托境外M公司设计空调器，并进口境外M公司生产的多款空调压缩机，空调压缩机价值达到室外空调主机价值的60%以上、达到整个空调器价值的20%，是空调器的主要部件。在实际生产中，M公司会根据实际需要自行更改空调器配置，如采用其他境外企业和境内企业生产的空调压缩机。

技术资料是指境外M公司在技术合同空调器的制造、装配和检验中使用的图纸、规格书、标准书和其他资料。

技术入门费是境外M公司按M公司提出新机型需求而进行开发工作所产生的，并在M公司开始生产时一次性收取的费用。技术入门费由境外M公司按照研发设计成本核定。

技术使用费是境外M公司向M公司提供技术资料和权利的对价，即是对M公司使用境外M公司生产的压缩机制造成空调器，按照其销售金额的一定比例进行计算和收取的费用。技术使用费计算公式如下：

（M公司会计账上的销售额－直接出口部分销售额）×2.5%＋直接出口部分销售额×5%（2.5%的技术使用费费率自2011年1月起调整为2%）

（2）特许权使用费与部分进口货物有关

特许权使用费是否与进口货物有关，进口商和海关意见并不一致。进口商观点如下：

第一，技术入门费和技术使用费的计算标准是按照整机销售价格而定，与进口空调压缩机无关；

第二，进口的空调压缩机及空调零配件是市场上的通用零件，其他空调器生产厂家也可以购买和使用，而该公司也能使用其他厂家生产的其他品牌产品；

第三，该技术入门费和技术使用费在国内已征收了10%的预提所得税，若再征税，就会产生重复征税问题。

针对该公司上述申辩理由，海关进行了认真研究，提出了下列意见：

第一，技术入门费和技术使用费与境外M公司生产的空调压缩机有关，具体分析如下：

一是技术入门费。根据《技术转让合同》条款“在基本合同有效期限内，事先未经境外M公司书面同意，M公司不得向合同工厂以外的第三者出示境外M公司根据合同向M公司提供的技术资料、技术指导及技术培训的一切内容”，可见相关技术资料属于不为第三方掌握的专有技术。

二是技术使用费。进口空调压缩机是由境外M公司按照境外M公司和M公司约定的技术资料生产的，包含了技术资料的专有技术。而且，其配套集成电路上预载了成品空调器的型号信息、运行指令等技术资料，是与境外M公司设计的空调器唯一对应的，空调压缩机及空调零配件不是市场通用零件。其他企业若购买境外M公司生产的空调压缩机，相关空调器的配置必须调整更改，相应的技术资料也将改变。

境外M公司设计的技术资料和境外M公司生产的空调压缩机是含有专有技术的，M公司支付了相关特许权使用费，根据《审价办法》第十三条规定，该技术入门费和技术使用费与进口货物有关。

对于M公司自行修改图纸，采购其他境内外企业生产的空调压缩机，由于该公司的自主技术改进与境外M公司设计的技术资料不符，所生产的空调器无须按照《技术转让合同》规定支付特许权使用费。

由于进口空调压缩机的价值只占整机价值的一部分，而特许权使用费是按整机价格计算，海关将予以分摊处理。

第二，不存在重复征税问题。M公司签订的《技术转让合同》约定：“中华人民共和国对本合同的技术转让费征收的所得税应由境外M公司负担，

M 公司应从向境外M公司支付的技术转让费中扣除该所得税”，且其已经把10%的预提所得税扣除后再支付给境外M公司。但是，关税和预提所得税是两个不同的税种，课税对象不同：前者的课税对象为进口的有形货物，纳税义务人则为有形货物的买方；后者的课税对象为特许权使用费，纳税义务人为无形资产的卖方。因此，不存在重复征税问题。

（3）特许权使用费构成进口货物销售条件

中外合资企业M公司在合资公司成立时，约定了境外M公司对M公司技术转让条件，并随后签订了《技术转让合同》。按照《技术转让合同》条款和进口商的解释，境外M公司需向M公司提供空调器室外机的研发设计、技术资料和服务，作为支付对价，M公司需向境外M公司支付技术入门费和技术使用费，这是中外双方合作的基础性条款。

《审价办法》第十四条规定：“买方不支付特许权使用费则不能购得进口货物，或者买方不支付特许权使用费则该货物不能以合同议定的条件成交的，应当视为特许权使用费的支付构成进口货物向中华人民共和国境内销售的条件。”为此，关企双方均认同该特许权使用费的支付是进口空调压缩机向我国境内销售的条件，甚至是M公司和境外M公司合作运营乃至M公司合资成立的必要条件。

2. 对技术指导费、技术培训费、开发试验费的认定

（1）技术指导费、技术培训费不计入完税价格

《审价办法》第十五条规定“进口货物的价款中单独列明的下列税收、费用，不计入该货物的完税价格……（五）境内外技术培训及境外考察费用”，该技术指导费、技术培训费不计入完税价格。

（2）开发试验费不计入完税价格

本案中的开发试验费是境外M公司对部分销售至其他国家的空调器是否符合该国指标的测试费，是对空调器整机的测试服务，属于技术援助费用。根据《审价办法》第十五条的规定“进口货物的价款中单独列明的下列税收、费用，不计入该货物的完税价格……（一）厂房、机械或者设备等货物进口后发生的建设、安装、装配、维修或者技术援助费用，但是保修费用除外”，该开发试验费不计入完税价格。

3. 分摊与估价

经磋商，关企双方同意：一是对技术入门费，全额计征；二是对技术使用费，按照进口空调压缩机所占空调器整机的价值比例部分计征。

M 公司支付的特许权使用费是按空调器整机的销售额计算，而海关征收特许权使用费仅与境外 M 公司生产的进口空调压缩机有关系，与购买的其他境内外企业生产的空调压缩机无关系，而且涉及的机型较多、采购空调压缩机和配件价格不断变化、境内外销售涉及不同的计算费率等，因此 M 公司只能明确部分型号的空调压缩机对应支付的特许权使用费，而其他部分型号的空调压缩机则无法明确区分。

经磋商，关企双方同意：一是对能明确对应进口空调压缩机数量、价值比例、支付特许权使用费金额的，按实际比例分摊特许权使用费；二是对不能明确的，按照整体购销价值测算比例，统一分摊特许权使用费。最终，海关对 M 公司涉及的特许权使用费 2620.77 万元计入完税价格，其中技术入门费 2450.47 万元，技术使用费 170.31 万元；共计补税 462.07 万元，其中关税 14.13 万元，增值税 447.94 万元。

三、企业注意事项

（一）特许权使用费的准确填报是企业的责任

2016 年 3 月，海关总署 20 号公告明确了企业需在货物进口申报环节向海关申报特许权使用费相关情况。特许权使用费已经成为企业进口申报时的必填项目。随着国际贸易的发展、知识产权在国际贸易中地位的提升，我国进出口商品的技术性、附加值不断提高，特许权使用费应税问题的重要性也日益凸显。相关企业应该了解熟悉填报口径和标准，避免出现填报不真实、不准确等情事。

（二）特许权使用费的认定及分摊是技术难点

作为复杂的技术性海关估价难题，世界各国根据自身法律法规规定，对特许权使用费的认定和分摊意见不尽一致。在世界海关组织举办的估价技术研讨会上，对同一个案例往往有多种不同声音。又如，税务部分根据《中华人民共和国企业所得税法实施条例》，对特许权对象的认定与海关则存在本质差异。特许权使用费的认定及分摊口径、标准不仅仅是企业的困惑，也是海关、税务等执法部门的疑难。

（三）用好用足价格预裁定的便利化政策

2018 年 2 月 1 日起，《中华人民共和国海关预裁定管理暂行办法》（海关总署令 236 号）正式施行，企业可以对“进口货物完税价格相关要素、估价方法”等申请价格预裁定。该政策是海关为进一步促进贸易安全与便利、优化营商环境、增强企业对进出口贸易活动的可预期性而制定的，能有效地解决企业对特许权使用费的困惑，使企业顺利、便捷通关。

某电子集团特许权使用费稽查案例

本实例系一起典型的跨国公司进口货物漏报特许权使用费的稽查案例。在批量执行特许权使用费专项稽查过程中，海关在稽查时往往把注意力放在争取企业配合完成税款征收工作上，且受人力资源和工作安排的限制，只要企业没有避税举证，初次稽查一般不会穷尽所有的贸易资料和技术资料，往往以汇总举例和企业自述说明的方式完成证据收集。在本实例中，在对某公司完成首次征税之后，企业境外投资方态度出现了反复，在企业管理模式变化和第三方参与取证条件复杂的形势下，稽查人员通过创新，综合运用各种方法，在有限证据条件下重新还原了企业贸易实质。通过细致耐心的沟通工作、政策宣讲，查发了企业进口的原料、模具、治具和设备存在特许权使用费漏报问题，经与企业磋商，成功追补税款，圆满地完成了稽查任务。

一、实例简介

某电子公司（以下简称“A 公司”）于 2012 年 3 月至 2015 年 3 月期间共进口 35000 万美元货物，进口商品主要用于半导体模组的配件、模具、治具、设备等，其贸易方式为加工贸易，部分模具、治具为一般贸易进口。主要出口商品为先进半导体产品，出口贸易方式为直接出口和深加工结转。2015 年 3 月，海关稽查人员在自主风险分析和前期核查的基础上，对该公司实施专项稽查。经查，该公司 2012 年 3 月至 2015 年 3 月一般贸易进口的原材料、模具、治具涉及特许权使用费 3494.44 万元，经海关关税部门最终核定，共计应追补征税款 650 万元。

二、稽查情况

（一）前期核查

1. 收集进出口数据及财务资料

实施核查前，稽查组从风险平台上调取了 A 公司三年来进出口数据资料，并依托企业管理系统和互联网收集了其他相关的数据和信息，发现该企业虽然为加工贸易企业，但三年来以一般贸易方式进口了大量模具、治具、设备。进入公司后，稽查组通过与关务部的沟通，争取到了该公司管理层，特别是财务部门的合作，先后取得了企业审计报告、财务报表、预提费用明细账等资料。

企业审计报告显示，该企业近三年平均每年向境外母公司支付近 4000 万元的特许权使用费。稽查人员通过对财务报表、预提费用明细账的检查，发现其相关费用按月计提，按季支付。

2. 深入现场收集第一手技术资料

在初步取得进出口和财务资料后，稽查人员以了解企业生产管理情况为由进入生产车间展开对生产工艺、材料、模具、治具、设备实地核查，要求企业安排专业技术人员详细介绍生产工艺流程和品质管控方法，重点查看了模具、治具、设备，了解了专有技术特点。

据技术人员介绍，该企业产品的品质保证主要依赖于高精度的模具、治具、设备和严格的工艺流程。为此，稽查人员向技术人员索取相关设计图纸、作业手册等技术资料。上述资料证明其所有进口模具、治具、设备都是由境外母公司统一采购，主要用于生产和品质管理，部分模具、治具、设备虽然是由国外第三方制造，但设计图纸、工艺流程、品质标准的开发和制定是由境外母公司完成的，且相关费用未申报在完税价格中。稽查组初步判断，模具、治具、设备涉及特许权使用费。

（二）稽查实施

1. 采取综合方法争取关键证据

稽查人员调取并整理了 A 企业所有相关进出口、财务、技术资料，经过比较分析，发现大部分进口模具、治具、设备涉及特许权使用费，稽查人员及时固定了相关证据。考虑到企业的生产工艺流程较复杂且同时存在加工贸易和一般贸易两种进口方式，为防止在最后明确特许权使用费完税价格时遭遇证据不足的执法风险，稽查组一面要求企业以书面形式对相关情况予以说明，一面以了解审计报告中重大事项为由，要求企业提供对外支付大额特许权使用费的合同依据。

当稽查人员提出上述要求时，该公司开始感觉到海关发现了其自身有问题，开始以保密和资料由境外母公司保管为由，拒绝提供情况说明和特许权使用费合同，并开始拖延提供其他资料。同时海关辖区内的关联公司对海关的核查工作配合态度开始转向消极。

2. 采用综合查证结合法制宣传说服企业配合

在现有资料已明确部分进口模具、治具确实涉及特许权使用费未计入完税价格并存在漏征税款情事的基础上，稽查组审时度势，果断决定终止核查转入稽查程序，对公司开出稽查通知书，展开正式稽查，方法如下：

（1）综合查证

一是“制度还原法”，即通过调研半导体行业上下游企业和国内同行业完整构建的企业管理模型，从管理内控的角度要求企业对项目管理方式、生产管理方式直至贸易方式进行自书说明，最终通过企业的内控制度的实际情况还原贸易合同单证的实际情况。例如，通过企业项目开发制度，对项目展开过程进行还原，以行业通行管理模式和制度为蓝本，要求企业按制度向海关提供材料，以及采购和设备投入的技术。

二是“辅助痕迹法”。从实际情况看，部分高技术项目完全由境外母公司操控，国内 A 公司无从掌握相关管理资料，使用“制度还原法”无法正面闭合证据链。有鉴于此，海关对保险费、退换货、维修、索赔、人员差旅等境内结算费用科目进行审计，通过贸易、管理活动的零星费用产生的痕迹，配合“制度还原法”复原企业运输、工程、维修、保险条款，最终还原出了企业项目相关采购和零件采购的真实的技术投入和费用构成情况。

三是“国产化类比法”，即将该企业国产化项目的贸易条款和技术交付条件逐一梳理，并与进口项目和商品进行对比分析。基于统一管理制度，还原进口贸易流程。

（2）法制宣传

稽查组对 A 公司管理层进行法制宣传，从三个方面向企业陈明利害关系：

一是根据《中华人民共和国海关法》第六条第三款和第四十五条规定，海关有权查阅和复制相关资料；根据《中华人民共和国海关稽查条例》第二章第六条，企业对相关资料负有保管义务；根据《中华人民共和国海关稽查条例》第三章第十七、十八、十九条规定，企业有提供相关资料的义务，不得拒绝、拖延、隐瞒。

二是根据《中华人民共和国海关法》第五十五条，进口货物的完税价格由海关依法确定；根据《中华人民共和国进出口关税条例》第十九条第五款和《中华人民共和国海关审定进出口货物完税价格办法》（署令第213号）第十一条，企业对外支付的部分特许权使用费与其进口商品有关，应计入相关商品的完税价格。这些规定及相关证据，说明该企业可能存在漏缴税款的行为。

三是陈明利害，稽查组特别强调，由于企业的主要供应商为境外母公司，大量进出口活动属于关联企业间交易，根据《中华人民共和国进出口关税条例》第十八条对成交价格的定义，不排除该企业有其他违法违规风险的可能。

3. 取得关键证据稽查工作出现转机

稽查组严肃认真的工作态度和耐心细致的宣传工作，深深打动了公司管理层，他们认识到了配合稽查工作的重要性和公司应尽的法律义务，意识到真相在稽查人员面前无法隐藏，最终配合海关用事实和法律说服了境外母公司。境外母公司同意该公司成立由关务、财务、采购、技术、生产管理、设备管理等相关部门人员组成的专项工作组配合海关稽查工作，主动梳理了《技术实施许可合同》、特许权使用费计提、支付方法及清单，并对相关商品的进口情况展开统计，并以情况说明的方式向海关明确表述了下列事实：

A公司十年内每年按销售额的5%向境外母公司支付特许权使用费作为获取境外母公司的原材料、先进制造技术和精密模具、治具、设备的对价，相关费用按月计提、按季支付，且在采购、技术使用、设备处置和商品销售等方面均需境外母公司认可。上述事实与稽查组判断一致。

（三）磋商

在A公司配合下，稽查组迅速完成相关证据和材料的整理工作，并指出该公司存在漏缴税款问题，其相关特许权使用费应计入进口货物的完税价格。为此该公司向其境外母公司提交了请示初稿。由于此次征税涉及该集团全球定价，境外母公司聘请了某跨国中介机构代为与海关磋商补税事宜。

1. 企业意见

一是认为其对外支付的特许权使用费的目的是获得产品成品生产权和销售权，销售全部分是在中国境内实施的，应该以销售费用的形式从补税项目中剔除。

二是企业的产品品质保证主要依赖于高洁净度的生产环境，这部分费用应从征税项目中扣除。

三是部分模具、治具、设备为国外第三方生产，为行业通用的标准设备，不涉及专有技术。

2. 海关意见

稽查组针对第三方介入的情况，在努力保证与该公司人员联系沟通的基础上，以事实为依据、以法律为准绳展开磋商，提出了下列意见：

一是认为《技术实施许可合同》只陈述针对技术投入付款，未陈述特许权使用费的支付与成品销售权的关系，海关原则上不同意将合同未提及的内容参与计算。

二是企业应证明高洁净度的生产环境的实施技术费与生产有关，海关已掌握其净化装置的设计资料，其中净化装置的循环为通用设备，且进口前未经调试定制，海关认可其为不征税项目。但经调试的控制器和定制的专用过滤设备项下的权利费应纳入征税项目。

三是第三方生产不是排除纳税义务的理由。《技术实施许可合同》显示，境外母公司提供的先进制造技术和精密模具、治具、设备，虽然部分由其从国外第三方采购，但设计图纸、工艺流程、品质标准的开发和制定是由境外总公司完成，相关费用应计入完税价格。

同时，稽查组一再提醒境外母公司及律师事务所人员，稽查组已与该公司管理人员进行广泛深入的沟通，收集了足够的证据，希望其充分尊重事实，不要再避实就虚，影响企业遵纪守法的形象。

（四）合理分摊

在海关人员的帮助下，该企业着手核算相关税款，基本承认其特许权使用费涉及专有技术、模具、治具、设备。为了准确核算，该企业提出了两条意见：

一是专有技术费凝结在相关专用材料、模具、治具、设备中，其权重无明确规定，难以确定，建议将其以存在实体（材料、模具、治具、设备）的货值为基础，进行分摊核算。经讨论，稽查组对照《中华人民共和国海关审定进出口货物完税价格办法》第十一条规定，采纳了这一意见。

二是认为其企业为国家鼓励的高新技术企业，存在大量减免税设备，此类设备所应分摊的特许权使用费，纳税义务应予以减免。对照国家对减免税设备管理的相关规定，稽查组经讨论认为，相关减免税设备应参与分摊，但关税为零。

经征求企业意见，在没有客观量化资料证实进口货物境内加工管理技术、商标各项权利费各应分摊多少特许权使用费的情况下，海关确定在会计处理上可以假定各项权利要素对销售价格的贡献是均等的，应将特许权使用费总额在构成采购价格的各要素之间按同比例分摊，公式为：

待征税金额＝特许权使用费 ×（进口专用材＋进口治具＋进口模具＋专用设备）÷ 生产成本

税款＝Σ 待征税金额 × 单项商品占应税商品总额的权重 × 单项商品税率

（五）稽查处理

根据《中华人民共和国海关审定进出口货物完税价格办法》第十一条第二项及第十四条规定，A 公司上述对外支付的部分特许权使用费符合计入完税价格条件，应计入完税价格。鉴于上述费用系相关货物进口后按销售净额的一定比例计提支付，进口时难以申报金额，稽查组未发现被稽查人存在故意违规情事，根据《中华人民共和国稽查条例》第二十四条，上述行为造成漏征，应当追补征。

与此同时，该公司所在地其他企业也纷纷向海关补缴税款。

三、经验启示

第一，应重视前期核查，充分收集信息，积极发掘风险。一项稽查任务能否成功开展的条件之一，取决于能否取得稽查对象的进出口业务数据、财务资料、技术资料并从中筛选并验证风险点。专项稽查任务往往要求在短时间内掌握证据、验证风险，然而特许权使用费相关资料一般涉及跨国集团的利益和技术机密，被稽查人出于趋利避害本能，并不愿意提供相关资料。

在本实例中，稽查人员运用核查手段全面收集资料，外松内紧，看似全面了解企业生产管理状况，实则目标明确。在书面材料中发现线索后，迅速进入生产一线，从一线技术人员手中获得第一手资料，并以模具、治具、设备作为切入点，掌握稽查主动权。

第二，稽查工作应重视争取企业人员的配合，争取关键证据，积极开展政策宣讲，以理服人。特许权使用费稽查的特点是涉及面广，内容复杂，不可控因素多。在这种情况下，需要采用综合稽查方法，动员企业关务、财务、技术、生产等多部门主动配合，借以获得一个或多个完整而严谨的证据链，只有这样，才能完成特许权使用费税款追缴任务。

目前，由于国家管控制度越来越完善，跨国公司对国外转移利润的手段越来越少，从而特许权使用费支付安排成为重要途径，外企特别重视转移利润的成本（包括经济成本和法律成本），稽查容易遇到阻力。稽查组在前期核查时通过充分沟通，获得企业人员的支持，又在遇见取证瓶颈时运用稽查手段政策攻心，取得了《技术实施许可合同》等关键性证据，从而才能在应对境外母公司和第三方的质疑时胸有成竹，有理有据。

汽车零部件特许权使用费稽查实例

本实例系一起对汽车零件生产企业稽查成功的案例。与汽车整车生产厂商相比，汽车零部件生产企业对外支付的特许权使用费与进口货物的关联性往往更难以发现，因而稽查难度也更大。在本实例中，稽查人员经过缜密计划和实施，不断对企业相关资料抽丝剥茧般研读分析，并搜集外部相关资料，最终实现突破。同时，由于上下级海关积极有效地沟通配合，形成优势合力，顺利与企业进行磋商后完成相关税款的追征工作，较为理想地完成了稽查任务。

一、实例简介

N汽车零部件有限公司（以下简称“N公司”）是由境外某知名汽配企业（以下简称“境外母公司”）投资成立的外商独资经营企业，是经境外母公司授权在中华人民共和国区域内“制造、使用和销售”产品（驾驶舱模块、底盘模块、车灯）的公司。该公司主要产品为某系乘用车的制动器总成、驱动桥总成、变速器、万向节、发动机、发动机排放控制装置、电动助力转向系统、充气减震器、空气悬架、组合仪表、安全气囊、模块、汽车零部件模具、车灯、汽车音响、仪表台、新能源汽车驱动电机、混合动力控制单元、动力电池包、汽车电子控制自动防抱死系统等。N公司在“制造、使用和销售”技术使用许可产品过程中，根据《技术使用许可合同书》向境外母公司支付了相关技术使用费。

2015年9月18日，某海关向N公司制发并送达《海关稽查通知书》，启动针对该公司2012年9月21日至2015年9月20日期间对外支付特许权使用费情况的专项稽查。经过近两年的不懈努力，最终于2017年7月27日向该企业制发并送达了《海关稽查结论》，追征税款约3200万元。

二、稽查情况

（一）前期准备

1. 对汽车零部件生产企业的摸底

汽车零部件主要包括发动机零部件、底盘零部件、车身零部件、电器零部件、内外装饰件、通用及其他件。一辆汽车由几千个零部件组成，因此零部件产业是汽车产业发展的基础，对汽车性能的要求越高，对零部件产业的质量要求也越高，只有在汽车零部件的生产和研发上取得进展，才能为整车的开发与生产打下坚实基础。国外一辆新开发的整车，70%的知识产权属于汽车零部件企业。

然而，国内零部件企业的研发能力普遍较弱，许多零部件企业要从主机厂获得技术甚至加工图纸，地位类似于整车厂的“加工车间”，精力主要用于满足主机厂的既定要求，没有能力做到与整车同步开发。无论从应对全球采购挑战还是从壮大汽车工业本身来看，零部件都应该得到更快的发展，产业水平应得到更大的提高，应先于整车产业实现国际化，积极融入全球采购体系。

目前大部分的国内零部件企业还很难做到与整车厂同步开发、同步设计，而合资企业却在这一点上占有优势。他们拥有合资外方卖给其的技术，而且基本上垄断了国内技术要求比较高的零部件配套市场。国内汽车零部件企业要与之竞争，必须要提高产品自主开发能力，需要一种更为先进的管理模式，把企业中有限的资源更加有效地整合和利用，高质量、低成本、快速及时地转换成市场所需要的产品和服务。

此外，为适应汽车工业全球采购的要求，统一质量规范、提高效率、降低采购成本，国际汽车特别工作组发布了 ISO/TS16949 质量标准。目前国际上各大整车厂对其供应商都提出了满足 ISO/TS16949 标准的要求，中国汽车行业也在大力推行，大多数汽车零部件企业已经进行或正在进行 ISO/TS16949 认证。对加入 WTO 的中国的汽车工业而言，有利于提高自身的管理水平和技术水平，将提供极好的提高竞争能力的机遇。

2. 选取 N 公司稽查的意义

作为某系汽车龙头企业的模块部件供应商，选取 N 公司进行特许权使用费专项稽查，对于后续关区其他大型汽车零件生产厂商的特许权使用费稽查有着重要指导意义。通过对该公司稽查，总结经验，形成对特许权使用费稽查的“规范化”作业流程，可以为日后对其他汽车零部件企业特许权使用费专项稽查提供借鉴。

该企业集团公司的运营已融入境外集团整车项目管理中，其境外母公司作为汽车配件模块化前导企业，应用准时化顺序供应方式，供应底盘模块、驾驶舱模块及前围模块等三大核心模块产品。母公司从设计、试验等起步阶段起，就参与境外某品牌整车制造的研发过程。在产品开发早期，境外集团公司为了整车新项目开发，搭建了统一开发共享平台，让境外母公司等零部件供应商充分参与，与其共同进行需求分析和产品开发（充分沟通），大大缩短了产品开发周期，避免后期发现问题后进行设计变更或者返工所造成的时间与资金的浪费，更好地保证产品质量。

境外母公司依据 ISO/TS16949 标准（国际标准化组织于 2002 年 3 月公布的一项专门针对汽车行业的质量体系要求，它的全名是“质量管理体系——汽车行业生产件与相关服务件的组织实施 ISO9001 的特殊要求”），对车型设计、开发、试生产和量产等进行项目化管理。整车新车型量产前需要 27 个月的项目期，期间经过产品企划、产品设计和验证、工程设计和开发、产品及工程有效性验证等阶段。境外某集团的新车整车完成外观设计后、就会将相应的中控模块、大灯模组等交给境外母公司由其负责研发，境外母公司研发过程中会对具体的零部件生产设备技术规格进行设计开发，在选定供应商后、正式量产前，均在境外完成试生产。正式量产需至少满足：一是产品设计符合技术要求（产品设计得到充分的验证，其性能指标、尺寸、外观、功能、可靠性和耐久性等必须符合整车厂的技术要求）；二是制造体系符合生产要求（进入项目中的原料、零件和部件、组件准备完毕，生产制造所必需的生产资源、工具和设备全部到位并在试生产前完成安装）。

N 公司作为国内对接境外母公司的生产型企业，其整体的管理思路、运营模式皆与本公司一脉相承。通过对某系车企的前期调研也让海关对于 N 公司的整体运行有了大致的了解，这对海关日后开展稽查时有的放矢地针对企业各个部门做重点突破也十分重要。

3. 企业的基础数据

N 公司自 2012 年 9 月 21 日至 2015 年 9 月 20 日期间共计进口货值 83.7 亿元，主要货物为变速箱、转向机、转向管柱、仪表等；出口总额 18.2 亿元，主要货物为汽车前大灯、后尾灯。在上述期间，该公司通过非贸途径共计对外支付特许权使用费 13.9 亿元。

4. “五步走”与“五大流”的工作思路

鉴于较大规模汽车零部件企业特许权使用费项目的复杂性，对其开展稽查必是持久战，不仅需要在稽查方案上狠下功夫，更要有毅力和恒心，只有坚持从“法律法规文件出发”、从“企业贸易实质出发”，才能保证稽查方案的顺利实施、取得理想成果。本案对于特许权使用费稽查主要分五步走：

第一步，对境内汽配企业与境外企业签订的《技术许可合同》及《技术转让（技术秘密）合同》进行分析。主要包括：①合同内容、支付内容、支付方式；②从境内汽配企业与境外企业签订的技术许可合同及技术转让（技术秘密）合同（以下简称“技术合同”）及其附件中找出技术提成费的具体内容和数额；③确定技术合同规定的含专利及专有技术的进口汽车配件的名称、技术细节（包括生产企业、品牌、规格型号、组成结构、功能用途、工作原理等，下同）及品目、子目、税则号列或商品编号。这些汽车配件就是技术提成费的实物载体。上述合同可能直接列出含专利及专有技术的进口汽车配件的名称甚至技术细节；也可能仅列出专利或专有技术的内容（通过专利或专有技术的内容可以直接推演出进口汽车配件的名称甚至技术细节）。

第二步，对境内汽配企业以服务贸易方式对外支付的凭证（包括发票、合同及对外支付汇款单等）进行分析，确定境内汽配企业是否已经向境外支付了上述技术合同规定的技术提成费，以及向海关申报时是否漏报了此类费用。

第三步，对国家专利局（现国家知识产权保护局）官方网站公布的涉及境内外汽配企业品牌的含有专利及专有技术的各类汽车配件的专利文件进行分析。登录国家知识产权保护局官方网站，下载涉及境内外汽配企业品牌的含有专利及专有技术的各类汽车配件的专利文件，并从中筛选出含有专利及专有技术的汽车配件的名称和技术细节，同时还应确定上述汽车配件涉及的税则号列或商品编号，以便与境内外汽配企业进口汽车配件的数据进行比较印证。

第四步，从境内汽配企业的一般征税进口数据中筛选出上述合同规定的技术提成费对应的含有专利及专有技术的汽车配件进口数据。具体说来，应将下列内容作为筛选数据的关键词：①境内汽配企业向境外支付与上述技术合同相关的费用的发票或对外支付汇款单等单据显示的交易合同号；②上述技术合同的项目名称或项目名称中的关键词；③根据上述技术合同或国家专利局官方网站公布的信息确定的“含专利及专有技术的汽车配件”的名称、技术细节及税则号列或商品编号。

第五步，利用上述筛选结果计算出与每个技术合同规定的技术提成费对应的含有专利及专有技术的汽车配件的货值，从而确定含有专利及专有技术的进口料件占比，并量化分摊出境内汽配企业向境外企业支付的技术提成费中应计入进口汽车配件完税价格的款额。

进口料件占比是指从材料进口到成品产出涉及专利或专有技术各环节每投入单位的成本中所含有的许可使用费。在会计处理上，各环节的技术的价值（费用）多少可以在各环节商品成本分布上反映出来。此方法可以量化分摊出境内汽配企业向境外企业支付的技术提成费中应计入进口汽车配件完税价格的款额。具体可以从“五大流”下手收集相关资料：

一是货物流，即生产合同产品所涉及的进口货物（设备、料件）；

二是信息流，即企业进口货物数据清单、财务相关数据；

三是技术流，即生产合同产品涉及的技术、生产进口货物涉及的技术与进口货物本身的技术参数；

四是单证流，即特许权支付相关的合同、发票以及稽查期间涉及特许权计提相关的单证；

五是资金流，即对外支付货物的价款、非贸付汇支付清单及凭证和相关资金流向证明。

稽查过程中不仅要结合以上五个方面搜集相关资料，更要始终围绕《中华人民共和国海关审定进出口货物完税价格办法》（以下简称 213 号令）中关于特许权使用费应税的两大基本条件“与进口货物有关”“进口货物构成向中国境内销售条件”展开对相关证据的固定。以企业特许权使用费支付所涉合同为出发点，对“用于支付专利权或者专有技术使用权”以及“用于支付商标权”等不同情况，要根据 213 号令具体要求查找相关证明资料，务必做到稽查过程的合法合规、稽查结果的有理有据。

（二）稽查实施

1. 稽查取得的证据材料概述

稽查组有针对性地收集了企业特许权使用费有关协议、财务计提和支付凭证，以及公司同期审计资料。与此同时，稽查组通过调阅企业的管理系统及研发平台，了解企业的零部件及设备研发流程，并抽取了相关设备及零部件的样本，调取相应的设备、零部件采购协议，随附技术资料等。

（1）与设备相关的证据资料

与设备相关的证据资料包括以下各项：①合同；②价格禀议书；③境外母公司和供应商的价格确认书；④设备及服务费发票；⑤式样书；⑥式样书中文翻译件；⑦ BOM 表；⑧工艺流程及工程图片；⑨ 管理计划书、作业标准书（工法书）。

（2）与零部件相关证据材料

与零部件相关证据材料包括：①境外集团公司和第三方供应商的零部件采购协议；②国内外采购新产品开发流程；③国内外采购部品报价及竞标流程；④直进口、国内采购合同；⑤零部件从设计至量产所有关联过程流程图及涉及的相关合同和其他资料；⑥刹车盘组装线产品选取三个零部件在 SAP 系统中订单生成过程的截图或导出数据：一是系统订单录入，二是境外集团公司系统传送，三是内部系统订单查询，四是进口零部件对应的报关单及随附单证；⑦零部件图纸设计履历。

2. 对所涉合同仔细分析

（1）技术使用费的支付条款

2006 年某日，双方签署的最初技术使用许可合同第七条规定了技术使用费的具体支付方法：

“a.N 公司应分项目（Project）支付入门费（Initial Royalty），‘新项目’的入门费根据其性质及价值另行协商确定。但每个新工程的入门费不少于 50 万美元。b. 每年应支付的经常技术费用（Run Royalty）按照以下方法计算：i. 年销售额不足 3 亿美元时，纯销售额 ×0.5%；ii. 年销售额超过 3 亿美元但不足 5 亿美元时，3 亿美元 ×0.5%+（纯销售额－ 3 亿美元）×0.4%；iii. 年销售额超过 5 亿美元时，3 亿美元 ×0.5%+2 亿美元 ×0.4%+（纯销售额－ 5 亿美元）×0.3%。”

2007 年上述条款变更为：“b. 每年应支付的经常技术费用（Run Royalty）按照纯销售额 ×0.5% 的方法计算。”2012 年又变更为：“b. 技术费用 =（测算技术费的销售额—关联公司部件购买额）×3%。”

N 公司和境外母公司根据不同项目签订相应的《技术许可合同》及相关附件，约定了境外母公司转让给 N 公司的技术信息内容，包括技术使用许可产品的制造、使用和销售及有关的境外母公司开发或其他一般性使用中的各种技术知识、技术专有权（Know-how）、材料和信息。

技术使用许可产品方面的技术许可包括：①现在生产进行中的车种驾驶舱模块、底盘模块、车灯等模块及部件；②各种零件、模块、车种的技术信息；③技术使用许可产品的形态和设计图在内的与合约产品制造有关的一般制造信息和合约产品的各部分产品、产品的备品等合约产品的制造流程明细书及其他双方事前协商的技术信息。

（2）技术使用费的范围

N 公司提供了一份与境外母公司于 2006 年某日签订的《技术使用许可合同书》（中文版），其内容如下：

“第一条 定义；第二条 技术实施权的授予；第三条 技术信息的提供；第四条 人力的支援；第五条 生产计划报告书；第六条 合同信息的保护；第七条 支付和税金；第八条 会计材料；第九条 从母公司购买产品；第十条 从母公司购买物品和设备；第十一条 N 公司的技术使用许可产品出口；第十二条 技术开发和改良；第十三条 品质管理；第十四条 技术信息的保证；第十五条 合约区域内的商标、商号的排他性使用权；第十六条 责任免除；第十七条 知识产权；第十八条 合同期间；第十九条 合同的解除及取消；第二十条 合同终止的效果；第二十一条 政府的认证；第二十二条 仲裁；第二十三条 遵循法律和语言；第二十四条 通知；第二十五条 转让和继承；第二十六条 合同条款的完整；第二十七条 不可抗力；第二十八条 其他。”

该份合同于2007年某日对第一条第4项“项目”、第四条“人力的支援”和第七条“经常技术费用”作出调整。2012年某日又对第一条第4项“项目”和第七条“经常技术费用”作出调整。最终，第一条第4项“项目”中现在生产进行中的车种在原来基础上增加新的项目；第七条如上文所述将“每年应支付的经常技术费用”调整为（测算技术费的销售额—关联公司部件购买额）×3%。

综上，《技术使用许可合同书》全面概述了“技术使用许可产品”“技术信息”“合作区域”“项目”“现在进行项目”“新项目”等内容。该合同显示如下信息：

a. 境外母公司授权N公司利用所取得的“技术信息”“制造、使用、销售”技术使用许可产品（合同前言第3段）。说明本合同对技术许可产品的制造权、使用权、销售权均有涉及。

b. “驾驶舱模块、底盘模块、前端模块、车灯”作为N公司希望制造、使用和销售的产品，是技术使用许可产品（合同第一条第1款）。说明上述几大模块是指向技术许可的最终产品，其生产、使用、销售的过程均涉及技术许可。

c. 针对技术许可产品的“技术信息”是指“技术许可产品的制造、使用和销售及有关的母公司开发或其他一般性使用中的各种技术知识、技术专有权（Know-how）、材料和信息”（合同第一条第2款）。说明本合同的“技术信息”在技术许可产品的制造、使用和销售外，其范围还包括“有关的母公司开发或其他一般性使用中的各种技术知识、技术专有权（Know-how）、材料和信息”。

d. 关于技术信息，“包括技术使用许可产品的形态和设计图在内的与合约产品制造有关的一般制造信息和合约产品的各部分产品、产品的备品等合约产品的制造流程明细书”（合同第三条）。说明被许可的技术信息范围，既包括技术许可产品和零部件的“形态”“设计图”，也包括与合约产品有关的“一般制造信息”，以及合约产品各部分产品、产品的备品等的制造流程明细书。也就是说进口的零部件含有专利或专有技术。

e.“N 公司为制造、使用及销售技术使用许可产品同意从摩比斯唯一地、优先地购买必需的零件、模具、工具、设备、器具及系统等，其价格在合理的范围内由双方另行协商决定”（合同第十条）。说明 N 公司为实施技术许可而进口的上述商品，其购买渠道受到了境外母公司的明确限制。上述“唯一地、优先地购买”的受限商品进口是以“制造、使用及销售技术使用许可产品”为前提条件，也即作为销售到中华人民共和国境内的条件。

f. 为保持相当于境外制造产品同等的品质水平，N 公司应从境外母公司或其所“指定的企业购买核心零部件”（合同第十三条）。说明 N 公司生产相关技术许可产品的过程中，其进口核心零部件同样受到了境外母公司的要求限制。

g.“N 公司在母公司许诺的范围内可以使用母公司的商标和商号使用权”（合同第十五条），说明本合同的此条款涉及境外母公司对 N 公司授予商标、商号的使用权问题。

3. 关于进口货物的采购模式

（1）零部件采购模式

境外母公司为 N 公司的进口零件采购向合作企业下订单，并在产品验收、包装完毕后运至 N 公司；N 公司所需零件供应商的选择，须经境外母公司审核通过。

境外母公司负责 CKD 的总体控制管理，其开发部负责对零部件进行研发，并制定 BOM 表（生产厂家已确定）。CKD 件分为母公司生产和非母公司生产，其中大部分是由母公司生产。

①境外母公司生产的 CKD 件

境外母公司生产的 CKD 件从价格制定到进口，大致要经历下列程序：一是境外母公司根据 BOM 表制定价格（价格包括成本、包装费及其他费用，成交条款为 CIF）；二是 N 公司通过 SAP 系统向境外母公司营业部下订单（价格由境外母公司录入 SAP 系统，订单主要内容包括料号、数量、时间等）；三是境外母公司根据订单组织货源并发货；四是 N 公司负责通关、运输等事务。

②非母公司生产的 CKD 件

非母公司生产的 CKD 件从价格制定到进口，大致要经历下列程序：一是境外母公司根据 BOM 表分别要求供应商生产不同零件——境外母公司与供应商确定价格；二是境外母公司确定相应 CKD 卖给 N 公司的价格（价格包括供应商价格和境外母公司利润，成交条款为 CIF）；三是境外母公司将确定的价格录入内部系统（N 公司具有权限的人员可以查询该价格）；四是 N 公司在 SAP 系统向境外母公司营业部下订单（价格由内部系统确定，订单主要内容包括料号、数量、时间等）；五是境外母公司根据订单组织货源并发货；六是 N 公司负责通关、运输等事务。

稽查过程中，稽查组收集到了 N 公司国内采购零部件合同、产品销售合同、产品 BOM 表、产品和零部件设计图及设计履历、确认生产工艺流程等。通过数据分析，选定产品作为本次工作的重点关注对象。产品共由 14 个零部件组成，其中国内采购零件 7 种，国外采购零件 7 种。

国外采购零件由境外母公司制定设计图和 BOM 表，N 公司按照境外母公司制定的标准向指定的供应商购买相关零件。境外母公司制定的设计图包括材质、强度、规格、组装方式等，并要求 N 公司严格保密。

（2）进口工装（含设备和工具）采购模式

整车试生产前，设备供应商已经由境外母公司选定，境外母公司提供设备的式样和参数，进口第三方进行设计和制造，设备已经由境外某研究所安装调试到位并进行试生产运行，进口设备是为实施专利或者专有技术而专门设计或者制造的。

N 公司进口的进口设备，完全按照境外母公司的设计式样进行采购，N 公司的生产完全按照境外母公司提供的相关生产技术开展。结合以上理解为：N 公司在境外母公司的要求下购买相关设备，并运用境外母公司的技术生产合格的产品。

4. 对于“第三方供应商提供的零部件”的理解

境外母公司作为某集团下属的汽车配件模块化前导企业，主要承担该集团旗下两大著名品牌汽车的模块开发、制造。

母公司从设计、试验等起步阶段起，就参与境外某品牌整车制造的研发过程。在产品开发早期，境外母公司集团为了整车新项目开发，搭建统一开发共享平台，让境外母公司等零部件供应商充分参与，与其共同进行需求分析和产品开发。

境外母公司研发部门在进行相应模块研发中，也会就模块中需要向第三方采购的零部件和设备的研发与相应第三方供应商进行充分的沟通，并要求第三方供应商按照境外母公司提出的技术规格和要求，进行相应零部件和设备的开发。

综上，凡是经过上述流程开发的零部件和设备，均含有境外母公司的技术诀窍，N 公司为此支付的特许权使用费应当计入相应进口货物的完税价格。相关证据材料有：部分零部件的采购协议、产品销售合同、产品 BOM 表、产品和零部件设计图及设计履历；部分设备的采购协议、设备式样书等。

5. 综合判断得出初步结论

上述表明 N 公司进口的零部件、所采购的进口设备符合 213 号令第十三条第一项第一款第一目的规定“含有专利或者专有技术的”，符合 213 号令第十四条的规定“构成销售的条件”。N 公司向境外母公司支付的技术使用费中，与零部件、进口设备相关的费用需计入相应进口货物的完税价格。

（三）量化分摊方法的确定

稽查组向企业明确了相关计征比例的核定（即确定分子、分母）的依据。无论以何种方法分摊，一定是基于正确理解“署税函〔2010〕535 号文件（关于混合分摊方法的批复）”的精神，同时也征求了关税部门的专业意见，只要能符合公认会计准则的能够客观量化反映出进口货物贡献率的方法都应该认可。

确定分子分母只是为了明确应税货物的特许权使用费计提比例，并不代表分子上是什么就对什么征税。分子、分母都利用可客观量化“成本”作为计算依据，只是为了尽可能准确地得到应税进口货物对于特许权使用费最终支付产生的“贡献率”。严格来说，在确定完计提比例、应税特许权使用费金额后，再对应原进口货物每一票报关单分别核税。即使在不能对应到每票具体货物的情形下，也应当将应税金额按照数量或者货值权重不同，按比例折算到每一票报关单核税，特别应当注意不能为简便计算使用平均关税率的概念。

考虑到 N 公司的具体情况，稽查组与企业确定了具体的量化分摊公式为：（稽查时间范围内进口的与特许权使用费有关的零部件及设备申报价值 + 关税）÷（稽查时间范围内企业生产成本 − 设备折旧 + 设备采购原值）× 稽查时间范围内计提的特许权使用费。此公式的逻辑关系是建立在与技术池相关和支持技术池正常运营的基础上。

（四）与企业磋商

1. 企业意见

企业认为，由境外母公司代N公司向第三方采购的变速箱、仪表盘等部件，不含有母公司的技术，不应作为分子计入量化分摊。同时，N公司直接向第三方采购的零部件、注塑机和搬运机器人等所谓通用设备和其他等通用零部件，以及润滑油等通用物料也不含有母公司的技术，不应作为分子计入量化分摊。

N公司就境外母公司代其向第三方采购的部件，提交了2份证据材料：一份是关于B、C公司（N公司的客户）生产的变速箱，证据包括境外母公司与第三方采购合同、部分零部件照片、供应商公开渠道销售网站及公开售卖信息、供应商出具的与母公司专利无关的声明、C公司卖给国内其他品牌汽车生产商的报关单及提单、国内B公司和某国B公司的技术许可协议、国内C公司的其他关联公司变速器和国内B公司变速器的股权转让合同；另一份是关于大陆电子公司生产的仪表盘，证据包括境外母公司和大陆电子公司的采购合同、境外母公司和N公司的订单及发票、部分零部件照片、大陆电子公司官网及第三方网站公开售卖信息、大陆电子公司出具的与母公司专利无关的声明、某国公开网站上该国大陆电子公司与德国本部的详细介绍及专利使用比例。企业以上述证据向海关稽查组说明，相关产品是第三方供应商在公开市场售卖的产品，属于通用零部件，不含有境外母公司的技术。这两项产品约占N公司总进口额的40%。

2. 海关意见

海关稽查组重点就变速箱、仪表盘这两项商品是否含有境外母公司的技术与企业开展磋商。稽查组认为，这两项商品的研发和采购完全按照境外母公司部品开发、采购的一般流程进行，在此过程中境外母公司不仅向第三方供应商B公司和大陆电子公司提供了相关零部件的技术规格等定制化要求，而且需要对相关零部件样品是否符合境外母公司开发的相应模块要求进行确认，其中大量运用了境外母公司的技术诀窍。同时，企业提供的相应厂商网页产品介绍，恰恰说明变速箱、仪表盘等产品是专门适配于某两个品牌特定车型上的，属于典型的专用零部件。

稽查组也向企业建议，如果要证明上述两个产品没有应用境外母公司的技术，可以向海关提交相应产品在母公司研发相应模块之前已经存在，或者该产品曾以相同的贸易条件向无关第三方销售，且该第三方未向母公司支付任何特许权使用费用；或者证明上述两个产品的进口申报价格中已完整包含相应特许权使用费，可以向海关提交部件供应商为该部件向境外母公司支付特许权使用费的凭证。

后续稽查组也调取了相关产品的专利资料，并赴同类企业开展进一步调研。对上述两个产品进行了深入分析：汽车变速器本身属于相对成熟的产品，其在适配新车型时，主要与相应的发动机进行适配，其外观一般不需要进行专门调整，其安装底座是另外设计的；而汽车仪表板则需要在基础设计的基础上，根据汽车内饰的整体设计进行相应的再设计。

鉴于以上事实，稽查组认为：汽车变速箱主要与汽车发动机适配，变速箱厂在生产变速箱时并不需要用到发动机舱的设计要素和相关技术，因此变速箱可以不纳入量化分摊；但仪表盘与汽车变速箱情况不同，在驾驶舱模块整体设计中它已纳入通盘考虑，建议纳入量化分摊。

3. 最终确认

为充分保障被稽查人的合法权益，稽查组认为只要 N 公司能够充分举证从第三方进口的零部件是完全不含境外母公司的专利、专有技术的，可以不纳入应税范围。稽查组也给予企业足够的时间进行举证，上述思路和方法也得到了企业的认可，企业对最终的结果也表示满意。企业还表示 2017 年上半年受各种因素影响，投资方企业无论销售还是产量都大幅下滑，对海关能够充分考虑企业意见、主动论证企业观点的工作方式表示赞赏。

（五）稽查处理

根据稽查事实及相关证据，N 公司技术使用费的支付与技术合同涉及的进口设备、汽车零配件有关，同时技术使用费的支付构成相关进口货物向中华人民共和国境内销售的条件。依据《中华人民共和国海关审定进出口货物完税价格办法》第七条、第十三条、第十四条的有关规定，应将其对应的特许权使用费用计入对应商品的完税价格，进行相关税款的追征工作。

三、案例启示

（一）重视稽查前准备工作

1. 稽查对象的选取

实现稽查工作的有的放矢，关键在于对稽查对象有精准的定位。通过综合利用数据对比分析、逻辑分析等方法，结合具体商品的特点，选定符合稽查要求的对象，对稽查的实施和处理意义重大。

2. 外部资料的收集

对特许权使用费是否应税实施稽查，不仅要着眼于企业内部，而且更应该广泛关注企业在其他部门留下的蛛丝马迹。本例中，稽查组于实施稽查前实地走访了外汇、税务、科技等部门，将企业在各部门留存的信息与进出口数据进行匹配查找突破点。同时，为充分了解汽车零部件生产企业的特点和“行业共识”，稽查组就相关问题赴行业协会进行交流，真正做到知己知彼。

3. 细致入微的分析

实施稽查前，稽查组对企业的非贸付汇记录进行了梳理，将涉及“特许权使用费”“咨询服务费”等不同申报附言的款项进行风险分类。稽查组还对事先调取的企业进出口数据透彻分析，将与特许权使用费关联度极高的进口货物按类别汇总、登记，以便稽查实施时“直击要害”。

（二）持之以恒攻坚克难

1. 一气呵成固定线索

本案稽查组做足稽查准备工作后，随即展开稽查突破工作。整个稽查组分成数个小队，按照方案设计的“五步走”“五大流”的工作思路，深入企业关务、财务、物流、研发、成产等部门搜集线索，并通过询问相关负责人员对线索进行整合。在稽查实施初期，稽查组果断出击，迅速实现企业对外支付特许权使用费“应税性”的突破，为后续量化分摊打下了坚实的基础。

2. 做好持久战准备

鉴于大型企业特许权使用费的复杂性，稽查工作不可能一蹴而就。特许权使用费产生于“精心策划”，且伴随全球贸易的进展不断复杂化，作为海关完成特许权使用费的应税工作必定是一场持久战。本案例中，稽查人员充分发扬了“四特”精神，始终按照计划进度推进工作，实施稽查过程保持给企业足够的“压力”，也是圆满完成稽查任务的重要手段。

（三）行之有效的沟通

1. 海关与企业的充分磋商

与企业高效的磋商有益于海关更好、更快地完成相关稽查工作。本例中，稽查组不仅与企业相关负责人充分磋商，还与其境外母公司管理层充分沟通，通过细致到位的政策宣讲和法规解释，充分说明海关对与进口货物相关的特许权使用费征税的合法性、合理性，最终与企业达成共识，完成稽查工作。

2. 海关内部的沟通与合作

基于特许权使用费征税工作的复杂性，仅靠稽查组成员的努力难以完全实现稽查目标，需要海关内部有关部门的沟通与合作。本案例中，正是由于上下级海关稽查部门的联动，以及关税、法规等部门积极配合，才取得了较为理想的稽查成果，这也是一条宝贵经验。正是由于后方根基稳固、保障有力，才能更加凸显稽查团队的战斗力。

3. 充分发挥中介机构的专业优势

本案例中，引入中介参与海关稽查工作也同样具有借鉴意义。大型跨国公司的特许权使用费稽查，仅财务、进出口等数据的核对工作量就相当庞大，引入社会中介完成这些基础数据的比对，不仅可以保障基础数据的真实可靠，而且可以保证稽查人员能将有限的精力集中于应税线索的查找、分析。

第三节　疑难案例研究

催化剂特许权使用费稽查案例

一、基本情况

某海关稽查部门发现 K 公司存在对外支付特许权使用费情事，在分析其技术许可合同条款基础上，经价格磋商，根据《中华人民共和国海关审定进出口货物完税价格办法》（海关总署令第 213 号，简称《审价办法》）有关规定，依法认定该公司近三年技术许可合同中涉及的与进口催化剂有关且构成催化剂销售条件的特许权使用费190余万元应计入完税价格，最终补征税款40余万元。

（一）稽查前期审核情况

稽查部门在对K公司核查时发现，该公司与美国X公司签署《……某工艺许可证合同》（以下简称技术许可合同），合同总价218万美元，技术许可合同同时列出了为达到工艺要求需要使用指定的催化剂。核查时，K公司采用美国X公司某工艺已经投产使用，该公司以非贸付汇的形式已经对外付款190万美元，剩余款项30万美元即将支付。

（二）交易各方情况

1. 卖方

美国X公司，为进口催化剂供应合同的卖方，技术许可合同的许可方。

2. 买方

H公司，为进口催化剂供应合同的买方，技术许可合同的被许可方。

3. 用户

K公司为进口催化剂供应合同和技术许可合同的最终用户。

（三）交易内容

H公司/K公司与美国X公司签订的技术许可合同总价220万美元，其中许可和技术费70万美元，技术文件和中国境外进行的详细设计评论以及培训费用130万美元，技术服务费20万美元。同时为达到工艺要求，需采购指定规格的催化剂。

二、估价争议

许可和技术费与进口催化剂是否相关，海关与企业之间存在争议。

（一）企业观点

第一，强调技术许可费与国内生产A产品的工艺控制、生产诀窍以及运用某工艺生产A产品装置的设计、设备安装、调试、培训等有关，而与进口催化剂本身无关。

第二，提出催化剂本身是专利产品，支付特许权使用费无法获得催化剂的专利，因此认为特许权使用费与进口货物无关。

第三，认为如果海关对许可和技术费征税，则需要根据全部生产设备、物料等进行分摊。

（二）海关观点

第一，根据技术许可合同相关条款的规定，许可工艺是指某精制流程，即催化流程，该许可工艺即催化工艺是含有专利技术的（科技部门相关备案材料明确），技术许可合同规定了使用催化剂的型号和价格基础，因此不能简单认为技术许可合同只是H公司/K公司获得工艺控制和生产诀窍等进口后生产过程的许可。

第二，技术许可合同相关条款确实规定，被许可方不拥有专利或技术，该专利或技术是对催化剂的生产、分析和未经许可的改进。简单理解就是生产催化剂的专利或技术与技术许可合同（科技部门相关备案材料明确）的专利或技术不同，一个是用于生产催化剂，另一个是用于生产A产品。根据技术许可合同相关条款，催化剂是为实现该工艺而专门制造的，是技术许可合同中列明的唯一需要向许可方购买的货物。根据《审价办法》第十三条第一项“为实施专利或者专有技术而专门设计或者制造的”规定，许可和技术费应视为与进口催化剂有关。

第三，根据技术许可合同相关条款的规定，技术文件和中国境外进行的详细设计评论（主要涉及工艺设计包，下同）对应的内容包含了设计基础、生产原理和流程、装置总图及PID、生产参数、设备设计选型、仪表规格等，完全涵盖了企业提出的“某工艺控制、生产诀窍以及运用某工艺生产A产品装置的设计、设备采购等”，工艺设计包列明了生产设备、物料等需要选购的标准和建议范围，即许可和技术费的支付仅与催化剂有关，而技术文件和中国境外进行的详细设计评论以及培训费用才与生产设备、物料有关。技术许可合同中除去催化剂外，并没有其他指定需要采购的商品，且除去催化剂外，H公司/K公司也不向美国X公司采购其他商品。综上，许可和技术费仅与进口的催化剂有关，与其他需要采购的物料无关，海关并未接受企业对许可和技术费按全部生产设备、物料等进行分摊的要求。

三、估价依据

（一）许可和技术费

1. 许可和技术费与进口催化剂相关性分析

根据上文分析，催化剂是卖方指定用于该工艺且能达到合同规定条件生产 A 产品而专门制造的，是技术许可合同中列明的唯一需要向许可方购买的货物。根据《审价办法》第十三条第一项“为实施专利或者专有技术而专门设计或者制造的”规定，许可和技术费应视为与进口催化剂有关。

2. 许可和技术费构成销售条件的分析

海关稽查人员与企业就技术许可合同、催化剂供应合同条款进行了交流，进一步了解到，催化剂供应合同是基于技术许可合同基础上签署，技术许可合同规定了使用催化剂的型号和价格基础，卖方根据技术许可合同和催化剂供应合同条款向最终用户提供催化剂，买方在支付合同总许可费的情况下获得包括设计、采购、建设等特许权，即买方不支付特许权使用费则进口货物不能以合同议定的条件成交，根据《审价办法》第十四条“买方不支付特许权使用费则不能购得进口货物，或者买方不支付特许权使用费则该货物不能以合同议定的条件成交的，应当视为特许权使用费的支付构成进口货物向中华人民共和国境内销售的条件”规定，支付许可和技术费构成进口货物向中华人民共和国境内销售的条件。

（二）技术文件和设计及培训费

根据技术许可合同规定，技术文件和设计（主要涉及工艺设计包），包含了设计基础、生产原理和流程、装置总图及 PID、生产参数、指标和操作要求，进而到设备设计选型、仪表规格，还有公用工程、环保、安全和人员培训等项目。其中工艺设计包是卖方为保证整条生产线能够按照预定的指标正常运转并生产出合格的产品而向买方收取的技术设计及资料费，尽管其含有技术，但是由于这部分强调的是装置设计与生产过程，与进口催化剂本身无关，不应计入完税价格。另外，根据合同规定，卖方需派遣技术人员对买方进行技术培训，根据《审价办法》第十五条第五项规定，进口货物的价款中单独列明的“境内外技术培训及境外考察费用”，不计入该货物的完税价格。因此，技术许可合同中的技术文件和中国境外进行的详细设计评论以及培训费用不符合应税条件，不计入完税价格。

（三）技术服务费

技术许可合同规定，卖方需派遣其经验丰富的技术人员前往合同工厂为合同工厂的投料试车和性能检验提供技术指导。根据《审价办法》第十五条（一）款规定，进口货物的价款中单独列明的“厂房、机械或者设备等货物进口后发生的建设、安装、装配、维修或者技术援助费用，但是保修费用除外”，不计入该货物的完税价格。因此，许可合同中的技术服务费 20 万美元不符合应税条件，不计入完税价格。

四、估价结论

根据《审价办法》第十三条、第十四条、第十五条相关规定，该技术许可合同中的许可和技术费与进口催化剂有关，且构成催化剂进口销售的必要条件，应计入完税价格，技术许可合同中的技术文件和中国境外进行的详细设计评论以及培训费用、技术服务费不符合应税条件，不计入完税价格。稽查部门根据 H 公司 /K 公司近三年支付的技术许可合同中涉及相关且构成销售条件的特许权使用费，即许可和技术费 190 余万元计入完税价格，补征税款 40 余万元。

五、企业注意事项

（一）关注技术许可合同条款细节，明确估价的关键点

特许权使用费计入完税价格应同时满足两个条件：一是与进口货物相关，二是特许权使用费的支付构成销售的条件。在判断特许权使用费的支付是否与进口货物有关方面，不能只是强调技术许可是工艺控制、生产诀窍、设备安装等，就认为特许权使用费与进口货物无关。二是需要细致研究合同条款，特别是“许可工艺”相关资料，甚至需要对比同类型企业和行业做法，来分析判断“许可工艺”的实质，把从专业角度和《审价办法》条款两方面有机结合，来明确估价的关键点。

在证明特许权使用费是否构成销售条件方面，如果进口含有特许权使用费商品的供应合同是基于技术许可合同基础上签署，即先有的技术许可合同，后有的供应合同，企业在支付合同总许可费的情况下才能获得包括采购在内

的权利，那么特许权使用费必然构成了销售条件。

（二）正确理解《审价办法》某些用语

《审价办法》第十三条规定“……为实施专利或者专有技术而专门设计或者制造的”。该用语对该条款的广义理解是为实施专利或者专有技术而专门设计或者制造的任何货物，这种理解虽然将进口商品种类无限扩展，但需要两个前提条件：一是与专利或专有技术紧密相关，在技术合同或协议中有标的；二是具有专用性，是许可人授权专门设计或者制造的，不是市场上可以任意购买的。本案通过对该条款的广义理解，使与进口商品相关的关键点不纠结于催化剂本身的生产专利与技术许可协议的技术是否相等或高度关联，而直接适用。

（三）充分了解技术合同的实质，做到完整准确申报

对外支付特许权使用费的名称多样，除了《审价办法》列明的外，还包括技术入门费、技术转让费、技术服务费、技术支持费、推广支持费等，这就需要仔细了解每项支付内容的实际含义，不能简单通过项目名称判断是否相关应税，这里既存在项目名称疑似与进口商品相关而实际不征的情况，也存在相反的情况。有的许可合同把服务费、培训费、设计费、指导费、推广费等作为许可协议支付项目名称，但目的和实质却属于特许权使用费范畴，这就需要进一步分析其与进口商品的相关性，不能简单根据支付项目名称判断不相关。

汽车防爆膜生产企业特许权使用费稽查案例

本实例系一起典型的进口货物漏报特许权使用费的稽查案例。对于汽车防爆膜生产企业的进口货物的特许权使用费问题，海关在稽查时往往把注意力放在相关的专用夹具、模具和设备上，而忽视了貌似通用的大宗进口原材料和备品备件的特许权使用费问题。在本实例中，稽查人员将贸易调查、核查与稽查方法有机结合起来，迅速选准切入点，以点带面，扩大战果，查发了企业进口的原材料、夹具、模具和设备及备品备件存在特许权使用费漏报问题，成功与企业磋商，追补税款，圆满地完成了稽查任务。

一、实例简介

某汽车防爆膜有限公司（以下简称“A 公司”）是境外某国的一家集

团公司（以下简称“境外总部”）在国内投资的生产企业，该集团公司核心研发机构在境外某国的总部。2014 年 3 月至 2017 年 3 月间，共进口 3.5 亿元商品，主要进口商品为树脂、添加剂、模具、设备等，主要贸易方式为一般贸易进口。生产的防爆膜主要用于高级汽车玻璃防爆夹层，产品基本在国内销售。2017 年 1 月，海关对该公司实施专项稽查，并对该公司 2014 年 3 月 29 日至 2017 年 3 月 28 日期间，一般贸易项下进口的设备、模具、原材料涉及特许权使用费进行重新价格认定，并追征与特许权使用费相关的税款。

二、稽查情况

（一）前期核查

1. 收集基础资料

在实施核查前，稽查组从风险平台上调取了 A 公司三年来进出口数据资料，并收集了其他相关的数据和信息，进行了初步分析研判。进入该公司后，稽查组首先调取了《技术援助合同》、《商标使用许可合同》、企业审计报告、财务报表、预提费用明细账等资料。

该公司与境外总部签订的《技术援助合同书》规定：该公司每半年必须向境外总部支付合同产品净销售额的 3% 的价款，以换取开发设计技术、生产技术、技术信息、销售信息及资料，并作为拥有有关合同产品在某市非独占性生产权利及具有在合同地区内外的非独占性销售权。

根据 A 公司与境外总部签订的《商标使用许可合同》，该公司必须向境外总部支付合同产品净销售额的 2% 的价款作为被许可使用境外总部拥有的注册商标的对价。该公司在稽查时间范围内支付技术转让费、商标使用费共计 10221.63 万元。

2. 现场询问验证寻找证据线索

稽查人员深入车间现场，对生产工艺、材料、模具、设备核查，并听取了专业技术人员详细介绍，重点查看和了解了专用夹具、模具、成型机专有技术的特点，并调取了相关设计图纸、合同等技术资料，证明所有进口夹具、模具是由其境外总部设计并主要用于防爆膜的融合和成型，成套成型机虽然是由国外第三方制造，但设计图纸、设备运行软件的开发则由境外总部完成，相关费用未申报在完税价格中。稽查组初步判断，夹具、模具和成型机涉及特许权使用费。

（二）稽查实施

1. 顺藤摸瓜扩大战果

稽查人员调取了所有进口设备的资料，经过比较分析，发现大部分设备涉及特许权使用费，稽查人员及时固定了设计图纸和企业设备保全资料相关证据，又展开了对进口树脂等原材料的稽查。该公司进口原材料有三十多种，要了解进口原材料是否涉及特许权使用费，首先要取得配方资料，然而，当稽查人员提出上述要求时，该公司声称进口原料为大宗化工商品，由母公司直接供货并保证质量，本公司无须质检且无权掌握相关技术资料，并开始拖延提供其他资料。

2. 政策攻心打好攻坚战

稽查组分析了形势，在已掌握企业的进口模具、部分进口设备涉及特许权使用费的证据的前提下，对该公司发出稽查通知书并对公司主要管理人员进行法制宣传，陈明利害关系。当天公司成立了以关务、财务、采购、技术、生产管理、设备管理等相关部门人员 9 人为成员的专项工作组，配合海关稽查工作。稽查组针对 A 公司外方高层掌握公司核心技术并与境外总部各部门联系方便的特点，从以下两个方面开展工作：

一方面，要求境外总部财务部及时提供境外总部各研发部门近年来对特许权使用费计提的费用资料。当天晚上，稽查人员拿到了境外总部传来的资料。该资料显示，从 2003 年至 2017 年，境外总部化学设计部、生产本部、生产技术本部、企划本部每年按一定比例向 A 公司提取了设计费用、制造技术费和品质技术费，从而证实了该公司提取的特许权使用费与配方、模具、设备直接相关。

另一方面，要求 A 公司提供展厅中几种防爆膜成品的配方及变动资料，同时通过采购、品管部门调取了相关材料的采购合同、品检报告，证实配方由境外总部提供，如有变动需经境外总部试验并确认，所有进口材料由境外总部指定的供应商提供，供应商提供符合集团标准的材料，该公司检验合格后才能使用。

（三）磋商

当稽查组向A公司提出特许权使用费问题后，该公司及时向境外总部进行了汇报，境外总部感觉事态严重，担心影响在华投资的其他关联公司利益，责令该公司聘请上海某律师事务所作为其法律顾问。

1. 公司意见

一是承认对外支付的设备设计费中涉及进口设备的，应计入海关审定的相关进口设备的完税价格之中，承诺履行相应税款补缴责任。

二是认为《商标使用许可合同》中商标使用费针对的是防爆膜成品而非进口树脂等大宗货物，且进口货物不附有该集团的商标，也不含相应的商标权。进口的挤出模具、成型模具附有的商标是第三方供应商的商标，上面的积水化学缩写字样是反向的，与正向的注册商标相类似，本身不属于注册商标。

三是《技术援助合同书》中的内容主要是指允许该公司防爆膜在进口后，在中国境内的生产销售过程中可以使用被许可的专有技术，而非其他用途，与进口货物无关。

2. 海关意见

针对该公司的申辩，海关稽查处成立了专案小组，并对该公司提出的上述第二及第三点意见进行了反驳，理由和法律依据如下：

第一，报关资料和财务数据证明，该公司所有的成型模具均为进口货物，模具上有注册的英文缩写反向标志，虽然与正向的已在本地注册的商标反向，但公司已经承认它们之间类似，根据《中华人民共和国商标法》和《中华人民共和国商标法实施条例》的有关规定，模具上的反向英文缩写标志应与注册商标意思表达一致，其费用属于《中华人民共和国海关审定进出口货物完税价格办法》（以下简称《审价办法》）十三条规定的特许权使用费 。

第二，证据证明A公司向境外总部支付的技术援助费符合《审价办法》的有关应该计入完税价格的规定。境外总部出具的研发费用包括材料设计与研究、构造设计与研究、设备技术与研究、技术管理和实验室管理、品质技术五大类及分类明细：其中夹具、模具设计费列入模具设计部费用，材料设计是指防爆膜各部件上使用的树脂的配方（初级树脂和添加剂）、原材料品名和制造厂商、原材料各部分生产的比率，并明确规定该公司应提交的费用比例；报关资料和财务数据证明公司的绝大部分树脂和添加剂原材料是进口的；进口原材料采购清单 / 合格供应商名录证明境外总部提供的原材料品名和制造厂商；原材料购入依赖书和品检标准证明了 A 公司采购时对进口原材料的要求；公司提供的部分配方变动资料证明了对原材料在塑性、展性、强度、透光度等方面的要求，配方上的签字证明配方要得到境外总部的检验和认可。上述发生的各项费用都与《审价办法》第十一条、第十三条第一项和第十四条规定的特许权使用费有关。

（四）与进口货物有关的特许权使用费的分摊方法

1. 企业异议

经过磋商，A 公司对向海关补缴税款意见没有异议，但提出按成品销售净价的固定比例支付技术转让费总额未区分进口货物权利和加工技术各项权利的具体费用，国内组装技术及相关权利费用与进口货物没有直接关系，应予扣除。另外，税务部门对该企业对外支付的特许权使用费所征收的增值税、所得税等国内税费，也应当扣除。

2. 海关意见

扣除国内加工技术等发生在货物进口之后的费用及技术指导和培训费用是合理的。此外，可以扣除按国际标准进口原料的费用。向税务局交纳的国内税费，属于代境外总部缴纳的性质，与应缴进口环节税的纳税主体、纳税性质和纳税对象不同，不构成《审价办法》所列明的扣除因素。因此，不能从应税特许权使用费中扣除。

3. 分摊方法

（1）在没有客观量化资料证实进口货物境内加工管理技术各应分摊多少特许权使用费的情况下，在会计处理上可以假定各项权利要素对销售价格的贡献是均等的，将特许权使用费总额按进口专用材料、专用设备占生产成本的比例按直线法分摊。

（2）合同交易标的是生产技术，企业如需增加分摊内容（生产成本外的分母），需向海关举证除此之外的其他环节生产技术投入。不得随意放大分摊范围。

稽查组比照一般公认的会计原则和方法，并结合该公司最终举证情况，按下列公式计算进口货物有关的特许权使用费：

应计入进口货物完税价格的特许权使用费 = 应付特许权使用费总额 × 进口专用货物 / 生产成本。

4. 计算结果

根据上述方法计算，该公司 2014 年 3 月 29 日至 2017 年 3 月 28 日一般贸易进口的设备、夹具、模具、原材料涉及特许权使用费约人民币 2302.22 万元，应追补税款约 663.97 万元。该公司同意海关计算方法和计算结果。

（五）海关处理

根据《中华人民共和国海关审定进出口货物完税价格办法》第十一条、第十三条、第十四条规定，该公司上述对外支付的部分特许权使用费符合计入完税价格条件，应计入完税价格。鉴于上述费用系相关货物进口后按销售净额的一定比例计提支付，进口时难以申报金额，稽查组未发现被稽查人存在故意违规情事，根据《中华人民共和国稽查条例》第二十四条和相关规定，上述行为造成漏征税款，应当予以追征。

三、经验启示

第一，重视前期核查准备工作，选准切入点。一项稽查任务能否成功开展的条件之一，取决于对被稽查对象的进出口业务、财务等情况的全面了解掌握程度。专项稽查任务往往要求在短时间内掌握证据、验证风险，然而，特许权使用费相关资料一般涉及跨国集团的利益和技术机密，被稽查人出于趋利避害的本能，不愿意提供相关的资料，通过外部渠道收集的相关信息也有限。本实例中稽查人员运用贸易调查手段收集材料，结合实物核查，选准模具和成型机作为切入点，快速掌控第一手资料，为稽查掌握主动权奠定了基础。

第二，稽查工作要开阔视野，综合运用稽查方法和手段。对化工成型行业特许权使用费稽查，往往关注较多的是模具和设备，而进口原料的问题由于缺乏第一手资料而容易被忽视。本实例中稽查人员对 A 公司六个部门相关人员调查 30 多人次，调取了大量的相关资料进行甄别筛选，没有轻易漏掉每一个疑点，辅以政策攻心，得到了该公司和境外总部有关部门的配合，取得了关键性的证明材料，值得稽查人员在相关类型企业的稽查中予以借鉴。

汽车转向系统特许权使用费稽查案例

作为某系品牌整车配套生产企业，某系汽车零部件企业进入中国市场较早，产业链条较为完整。为生产提供符合整车技术标准的专用零部件，此类企业需要其国外母公司提供大量技术支持，而该等技术的研发投入大、相应收取的特许权使用费数额巨大。

近年来，为规避中国海关对特许权使用费的计征，某系汽车零部件生产企业进行了一系列制度安排，包括采取进口零部件委托设计；技术许可仅限定国内制造；技术合同和零部件供应合同分开签订；特许权使用费计提剔除进口货物申报价格；零部件供应与零部件设计渠道分开管理，等等。这一系列制度安排，使得特许权使用费与合同对价关系模糊，与进口货物的关联性不强，海关稽查工作遇到一系列困难，取证难、分摊计算争议大等问题时常发生。

本稽查实例紧扣特许权使用费应计入完税价格的两个认定条件，针对企业规避性制度安排，在合同审查的基础上，着重核实交易实质，对关键证据展开取证，综合运用稽查、审计和引入第三方中介等方法，通过笔录的形式对所有稽查证据资料进行关联固化，最终认定企业存在漏报特许权使用费的事实。该实例对特许权使用费在稽查中如何绕开企业的规避性安排，从交易实质入手，通过各关键节点的取证，来确认技术对价关系，并以此进一步印证应计入完税价格的两个条件的充分性和必要性，提供了有效的思路和方法，值得参考借鉴。

一、案情简介

A 公司主要生产各种车辆用的转向系统，其自 2007 年起，每年向境外 A 公司（以下简称“境外母公司或母公司”）支付入门费和技术提成费约 1000 万美元。

2015 年 6 月，某海关开始对 A 公司开展专项稽查，历时两年，经稽查、复查、行政复议等程序，最终确定其支付的特许权使用费为混合特许权使用费，部分应纳入进口货物完税价格，追征税款及滞纳金约 1006 万元。此外，根据权责配比法计算得出的本次稽查期限后应记入完税价格的许可权使用费涉税约 700 万元。

二、案情分析

2015 年 6 月，某海关稽查组发现 A 公司存在非贸项下对外付汇情事，经过分析研究，决定从该公司的企业信息管理系统和风险平台入手，采取调取该公司基本情况和进出口贸易情况，以及从外管局调取付汇数据等方式对作业开展前期稽查分析。

1. 买卖双方存在特殊关系

稽查组从企业信息管理系统了解到，A 公司为境外 A 公司独资在中国大陆设立的子公司之一，每年向境外母公司的全资贸易公司和境外母公司旗下其他生产零部件的子公司采购大量的汽车转向系统零部件，同时每年定期向境外母公司支付特许权使用费，其生产的车辆转向系统主要用于某著名品牌等车型，具有专用性明显、技术性强和技术含量高的特点。

2. 进口零部件成套化率高

通过核实企业进口数据发现，在稽查期间该公司进口汽车转向系统零部件约 10 亿元，其中绝大部分零部件为专用车型所用；经进一步核实其规格型号，发现上述零部件 90% 以上为成套散件（合计总值约 9.5 亿元），其中某品牌系列车型的零部件占 80% 以上。根据上述情况，稽查组初步判断该汽车转向系统用零部件附有一定的专利或专有技术。

3. 非贸项下对外付汇涉及多种专有技术

稽查组从外管局调阅的非贸项下付汇的备案资料显示：该公司非贸对外付费分为两种，一种是每半年定期支付技术提成费，另一种是不定期支付入门费（开发费）。上述费用涉及多种技术备案合同，包括《技术援助合同》《技术许可协议》《追加车型开发委托合同 / 协议 / 备忘录》或《技术许可协议补充协议》等。上述情况说明其对外支付的特许权使用费涉及使用外方的专有技术，且技术类型多、翻新快。

三、稽查事实及认定过程

稽查组对企业的组织架构、部门分工、管理方式、生产流程、主要原料和产品、单证设置等情况进行了全盘了解，在此基础上分组开展核实取证和审查工作。根据前期分析，稽查组分为合同和技术资料审查小组、进口货物和产品生产审查小组、财务和采购审查小组，同时进入企业分别开展稽查。

（一）稽查情况（第一阶段）

1. 合同签订情况

（1）技术合同

为获得使用境外母公司提供的技术信息制造、销售汽车用转向系统权利，A 公司与其境外母公司陆续签订了《技术援助合同》《技术许可协议》和不同车型的《追加车型开发委托合同 / 协议 / 备忘录》或《技术许可协议补充协议》。经梳理，上述合同、协议主要条款如下：

一是 A 公司使用境外母公司提供的信息技术，在中国制造合同产品，并通过丙方或境外母公司的销售渠道进行销售；

二是境外母公司提供的信息技术包括进口零部件技术图纸、合同产品部品清单（BOM）、齿轮总成图（组装技术资料）以及国内制造技术资料在内的技术知识、专有技术及信息；

三是作为境外母公司提供的技术信息和技术服务以及赋予的许可权利的对价，A 公司向其一次性支付入门费，并每年按照按合同产品生产净销售额 2% 或 5% 的金额支付技术提成费。

（2）零部件供应协议

为获得境外母公司设计的零部件，在技术合同框架下，A 公司与境外母公司还签订了制造转向系统所需零部件供应的《零件 / 组装部品供给协议书》，主要内容如下：

一是根据技术援助合同，A 公司和境外母公司达成该协议仅涉及在 A 公司进行制造销售的产品在组装上需要的部品；

二是 A 公司从境外母公司购进的组装部件只能在产品的组装上使用，不得销售或转让给 A 公司的客户以外的第三者、不得在本产品以外的其他产品组装上使用；

三是不支付根据本合同的条件应该支付的费用，本协议解除。

2. 海关及企业特许权使用费的不同认识

根据上述合同条款的审查，稽查组初步判定 A 公司对外支付的特许权使用费应计入进口货物完税价格。但该企业提出异议，并以下述理由进行申辩：

（1）技术合同约定的是国内制造环节，其向境外母公司支付的特许权使用费仅是使用境外母公司的技术在国内制造生产合同产品，与进口货物无关。

（2）本公司有完全的采购自主权，所需的零部件既可向境外母公司采购也可以在国内采购，且零部件目前的国产化率达90%，因此向境外母公司采购零部件不存在受到限制的问题。

（3）境外母公司提供给本公司的零部件有些是境外母公司及其在境外设立的子公司生产提供的，有些则是境外母公司的配套厂商设计生产提供的，进口零部件并非全是境外母公司的专有技术。

（4）技术提成费是按照销售额扣除进口零部件的采购价格即销售净额计提支付给境外母公司的，即向境外母公司采购越少其支付的特许权使用费越多，这也说明其特许权使用费仅是国内制造技术的对价，与进口货物无关。

3. 稽查对策和取证过程

根据上述情况，稽查组围绕特许权使用费的两个条件，以合同对价为切入点，从进口货物涉及的专有技术情况、采购安排、价格构成情况以及使用情况等方面入手，对A公司的交易进行实质性审查，确认事实并固定证据。

（1）明确合同对价内在关系

稽查组重点核实了最有代表性的三份合同，即2007年10月31日签订的《技术援助合同》、2013年9月签订的《技术许可协议》和在《技术援助合同》框架下签订的制造转向系统所需零部件供应的《零件 / 组装部品供给协议书》。其中《技术援助合同》和《零件 / 组装部品供给协议书》二者互为条件，缺一不可，即零部件的供给是基于《技术援助合同》生效的前提下而进行的商业活动。

此后，每开发一种新车型的转向系统都会追加签订不同车型的《追加车型开发委托合同 / 协议 / 备忘录》或《技术许可协议补充协议》。根据《技术援助合同》2.1，境外母公司在该合同正式生效后向该公司提供该合同规定的技术资料和产品技术文献，包括部品清单（BOM表）、齿轮总成图、单品要求样式图样（零部件技术图纸）、单品制作图（零部件加工图纸）以及成品制造相关技术资料。

根据上述合同签订情况，稽查组有针对性地收集了境外母公司提供给该公司的《单品要求样式图样》（即零部件图纸），上述图纸记载了进口零部件的各种技术指标，包括中英文名称、品番号、外观形状、规格尺寸、公差方式、材料材质、材料处理模式等内容，体现了产品设计；另外，稽查中 A 公司提供给海关的《单品要求样式图样》隐去了重要部位的系列参数，之所以如此，A 公司根据其《图纸和部品的流程说明》解释道，一旦上述重要技术信息公开，除将影响其市场竞争力外，还将会违反其与客户之间的保密义务。上述情形表明《单品要求样式图样》是尚未公开的专有技术，符合《审价办法》关于“专有技术”的定义。

（2）对进口货物是否含有专有技术的取证与核实

根据对合同的审阅情况，进口货物和产品生产审查小组对该公司进口货物和产品的技术专利情况进行了核实。经查，稽查范围内该公司从境外母公司处获得进口料件图纸共 121 张，以及 29 款合同许可车型“部品表”（即产品零件清单）、“单品要求样式图样”。

上述资料详细规定了生产合同产品所需料件的规格、参数、性能等技术信息资料。图纸显示，单品要求样式的发行方和版权人均为境外母公司，即技术资料是境外母公司所拥有的专利技术。经询问该公司技术部门负责人，证实上述资料是由境外母公司传递给 A 公司的；进口零部件图纸有些是境外母公司设计开发的、有些是配套厂商按照境外母公司要求设计开发的，但是最终零部件图纸的版权均是境外母公司的；境外的其他子公司提供给其公司的零部件是按照该图纸生产制造的。

（3）构成销售条件的取证与核实

在稽查过程中，由于该公司申辩其有完全的采购自主权，其采购零部件不受限制。为此，稽查组从合同条款、供应商选择以及零部件供应情况等方面核实其申辩意见，并得出下列结论：

第一，零部件供给协议是技术合同的组成部分。《技术援助合同》第 10.1 项明确规定：“在甲方同意乙方的要求时，由甲方向乙方提供该合同产品及其零部件。详细内容另外签订《零件供给协议书》予以规定。”这说明双方签订的《技术援助合同》与《零件供给协议》是配套合同，进口料件在技术援助合同第十条中的《零件供给协议》中予以约定，若无进口合同约定的汽车套件总成或零部件，企业则无法制造出合同品质保证的产品，且企业进口料件的技术参数指标在技术援助合同后附清单的“单品要求式样图”中有进行明确要求；企业根据技术援助合同支付的入门费、技术提成费是公司进行零部件采购、合同产品生产和销售的条件之一。

第二，不支付特许权使用费所有合同协议均解除。《技术援助合同》第十六条约定“不支付根据本合同的条件应该支付的费用，可解除本合同”，《零件供给协议》第 12.1 条规定“技术援助合同失效时，即可立即解除本协议书”。

第三，采购模式方面，无论是进口零部件还是在国内采购零部件，均受境外母公司控制。稽查组对该公司的采购环节进行核实，发现进口零部件由供应商按照境外母公司设计开发的图纸生产制造，再销售给 A 公司；国内零部件需按照境外母公司提供的零部件图纸进行生产，符合生产许可产品的技术要求。同时，无论是进口还是国产零部件，技术合同均规定按照境外母公司图纸生产的零部件仅能用于合同产品的制造，不得擅自转让和处置。

综上，履行“技术许可合同”的过程，即支付入门费、技术提成费的行为，已经构成进口货物向中华人民共和国境内销售的条件。

4. 第一阶段稽查结果

根据上述取证与核实，稽查组作出如下结论：被稽查人 A 公司在稽查范围内存在进口应税货物入门费和开发费等费用 28745759.08 元，漏报技术提成费 11016110.73 元。2015 年 12 月 4 日，稽查组向被稽查人征求意见；12 月 10 日，被稽查人对《稽查征求意见书》中认定的事实进行书面反馈，认为其不存在《稽查征求意见书》所述的漏报情事，主要意见如下：

第一，该公司支付的“许可使用费”，是制造“许可产品”的对价，且在计算应支付的技术提成费时已经扣除进口零部件的价格，故支付的“许可使用费”与进口零部件无关，不构成进口零部件向中国境内销售的条件。第二，开发费是该公司委托境外母公司开发新车型转向系统的对价，不是特许权使用费。第三，认为稽查期限之前已支付的入门费按照合同有效期进行分摊不合理，不同意稽查期限之后的入门费一并计入本稽查作业予以补税。

（二）复查

根据 A 公司对海关《稽查征求意见书》提出的书面反馈意见，海关于 2015 年 12 月 29 日启动复查程序。复查中采取了对关键环节的证据进行补充取证，以笔录形式核实交易事实并固定证据以及引入第三方中介机构对特许权使用费进行重新分摊计算等方式，进一步夯实稽查认定事实的证据基础。

1. 特许权使用费与进口货物有关的补充取证

稽查组从申报环节、入库环节对进口货物是否含有专利和专有技术开展核实，同时通过笔录形式，对获取的证据材料进行关联和固化，进一步确认对价内容。

（1）进口的零部件是否使用境外母公司提供的“单品要求样式图样”的专有技术制造

稽查组审阅进口报关资料，发现报关单、进口发票显示的进口零部件均标有一串料号，经进一步核实A公司提供的“单品要求样式图样”的图纸，发现该料号与图纸上的品番号相同，每张“单品要求样式图样”与进口零部件一一对应，不同车型的转向系统必须由特定的单品一一对应制作而成，即“单品要求样式图样”是制造零部件的根本依据，是为最终制造转向系统而设计开发的。

（2）A公司用“单品要求样式图样”检测进口零部件是否符合技术标准

复查组对A公司生产线的内部管理制度、生产工艺流程的核实发现，进口的零部件在海关放行后运达仓库入库前是必须经过检测工序的，通过调取“单品检查记录单”显示，主要检测的内容包括零部件的名称、外观形状、规格尺寸、公差方式是否与“单品要求样式图样”一致，如果零部件与“单品要求样式图样”一致，则品检组签字放行，如果不一致，则注明不合格的位置并据此退回给供应商做后续处理（退货或索赔）。因此，从品检环节也证实进口零部件就是按“单品要求样式图样”制造的。

2. 对构成进口货物向国内销售条件的补充取证

对于构成销售条件方面，复查组对A公司执行技术许可协议的情况再次核实，发现除合同已详细规定“不支付相关费用，技术许可协议以及零部件供应协议均失效”，即除包含境外母公司将不提供进口零部件外，企业也明确申明其国内采购的模式为“我公司以采购合乎零部件图纸规格的零部件为前提，可以选定国内供应商来代替从境外母公司购零部件，但是，在选定国内供应商时，必须经境外母公司同意”，同时“国内供应商提供的零部件也是按照A公司提供的境外母公司的‘单品要求样式图样’制造，提供给我公司的”，即无论是进口零部件，还是国内采购零部件，都是基于A公司履行技术许可协议中的支付费用义务为前提，才能获取的。

3. 对于开发费与入门费的补充取证

经复查技术许可协议以及涉及的10余份《开发委托合同》和《追加车型的补充协议》的条款并进行全部梳理发现：《开发委托合同》《追加车型的补充协议》都是根据技术许可协议的规定签订的，如2015年1月1日签订的《追加车型的补充协议》约定："鉴于境外母公司和A公司（申请人）于2013年9月6日签订了技术许可协议（原协议），因此，本协议就原协议的许可产品的追加问题达成以下一致意见。"通过合同审阅证实，支付开发费的主旨均是利用境外母公司开发的汽车进口零件清单、图纸等来生产合同产品，不支付开发费无法获得专有技术资料，因此，开发费的实质也是为取得转向系统技术信息而支付的特许权使用费。

4. 对于进口零部件申报价格是否已含特许权使用费的补充取证

不支付特许权使用费，A公司对进口零部件就没有完整的使用权和处置权。在对合同进一步审查中发现，根据《技术转让协议》协议终止及其处理条款，A公司在不支付特许权使用费导致协议终止的情况下，对进口零部件的处置受到境外母公司的限制。从而证明A公司不支付特许权使用费，得到的进口零部件的使用权、处置权是不完整的。

5. 笔录对交易实质的还原以及对证据和事实的关联固化的情况

为增强证据资料指向性和证明力，同时确保第一时间还原企业真实交易情况，防止企业内部人员互相串供，复查组在前期制作笔录提纲的基础上，抽调人员分5个小组同时对合同签订、技术资料保管、品质管理、生产制造等环节涉及的相关人员开展询问，形成具体笔录证实：

一是支付入门费和技术提成费取得的技术资料载体是"单品要求样式图"；二是"单品要求样式图"是境外母公司的专有技术；三是进口零部件是用境外母公司的专有技术制造的；四是进口零部件是完成合同产品制造的必要条件；五是笔录证实不支付特许权使用费A公司无法获得进口零部件。

6. 引入中介机构对特许权使用费进行分摊计算

为确保稽查工作客观公正、科学准确、有序推进，保证执法统一性，复查组根据新《稽查条例实施办法》的规定，引入曾协助海关对某汽车公司稽查事项进行数据整理的某会计师事务所协助完成混合特许权使用费数据采集及分摊工作。

（1）入门费 / 开发费的确认

根据 A 公司的财务账册核算，该公司成立以来依据技术合同的条款对外支付入门费。由于入门费是在技术合同生效后一次性计提和支付的，受益期不止一个会计年度，根据权责发生制原则，应在合同受益期间逐期分摊。

（2）技术提成费的确认

根据技术合同的条款，该公司对外支付的技术提成费是以当期涉税车型转向器的销售收入为基础，以合同约定的比例每月计提，一年一次性支付给境外母公司，经过与企业会计人员按车型核对和归集，并将不涉及技术提成费的车型逐一剔除后，分车型归集计算应税技术提成费。

（3）应计入完税价格的特许权使用费金额的分摊方法的确定

A 公司特许权使用费支付的对价包括进口零部件和相关生产工艺，属于混合专有技术使用费。复查组根据相关规定，采用如下方法进行分摊：

①应税项目（技术提成费 + 入门费）=（技术提成费 + 入门费）× 分摊比例

②分摊比率 = 技术合同对价所涉进口货物价值（申报价格 + 关税 + 反倾销税）÷ 涉税制成品的总成本（备注：增值税为价外税，在财务成本核算中不作为成本的组成部分，因此计算分摊比例时均不记入分子、分母中）

③ 技术合同对价所涉进口货物价值的确定

技术合同对价所涉及的进口货物价值以稽查期间内进口零部件的完税价格总值为基础，剔除本次技术合同实际上无生产车型的零部件进口数据得出。

④稽查期间制成品总成本的确定

上述计算公式中的分母指的是转向器的生产成本，来自于 A 公司财务核算系统中“主营业务成本”科目中涉税车型在稽查期内的发生数。

根据上述公式计算得出：应税特许权使用费 =（技术提成费 + 入门费）× 分摊比例，即

应税特许权使用费 =（168300643.36 + 21277549.42）× 0.150816601= 28591538.66 元

（三）复查处理

复查组于 2016 年 12 月 26 日向被稽查人制发并送达海关稽查结论，当日，A 公司指定代表到海关办理手续，海关制发并送达了《海关补征税款告知书》

及《海关专用缴款书》。2017 年 1 月 9 日，A 公司特将涉及税款及滞纳金共计约 1006 万元缴款入库。

四、行政复议

2017 年 2 月，A 公司向海关提出行政复议申请，认为非贸易项下对外支付的有关费用与进口货物无关、不构成进口货物向中华人民共和国境内销售的条件，被申请人作出的稽查结论主要事实认定错误、追税决定适用依据错误、追税决定违反法定程序，请求撤销海关稽查结论及制发的专用缴款书、退回已经缴纳的税款及相应的滞纳金。

针对企业的复议申请，海关作出如下答辩：

（一）关于《稽查结论》及追税决定所依据的主要事实的认定问题

根据《中华人民共和国海关审定进出口货物完税价格办法》第十三条第一项的规定，进口货物属于用专有技术生产的，对外支付的特许权使用费应当视为与进口货物有关；第十四条规定，买方不支付特许权使用费则不能购得进口货物，应当视为特许权使用费的支付构成进口货物向中华人民共和国境内销售的条件。经海关稽查认定，申请人进口的零部件是按照境外母公司开发、设计的《单品要求样式图》生产制造的，该《单品要求样式图》是“专有技术”的载体，属于“技术信息”内容，是申请人支付特许权使用费的对价；申请人不支付特许权使用费无法进口上述货物。因此，申请人支付特许权使用费与进口货物有关，并构成向境内销售的条件，被申请人《稽查结论》及追税决定认定的主要事实清楚。

（二）关于追税决定法律适用问题

根据《中华人民共和国海关法》第二十四条第一款的规定，进口货物的收货人负有向海关如实申报并交验有关单证的法定义务。根据《中华人民共和国海关审定进出口货物完税价格办法》第四十二条第一款的规定：“纳税义务人向海关申报时，应当按照本办法的有关规定，如实向海关提供发票、合同、提单、装箱清单等单证。”第三款规定：“货物买卖中发生本办法第二章第三节所列的价格调整项目的，或者发生本办法三十五条所列的运输及其相关费用的，纳税义务人应当如实向海关申报。”申请人在办理进口货物通关过程中未按上述条款的规定履行如实申报义务，符合《中华人民共和国海关法》

第六十二条及《中华人民共和国进出口关税条例》第五十一条规定的“纳税义务人违反规定”的情形，申请人违反海关规定事实清楚。被申请人对申请人作出的追征3年税款及相应滞纳金的决定适用法律正确，申请人所说的适用依据错误的理由不能成立。

（三）关于追税决定程序问题

根据1997年施行的《中华人民共和国海关稽查条例》第二十一条的规定：“海关稽查组实施稽查后，应当向海关提出稽查报告。稽查报告报送海关前，应当征求被稽查人的意见。”被申请人在2016年12月26日作出《稽查结论》前，已于2015年12月4日向申请人制发并送达了“××关稽征〔2015〕201537100033号”《稽查征求意见书》，符合法定程序。申请人所说的被申请人直接作出了稽查结论与事实不符。

被申请人于2016年12月26日向申请人制发了“××关××办补税告知〔2016〕第093号”《海关补征税款告知书》，并送达申请人。经申请人同意，被申请人于同日制发了相应的《海关专用缴款书》并送达申请人。被申请人履行的程序并未违反相关规定。

据此，该海关认为：稽查结论和追税决定认定事实清楚、证据确实充分、适用法律正确、程序合法，请求复议机关依法予以维持。

2017年4月26日，海关召开听证会听取双方的陈述及意见，并于5月27日作出维持原具体行政行为的复议决定，6月9日，A公司境外总部召开董事会，决定接受海关复议决定，不再向法院提起诉讼。

五、经验与启示

（一）特许权使用费是海关稽查重点

根据《审价办法》，特许权使用费是指进口货物的买方为取得知识产权权利人及权利人有效授权人关于专利权、商标权、专有技术、著作权、分销权或者销售权的许可或者转让而支付的费用，它涉及多种类型，情况比较复杂。就其支付形式而言，进口货物特许权使用费企业往往从非贸项下对外支付，而在该货物申报进口时仅申报有形货物的价格，漏报特许权使用费，因此特许权使用费是海关稽查的重点。

（二）特许权使用费的认定是关企双方争论的焦点

根据《审价办法》第十一条规定，特许权使用费计入完税价格应符合两个条件：一是与进口货物有关；二是构成进口货物向境内销售的条件。这两个条件关系到企业和海关的重大利益，因此，在该案中，关企双方的争论自始至终围绕这一最大焦点问题展开。

企业认为，入门费及技术提成费均是为国内生产时使用专利及专有技术而支付的，与进口货物无关且不构成境内销售的条件。海关稽查人员通过查阅合同（协议）、检查生产过程、制作笔录等方式，以大量的证据材料证明其支付的特许权使用费部分与进口货物有关并构成境内销售的条件，属于混合特许权使用费，应计入完税价格，并得到关税、法规部门的支持。

在复议阶段，由于稽查人员从企业技术合同签订、采购、品检、生产制造等多角度对相关证据进行印证和固化，企业的质证均被复查组一一反驳，人员笔录也有力地验证了稽查组作出的结论，最终总署复议机关予以认同。

（三）海关在执法过程中必须做到程序合法

在海关执法实践中，往往会出现重实体、轻程序的问题，因程序违法导致海关复议撤销行政行为或败诉的情况时有发生。本案由于海关执法程序合法，企业在复议申请时提出的两个程序性问题被驳回。

第一，关于海关作出《稽查结论》时未征求企业意见。该案中海关在2015年12月已征求过企业意见，海关稽查结论正是基于企业提出的意见开展复查后作出的，而《稽查条例》及其实施办法、操作规程均未规定复查后需再次征求企业意见，总署也认可此做法。

第二，关于征税程序违法。该案中，企业于领取稽查结论的当日便到海关办理了领取补税告知书及海关缴款书的手续，企业认为按照规定，其领取补税告知书后海关不应马上开具税单，税单应于15日后开具。海关调取了企业办理手续时出具的介绍信，企业在介绍信中明确表明了当日领取税单的意愿，上一级海关在审查相关材料后认为征税行为并未违反程序。

（四）引入中介机构参与海关稽查效果明显

该案中海关引入某会计师事务所协助海关稽查，利用其专业性强的特点，承担数据采集、整理及分摊工作，并从专业角度为复查组提供建议，取得了良好效果。

第四章 WCO 海关估价技术委员会特许权使用费案例

本《协定》第 8 条第 1 款（c）项下的特许权使用费 [1]

（卖方要求进口商向持有专利的第三者支付的特许权使用费）

1. 如果根据专利制造的一台机器按不包括专利费的价格输往进口国出口销售，而且卖方要求进口商向持有专利的第三者支付专利费，根据本《协定》第 8 条第 1 款（3）项的规定，该项特许权使用费是否应该加入有关的实付或应付价格中？

2. 海关估价技术委员会提出下述意见：

鉴于由买方支付的特许权使用费与被估货物有关而且还是这些货物销售的一项条件，根据第 8 条第 1 款（3）项的规定，该项特许权使用费应该计入实付或应付价格中。

本《协定》第 8 条第 1 款（c）项下的特许权使用费 [2]

（当进口的唱片转售时，根据进口国法律，进口商向第三方（版权所有者）支付的特许权使用费）

1. 进口商向制造商购买录有一场音乐演奏会的唱片。根据进口国法律，当进口商转售唱片时，应向第三方——持有版权的作曲者支付销售额 3% 的特

[1] 源自 WCO 海关估价技术委员会文件——咨询性意见 4.1。

[2] 源自 WCO 海关估价技术委员会文件——咨询性意见 4.2。

许权使用费。制造商没有直接或间接地收取特许权使用费，而且支付特许权使用费也不是销售合同项下的责任。此种特许权使用费是否应该加入有关的实付或应付价格中？

2. 海关估价技术委员会提出下述意见：

在确定完税价格时，该项特许权使用费不应计入实付或应付价格中；支付特许权使用费不是进口货物销售出口的一项条件，而是当唱片在进口国销售时，该进口商向版权所有人支付款项的一项法律责任。

本《协定》第 8 条第 1 款（c）项下的特许权使用费[1]

（根据单独的合同，进口商为使用专利工序制造特定的产品，向第三方（专利持有人）支付的特许权使用费）

1. 进口商 I 获取了专利工序的使用权来制造某些产品，并同意依据使用该工序而生产的产品数量向专利持有人 H 支付特许权使用费。在另一项单独合同中，I 设计并向外国制造商 E 购买了一台机器，计划专门用于专利工序。由专利工序而支付的特许权使用费是否构成该台机器实付或应付价格的组成部分？

2. 海关估价技术委员会提出下述意见：

虽然有关特许权使用费的支付是为了该台机器所体现的工序——而且是单独使用该台机器的工序，但由于特许权使用费支付不是该台机器输往进口国出口销售的一项条件，所以该项特许权使用费不能构成完税价格的组成部分。

本《协定》第 8 条第 1 款（c）项下的特许权使用费[2]

（作为一项销售条件，进口商为获得或使用准备用于转售的含有专利权的浓缩物而向卖方（专利权所有人）支付的特许权使用费）

1. 进口商 I 向既是制造商又是专利权所有人的 M 购买含有专利权的浓缩物。进口的浓缩物用普通水进行简单稀释和消费包装后，在进口国出售。除

[1] 源自 WCO 海关估价技术委员会文件——咨询性意见 4.3。

[2] 源自 WCO 海关估价技术委员会文件——咨询性意见 4.4。

货价之外，制造商 M 还要求购买者为取得在转售产品中加入或使用该浓缩液的权利而支付特许权使用费，并以此作为销售的一项条件。特许权使用费依据最后产品的销售价格计算。

2. 海关估价技术委员会提出下述意见：

该项特许权使用费是一项与进口货物有关的支付款项，并且是作为货物销售的一项条件要求买方予以支付。因此应根据第 8 条第 1 款（c）项的规定，该特许权使用费应计入实付或应付价格中。本意见系指为在进口货物中含有专利权而支付的特许权使用费，不损害其他情况的合法权益。

本《协定》第 8 条第 1 款（c）项下的特许权使用费 [1]

（无论是否使用从商标持有人处进口的配料，进口商为生产和销售六种该商标的化妆品而向商标持有人支付的特许权使用费）

1. 外国制造商 M 拥有在进口国受保护的商标。进口商 I 根据 M 的商标制造并销售六种化妆品。M 要求 I 支付使用 M 的商标而出售所有化妆品年度销售总额 5% 的特许权使用费。所有化妆品按 M 的配方使用在进口国获取的配料制成。但其中一种化妆品的主要配料是按通常的方式向 M 购买的。对进口的配料，如何处理特许权使用费的问题？

2. 海关估价技术委员会提出下述意见：

无论 I 是使用 M 的配料还是使用国内供应商提供的配料，都应向 M 支付特许权使用费，因此，该项特许权使用费不是货物销售的一项条件。进行海关估价时，不能使用第 8 条第 1 款（c）项的规定而将该项特许权使用费计入实付或应付价格中。

[1] 源自 WCO 海关估价技术委员会文件——咨询性意见 4.4。

本《协定》第 8 条第 1 款（c）项下的特许权使用费 [1]

（作为一项销售条件，进口商转售带有商标的进口货物（浓缩液）时应向卖方（商标持有人）支付的特许权使用费）

1. 进口商分两次向外国制造商 M 购买浓缩液。M 拥有商标权。货物稀释后销售是否可以使用该商标取决于某一特定进口销售交易的条款。商标使用费按单位货物计算。进口的浓缩液在销售之前简单地用普通水进行稀释并经过了消费包装。

在第一次购货交易中，浓缩液稀释后转售时没有使用商标。因此，未被要求付特许权使用费，在第二次购货交易中，浓缩液稀释后转售时使用了商标，作为进口销售的一项条件，而被要求付费。

2. 海关估价技术委员会提出下述意见：

鉴于在第一次购物交易中，货物转售时未使用商标而且又未付费，则无须计入费用。在第二次购货交易中，M 要求支付的费用必须计入进口货物的实付或应付价格中。

本《协定》第 8 条第 1 款（c）项下的特许权使用费 [2]

（被权利所有人赋予在世界范围内的再生产权、销售权和发行权的进口商为获得在进口国的销售权和发行权而向卖方支付的特许权使用费）

1. 均居住于出口国 X 的唱片公司 R 与歌唱家 A 签订协议，根据协议规定，A 将通过转让全球性的复制、营销和分销权，在每一个唱片零售时收取特许权使用费。R 随后和进口商 I 订立一份分销合同，向 I 提供歌唱家 A 演出的再版唱片在进口国内销售。作为合同的一部分，R 将营销、分销权再转让给 I，并要求 I 支付所购入进口国的唱片零售售价的 10% 的特许权使用费作为回报。I 向 R 支付了 10% 的相关费用。

[1] 源自 WCO 海关估价技术委员会文件——咨询性意见 4.5。

[2] 源自 WCO 海关估价技术委员会文件——咨询性意见 4.6。

2. 海关估价技术委员会提出下述意见：

（1）鉴于 I 根据其与 R 签订的分销合同支付上述款额，该特许权使用费的支付是销售的一项条件。如果 I 未同意上述条件，为了保护其商业利益，R 也不会向 I 出售唱片。

（2）鉴于支付特许权使用费是为了获取有关进口货物的营销和分销权，该支付与被估货物有关。特许权使用费的金额将根据有关唱片的实际售价而有所不同。

（3）反之 R 必须向 A 支付其演出在全球范围内销售的特许权使用费这一事实与 R 和 I 之间签订的合同无关。I 直接向卖方付款，R 如何分配其总收益与 I 没有利益关系。因此，10% 的特许权使用费应当计入实付或应付价格。

本《协定》第 8 条第 1 款（c）项下的特许权使用费[1]

（进口商为获得商标使用权而向第三方（专利持有人）支付的特许权使用费）

1. 进口商 I 和居住在 X 国专利持有人 L 签订一份专利合同。根据合同规定，I 同意对运入进口国的使用 L 的商标的每一双鞋向 L 支付一笔固定的特许权使用费。专利持有人 L 提供与商标有关的美术设计作品。进口商 I 与 X 国的制造商 M 签订另外一份合同，购买使用 L 的商标的鞋子。I 向 M 提供 L 的美术设计作品，由 M 将商标贴上。制造商 M 无须经 L 许可。该项销售合同不包含任何与特许权使用费有关的款额支付。制造商、进口商与专利持有人之间全无关系。

2. 海关估价技术委员会提出下述意见：

（1）进口商被要求支付特许权使用费以获取使用商标的权利。这项义务源于一个与出口货物到进口国销售无关的独立的合同。货物根据另外一个合同从供应商处购得，特许权使用费的支付不是货物销售的一项条件。因此，在本例中，专利费不应计入实付或应付价格。

（2）根据第 8 条第 1 款（b）项规定，提供与商标有关的美术设计作品是否应税这一问题应当另作考虑。

[1] 源自 WCO 海关估价技术委员会文件——咨询性意见 4.7。

本《协定》第 8 条第 1 款（c）项下的特许权使用费[1]

（进口商为获得在进口国内生产、使用和销售专利制剂的权利和为获得在销售专利制剂过程中使用商标的权利而向卖方（商标持有人）支付的特许权使用费）

1. 一动物制剂制造商（商标持有人）与一进口公司达成一项协议。根据协议规定，制造商授予进口商在进口国内“专利制剂”的独家制造权、使用权和销售权。该专利制剂由制造商或以制造商的名义向进口商提供的大量可的松制成，包含适合动物使用的进口可的松。可的松是一种标准的非专利的非刺激性的药剂，可以从不同制造商处获得，是专利制剂最主要的原料之一。

制造商也授予了进口商在进口国内生产和销售专利制剂时的独家商标使用权。

协议的支付条款规定进口商须支付任一年度专利制剂第一批 2000000 个货币单位的净销售额的 8% 以及同年专利制剂下一批 2000000 个货币单位的净销售额的 9% 的特许权使用费。每年规定至少支付 100000 个货币单位的特许权使用费。协议也列明了在不同情况下，双方都可将进口商的独家权变更为非独家权。在这种情况下，最低特许权使用费将扣减 25% 甚至 50%。在特定情况下，以销售为基础的特许权使用费也可以减少。

最后，以专利制剂销售为基础的特许权使用费应在每年的每季度末之后的 60 天内支付。

2. 海关估价技术委员会提出下述意见：

特许权使用费是为获得包含某种进口产品的专利制剂制造权并最终使用专利制剂商标而进行的支付。该进口产品是一种标准的非专利的非刺激性的药剂。因此，商标的使用与被估货物无关。特许权使用费的支付不是进口货物出口销售的条件，而是在进口国制造并销售专利制剂的条件。所以，将该支付款额加入实付或应付价格是不恰当的。

[1] 源自 WCO 海关估价技术委员会文件——咨询性意见 4.8。

本《协定》第 8 条第 1 款（c）项下的特许权使用费[1]

（进口商为了获得转售带有商标图案的进口成衣的权利而向卖方（商标持有人）支付的特许权使用费）

1.P 国的进口商 I 向 X 国的制造商 M 购买外衣。M 同时也是有关人物连环漫画的商标持有人。根据 I 与 M 之间的专利协议规定，M 仅为 I 生产外衣，并在进口之前贴上人物连环漫画和商标，由 I 在 P 国转销。鉴于此，I 同意除外衣价格之外，另向 M 支付以附有人物连环漫画和商标的外衣净销售额的百分比计算的许可费。

2. 海关估价技术委员会提出下述意见：

为获得带有商标图案的进口外衣的转销权而支付的许可费是销售的一项条件，且与进口货物有关。进口货物在没有人物连环漫画和商标的情况下无法被购买和销售。因此，该支付款额应计入实付或应付价格。

本《协定》第 8 条第 1 款（c）项下的特许权使用费[2]

（进口商为获得用于进口货物的商标的使用权而向与其有特殊关系（商标持有人）或与卖方（生产商）有特殊关系的一方支付的特许权使用费）

1. 运动服制造商 M 和进口商 I 都与母公司 C 有特殊关系，C 公司拥有运动服的商标权。M 和 I 之间的销售合同没有要求支付特许权使用费。然而，根据与 C 公司的一个单独协议，I 必须向 C 支付特许权使用费以获得自 M 处购得的运动服的商标使用权。该特许权使用费的支付是否是销售的一项条件且是否与进口运动服有关？

2. 海关估价技术委员会提出下述意见：

M 与 I 关于附有商标货物的销售合同没有规定支付特许权使用费的具体条件。但是，鉴于 I 购买货物必须向母公司支付特许权使用费，该支付是销

[1] 源自 WCO 海关估价技术委员会文件——咨询性意见 4.9。

[2] 源自 WCO 海关估价技术委员会文件——咨询性意见 4.10。

售的一项条件。如果I未支付特许权使用费，将没有商标使用权。与母公司之间未签订书面合同这一事实并不妨碍I应母公司要求履行支付义务。鉴于上述原因，为获得商标使用权而进行的支付与被估货物有关，支付的金额应计入实付或应付价格。

本《协定》第8条第1款（c）项下的特许权使用费[1]

（进口商为获得使用需要运用进口货物自带的技术才可运行的专利工序的权利而向卖方支付的特许权使用费）

1. 进口商I和卖方S签订合同，提供轧钢设备。该设备将被用于进口国内业已存在的连续铜棒厂。合并轧钢机设备涉及一个拟用于轧钢机运行的专利工序的技术。进口商除设备价款外，须为使用该专利工序支付15000000个货币单位的许可费。卖方S收到进口商支付的设备价款和许可费，然后将全部许可费转交给专利持有人。

2. 海关估价技术委员会提出下述意见：

该许可费是用于支付合并轧钢机设备以运行专利工序的技术的。轧钢设备是专门购买用于运行专利生产工序。因此，鉴于该工序须支付15000000个货币单位的许可费，与被估货物有关，且为销售的一项条件，该费用应当计入进口轧钢机设备的实付或应付价格。

本《协定》第8条第1款（c）项下的特许权使用费[2]

（进口商为了获得使用商标的权利而向与其有特殊关系的一方（商标所有人）支付的特许权使用费）

1. 进口商I向制造商及其他供应商购买运动包，进口商I、制造商M和其他供应商之间都无特殊关系。

另一方面，进口商I与商标持有者C公司有特殊关系。根据I与C的合

[1] 源自WCO海关估价技术委员会文件——咨询性意见4.11。

[2] 源自WCO海关估价技术委员会文件——咨询性意见4.12。

同条款，C 将通过收取特许权使用费转让商标使用权。

进口商 I 向制造商 M 及其他供应商提供印有商标的标签，该标签在进口之前将贴于运动包上。

该特许权使用费是否与被估货物有关？I 向 C 支付是否构成 M、I 及其他供应商之间销售的一项条件？

2. 海关估价技术委员会提出下述意见：

尽管进口商为获得商标使用权而被要求支付特许权使用费，但是这产生于与出口货物到进口国销售无关的一个单独协议。进口货物依据不同的合同从各供应商处购买，特许权使用费的支付不是上述货物销售的一项条件。买方无须为购买该货物而支付特许权使用费。因此，根据第 8 条第 1 款（c）项，该费用不应作为一项调整计入实付或应付价格。

根据第 8 条第 1 款（b）项规定，提供显示商标的标签是否应税这一问题应另做考虑。

本《协定》第 8 条第 1 款（c）项下的特许权使用费[1]

1. 如果特许权使用费是向在进口国的许可人支付的，那么这些特许权使用费是否不在第 8 条第 1 款（c）项的规定的范围之内？

2. 海关估价技术委员会提出下述意见：

如果与被估货物有关的特许权使用费是作为被估货物的销售条件，由买方直接或间接支付的，且并未包括在货物实付或应付价格之内，那么根据第 8 条第 1 款（c）项的规定，这些为进口货物实付或应付的费用是成交价格的调整加项。第 8 条第 1 款（c）项的规定并未对在进口国内支付或在进口国外支付的特许权使用费作出区分。第 8 条第 1 款（c）项没有对许可人所在地或支付特许权使用费的地理位置作出规定，也未对这种支付的国际转移作出要求。

根据第 8 条第 1 款（c）项的规定，许可人的所在地或支付特许权使用费的地理位置对确定货物完税价格没有任何影响。因此，仅凭特许权使用费支付是向进口国内的许可人支付的这一事实并不能免除该特许权使用费属于第 8

[1] 源自 WCO 海关估价技术委员会文件——咨询性意见 4.13。

条第 1 款（c）项的管辖规定。

本《协定》第 8 条第 1 款（c）项下的特许权使用费[1]

1.S 国的进口商 I 与 R 国的许可方 L 签订了一份许可协议。该协议由 L 授权 I 使用与生产和进口货物有关的 L 的商标，对此 I 需要向 L 支付特许权使用费，该费用由 I 在 S 国销售附有 L 商标的产品所获得的净收入的一个固定百分比构成。在 I 未能向 L 支付特许权使用费的情况下，L 有权终止许可协议。根据《协定》条款，L 和 I 存在特殊关系。

此外，L 与 X 国的 M 公司签署了一份供应协议，允许 M 生产具有 L 商标的货物，然后销售给 I。根据该协议，M 必须按照 L 提供的有关质量、设计和技术的要求进行生产。该协议明确规定由 M 负责生产和销售专门给 I（或者 L 指定的其他公司）的附有 L 商标的产品。M 公司与 L 或者 I 没有特殊关系。

I 与 M 签订了一份销售合同，据此 M 销售给 I 附有 L 商标的产品。在该合同中没有要求支付相应特许权使用费的规定。I 实际支付给 M 的进口货物价格，不包括 I 应付给 L 的特许权使用费。

进口商 I 向许可方 L 支付的特许权使用费是否构成 I 向供应商 M 购买货物的销售条件？这项特许权使用费是否与被估价货物有关？

2. 海关估价技术委员会提出下述意见：

由于 I 进口的货物附有 L 的商标，可以说，所述特许权使用费与被估价货物有关。

此外，在这种情况下，根据供应协议，L 通过授权生产许可货物、确定生产商 M 的销售对象、直接向 M 提供设计和技术等措施，对附有 L 商标的有关货物的生产实施控制。根据许可协议的规定，L 授权 I 使用与生产和进口货物有关的商标，L 进而通过选择什么样的公司能使用该商标并购买货物，影响和控制 M 和 I 之间的交易。

M 和 I 之间的销售合同不包含任何要求支付特许权使用费的条款。然而，特许权使用费的支付被作为一项货物销售的条件，因为如果 I 不支付特许权

[1] 源自 WCO 海关估价技术委员会文件——咨询性意见 4.15。

使用费给 L 将无法买到货物。I 不支付特许权使用费给 L 不仅会导致许可协议终止，还会导致 M 生产和销售附带 L 商标的货物的授权被撤销。

因此，上述特许权使用费应根据《协定》第 8 条第 1 款（c）项的规定计入货物的实付或应付价格。

本《协定》第 8 条第 1 款（c）项下特许权使用费的估价问题[1]

1. 进口国 I 的进口商 B 与出口国 X 的供货商 S 签订了使用商标权的许可协议。协议中双方同意，B 支付给 S 的特许权使用费是以在进口国销售含有该商标货物的净销售价格的 5% 计算。

2. 随后，S 和 B 签订了一份销售产品 P 的合同，价格是 1000 货币单位。根据该合同，产品 P 在市场销售时必须附有授权的商标，因此相关的特许权使用费可视为与货物有关。此外，特许权使用费的支付构成货物的销售要件，且货物的价格中未包含特许权使用费。因此，所有《估价协定》第 8 条第 1 款（c）项规定的特许权使用费计入完税价格的条件都能满足。

3. 假设产品 P 在 I 国的净销售价格是 2000 货币单位，B 应向 S 支付的特许权使用费是 100 货币单位。

4. 根据进口国 I 的现行国内税法规，特许权使用费，即在这个案例中应付的 100 个货币单位，在 I 国被视为一项收入，因此需要征收所得税，税率是 25%。进口商 B 根据卖方 S 的要求，直接代为支付这 25% 的所得税。

5. 然而，许可协议没有提及由 B 支付特许权使用费所涉及的 I 国所得税。

6. 因此，B 支付了 1100 货币单位，其中 1000 货币单位是产品 P 的价格，100 货币单位是商标许可费。但是，S 只收到 1075 货币单位，因为 B 转给他 75 货币单位的同时，附有一张 25 货币单位的收据，证明进口国 I 的所得税已支付。

7. 需要技术委员会明确的问题是，B 支付的这 25 货币单位是否构成《估计协定》第 8 条第 1 款（c）项规定的海关完税价格的一部分。

估价技术委员会提出了以下观点：

1. 在该案例中，买方根据相关合同规定需要支付的特许权使用费是 100

[1] 源自 WCO 海关估价技术委员会文件——咨询性意见 4.16。

货币单位，这是根据在进口国净销售价格的 5% 计算得出的。

2. 许可方收到的金额比之要少，即 75 货币单位，而不是 100 货币单位。相差的 25 货币单位并不是意味着特许权使用费的减少，而是进口国征收所得税而产生的费用，如前所述，该费用应由许可方承担。再者，在许可协议中没有约定许可费金额是没有扣减所得税的金额。

3.《估价协定》第 8 条第 1 款（c）项规定，在确定完税价格时，“买方必须支付，包括直接或间接支付……”的特许权使用费应计入实付应付价格。

4. 许可协议没有涉及对许可方应收到的特许权使用费进行适当调整的内容。实际上，《估价协定》第 8 条第 1 款（c）项规定的是，只要符合条款中的要求，买方应付的特许权使用费就构成完税价格的一部分，而没有规定该项特许权使用费是许可方最终收到的金额。本案例中，买方支付的特许权使用费与许可方实收的特许权使用费是不同的。根据上述事实，为了正确执行《估价协定》第 8 条第 1 款（c）项，必须遵从有关条款规定的原意，因此，在本案例中应计入货物完税价格的是进口商支付的费用金额，而不是许可方最终收到的金额。

5.《估价协定》第 1 条注释第 3 段（c）（关于“实付或应付价格”）明确说明完税价格不得包括“进口国的关税和国内税”。其所指的是针对进口货物征收的国内税，而不是针对许可费收入征收的税款。本文所建议的需要纳入完税价格的并非《估价协定》第 1 条注释第 3 段（c）所指的进口国国内税，而是许可方和被许可方之间约定的许可费金额。

6. 总之，根据《估价协定》第 8 条第 1 款（c）项的规定，进口商 B 支付的 25 货币单位应计入进口货物的完税价格。

运用第 8 条第 1 款对服装设计纸样进行海关估价的案例 [1]

一、交易事实

ICO 向在进口国的零售商销售新款男装。所有服装从海外供货商 XCO 处进口，制造商 XCO 使用由 LCO 代表 ICO 向其免费提供的纸样制造服装。

[1] 源自 WCO 海关估价技术委员会文件——案例研究 8.1。

位于第三国的 LCO 专门从事新款男装的设计。根据第 15 条第 4 款的规定，ICO、XCO 以及 LCO 之间没有特殊关系。

ICO 与 LCO 之间有一许可协议，根据协议 ICO 被授予：

（1）在进口国分销含有 LCO 设计的服装的独家许可权。

（2）使用由 LCO 开发的、含有其设计的纸样的权利。

该许可协议还规定 LCO 可向任何 ICO 指定的对象提供设计和纸样。ICO 指示 LCO 向 XCO 提供制造服装所必需的各种尺寸的纸样（含设计）复制品。

ICO 以每件服装 200 个货币单位的价格向 XCO 支付。鉴于协议的许可权，ICO 以其该服装总销售价的 10% 作为许可费支付给 LCO。在进口时，所有的服装已经以 400 个货币单位的单价售给了零售商。因此，在进口时可以确定每件服装将向 LCO 支付 40 个货币单位的许可费。

二、完税价格的确定

进口商向进口国海关提交了基于成交价格的申报价格，并提供了与 LCO 之间的许可协议和为了根据许可协议被授予的权利而支付的款项的所有书面材料。

第 1 条（a）至（d）的所有条款都满足，应按成交价格方法确定完税价格。

三、实付或应付价格

依据第 1 条，每件服装的实付或应付价格应是 200 个货币单位，因为这是买方为每件服装向卖方或为卖方利益所支付的总额。

四、调整

需要确定每件服装 40 个货币单位的额外支付是否构成进口服装完税价格的组成部分，是否应由海关来确定该笔款项的准确属性。如果事实表明作为许可费的该项支付与第 8 条第 1 款（b）项（一项“协助”）相关，则应适用第 8 条第 1 款（b）项确定完税价格。否则，海关应审查该项支付是否满足第 8 条第 1 款（c）项规定的条件。

纸样的功能与模具或铸模相似。买方通过许可人 LCO 免费提供纸样，这些纸样被用在进口货物的生产和出口销售中。因此，根据第 8 条第 1 款（b）

（Ⅱ），这些纸样构成一项协助，它们的价值，包括设计成本应该加入进口货物的实付或应付价格中。

“对第 8 条第 1 款（b）（Ⅱ）的解释性说明”包括确定一项协助价值的两种方法。第一种，如果进口商按某一成本从与其无关联的卖方获得该项协助，则协助的价值即为前述成本。第二种，如果该协助是由进口商或与其相关的人生产的，则该协助的价值即为其生产成本。在这个案例里，ICO 与 LCO 没有关系；因此，该纸样的价值应是 ICO 从 LCO 获到纸样的成本。ICO 根据与 LCO 之间的许可协议获得该纸样。根据该许可协议，ICO 必须向 LCO 支付相当于其服装总销售价 10% 的金额。因此，ICO 获取纸样的成本是总销售价（400 个货币单位）的 10%，或者是每件服装 40 个货币单位。

假定 40 个货币单位的额外支付应根据第 8 条第 1 款（b）项的规定计入进口服装的完税价格，那么就没有必要再考虑是否应根据第 8 条第 1 款（c）项的规定计入实付或应付价格的可能性。

五、结论

每件服装的成交价格是 240 个货币单位，亦即 200 个货币单位的实付或应付价格加上依据第 8 条第 1 款（b）（Ⅱ）的规定做出调整的 40 个货币单位，因为出于海关估价目的，本案中该许可费已被作为对一项协助的支付处理。

运用第 8 条第 1 款对激光视盘进行海关估价的案例[1]

一、交易事实

ICO 进口从 XCO 处购得一张激光视盘的多份拷贝。上述视盘是一张具有版权的音乐录像剪辑的专辑，由出口国的 XCO 制造。根据 ICO 与第三国的 LCO 之间独立的许可协议，ICO 获得使用含在视盘内的音乐录像剪辑的权利。根据其与 ICO 的许可协议，LCO 编辑了一张将被录制到视盘中去的音乐影像剪辑专辑的母盘。然后，ICO 将母盘免费供应给 XCO。按照第 15 条第 4 款的规定，ICO、XCO 以及 XCO 之间不存在特殊关系。

[1] 源自 WCO 海关估价技术委员会文件——案例研究 8.2。

该母盘形成了 XCO 生产工序的基础。母盘传输影像，该影像在一个激光视盘压膜器上复制出相同的图像。视盘拷贝由该压膜器制作。因此，每一视盘都是该母盘的相同复制品，而没有该母盘，XCO 将无法生产出该视盘。

XCO 要求 ICO 向其支付生产该压模器的 1000 个货币单位和 4000 张视盘拷贝的 28000 个货币单位。由于使用该音乐录像剪辑和母盘的权利，ICO 还得支付给 LCO 在进口国视盘总售价的 5% 作为许可费用。

二、完税价格的确定

进口商向进口国海关提交了基于成交价格的申报价格，并提供了与 LCO 之间的许可协议和为了根据许可协议被授予的权利而支付的款项的所有书面材料。

满足第 1 条（a）至（d）的所有条款，应按成交价格方法确定完税价格。

三、实付或应付价格

依据第 1 条的说明，实付或应付价格为 29000 个货币单位，因为此总额是为了进口激光视盘而向卖方或为卖方利益，已经或将要支付的总额。为激光视盘压膜器所支付的 1000 个货币单位，必须作为实付或应付价格的一部分，因为买方被要求向卖方支付该金额以获得进口货物。

四、调整

海关应确定在进口国视盘销售总价 5% 的额外支付的准确性质，以确定其是否构成进口视盘完税价格的一部分。如果事实表明提到的支付作为许可费与第 8 条第 1 款（b）项（一项“协助”）相关，则第 8 条第 1 款（b）项将适用。否则，海关应审查该支付是否满足第 8 条第 1 款（c）项规定。

由于母盘的使用与视盘制造相关联，并且由买方向卖方免费提供，如果它属于第 8 条第 1 款（b）项之Ⅰ至Ⅳ所列的货物或服务，则它的价值应该加入到实付或应付价格中。

正如本案例研究的第 1 段所述，LCO 在母盘上编辑了提供给 XCO 的音乐录像剪辑。该项制作是进口激光视盘的设计和开发阶段的一部分。这些设计和开发是在进口国以外的地方进行的，因此，根据第 8 条第 1 款（b）项之

Ⅳ的规定，应该计入该货物的实付或应付价格中。

协助的价值是 5% 的许可费，因为这是 ICO 获得音乐录像剪辑和母盘的成本。

假如依照第 8 条第 1 款（b）项的规定，在进口国视盘销售总价 5% 的额外支付应计入进口视盘的完税价格，那么就没有必要再考虑是否应根据第 8 条第 1 款（c）项的规定计入实付或应付价格的可能性。

五、结论

4000 个进口视盘的成交价格为实付或应付价格（29000 个货币单位）加上协助费（进口国内该视盘销售总价的 5%）。

第五章　世界主要国家特许权使用费案例

第一节　加拿大最高法院关于马特尔加拿大公司特许权使用费估价案的重要裁决

由于加拿大与其他英美法系的国家一样，采取的是以案例法为主的法律体系，因此法院的判例对于法律条文的解释具有法律效力，所以作为指导法律法规实施和适用的海关备忘录也随着重要的法院判例而作修改。加拿大最高法院 2001 年 6 月 7 日对马特尔案的裁决，使得加拿大《海关法》有关特许权使用费估价的条文中的“销售条件”的阐述更加明晰。加拿大贸易政策和解释理事会原产地与审价处对 2001 年 3 月 28 日发布的关于特许权使用费估价的海关备忘录 D13-4-9 作出修改后，于 2003 年 10 月 17 日重新发布。本书摘录了该备忘录中“与货物相关”和“销售条件”的解释性举例和判例，详见本节附录 A、B。

加拿大最高法院于 2001 年 6 月 7 日作出的重要裁决中明确了向第三方许可人支付的特许权使用费应计入进口货物完税价格的情况，从而推翻了联邦上诉法院作出的有关特许权使用费估价问题的裁决标准，并且改变了加拿大国际贸易法庭（CITT）的大部分裁决内容。

裁决规定，只有在进口货物买卖双方订立的销售合同中已经作出明确规定的情况下，如果买方没有按照要求向第三许可方支付进口货物的特许权使用费，卖方才有权拒绝继续提供任何享有特许权的货物，或者否认该销售合同的有效性，而该笔特许权使用费才能被计入完税价格。

最高法院以 9:0 的投票结果一致通过了对加拿大（国家税务部副部长）和马特尔加拿大公司（马特尔）的裁决，受到了进口商的欢迎。裁决不但为卖方和进口商提供了更多的确定因素，也为他们提供了一个机会，可以订立更为清晰的合同条款以避免出现未列入合同条款而实际应缴纳关税的特许权使用费。许多进口商，无论是因未缴纳进口货物特许权使用费关税而已经被估价的，还是已经缴纳了该项关税（在最高法院未就马特尔案作出最终裁决之前）的，都可从中直接获益。

一、涉案的两种特许权使用费

马特尔公司估价案涉及两种特许权使用费。一种是马特尔加拿大公司直接支付给第三许可方的特许权使用费。该项使用费是根据马特尔加拿大公司开具的发票净值的一定比例计算的。另一种是马特尔加拿大公司支付给其母公司——马特尔美国公司的特许权使用费。

为获得某些产品使用权，马特尔美国公司与不同的许可人签署了协议。加拿大国际贸易法庭认定，这些特许权使用费在产品销往加拿大时由马特尔美国公司“转移”到了马特尔加拿大公司身上。高级法院对此表示同意，并发现马特尔加拿大公司向马特尔美国公司支付的特许权使用费乃是马特尔加拿大公司向第三许可方所支付的特许权使用费。因而，实际上最高法院认为马特尔美国公司既不是与第二种特许权使用费相关的进口货物的许可方也不是其卖方。

二、下层法院的裁决

加拿大国家税务部副部长认为，两种特许权使用费都应征收关税。关于第一种特许权使用费，加拿大国际贸易法庭与联邦上诉法院一致认定，不应对马特尔加拿大公司直接向第三许可方支付的特许权使用费征收关税，但不应征税的理由各不相同。而针对第二种特许权使用费，加拿大国际贸易法庭与联邦上诉法院在对待马特尔加拿大公司向马特尔美国公司所支付费用的问题上发生了分歧。加拿大国际贸易法庭认为不应对该项费用征收关税，而联邦上诉法院则认为应该征税。

三、最高法院的裁决及理由

加拿大《海关法》规定，只有当特许权使用费成为“货物的一项销售条件”时，方可计入进口至加拿大的货物的完税价格。在案件上诉至高级法院以前，法庭争论的焦点在于“货物的一项销售条件”这个术语的含义。

梅杰法官认为，关于“销售条件”的概念，在货物销售法规和习惯法中已作出过明确表述。梅杰法官引用了一个著名学者在其论文中对销售条件所下的定义：“销售条件是一项至关重要的条件，它是交易之基。”最高法院后来在论证中明确提出，特许权使用费若要成为一项销售条件，销售合同必须赋予货物卖方在买方拒绝向第三许可方支付特许权许可费时可以拒绝销售享有特许权货物或者否认与买方签订的销售合同的有效性的权利。

关于第一种特许权使用费，最高法院认为，马特尔美国公司（卖方）不能拒绝向马特尔加拿大公司销售享有特许权的货物或否认关于马特尔加拿大公司直接向第三许可方支付特许权使用费的销售合同的有效性。梅杰法官强调，销售合同与特许权合同是“不同当事人之间所签订的两种不同的协议”。享有特许权的货物的许可方、卖方和买方不同，销售合同以及特许权合同也是经过单独协商的。在现实中，想要让买卖双方在销售合同里预先作出明文规定说明支付特许权使用费是一项“销售条件”存在一定的困难。

关于第二种特许权使用费，最高法院基于大致相同的理由，认为该项使用费不应计征关税。马特尔加拿大公司向第三许可方支付该项特许权使用费的义务被认为与从马特尔美国公司购买货物的义务毫不相干。

四、针对卖方即许可方的适用性

高院关于马特尔案的论证与分析，特别是关于第二种特许权使用费的说明，相对而言比较简单，缺乏细节。因而，“明文规定”的标准是否适用于卖方或供方实际为享有特许权的进口货物的许可方的情况未予明确。如果梅杰法官强调“销售条件”一词的概念应该是清楚而明确的，那么这种情况如果发生势必产生争议。因而，“并不一定要对合同的经济实际进行分析”。尽管高院的论证并不表示应该对卖方也是许可方的情况采取不同标准或对标准进行调整，但下层法院、加拿大海关和税务部（CCRA）或是副部长该如何诠释马特尔裁决，我们将拭目以待。

五、联邦法院的“控制标准”遭到高院否决

然而，有一点非常明确，最高法院最终否决了联邦上诉法院所谓的关于买方向第三许可方支付特许权使用费的“控制标准”。联邦上诉法院对“销售条件”进行了具体的解释：（一）如果卖方与进口商之间的销售合同规定货物的销售视特许权使用费的支付情况而定；（二）如果进口商因未能支付特许权使用费而可能使进口货物的能力受到阻碍或作出重大妥协，一是因为许可方（拥有特许权的一方）拥有或控制了卖方，二是因为卖方拥有商标或版权。

联邦上诉法院的第二部分的解释即所谓的“控制标准”引起了广泛的争议。“控制标准”实际上促使加拿大海关和税务部以及法庭裁决去关注一项交易的“经济实际”，从而有效地减少了对贸易方签订的销售合同里的实际条款的关注，换言之，该标准意味着特许权使用费是否应缴纳关税主要取决于商标或版权所有人是否获得了补偿，以及进口商进口货物的能力是否受到了影响。最高法院则认为该标准“实际将包括所有的特许权使用费，因为只要存在《商标法》中向商标所有人作出补偿的行为都应缴纳关税”，从而否决了该“控制标准”。

六、其他问题：出口销售

马特尔案的裁决还明确了当供方与买方（进口商）之间存在中间人时“出口销售”是指涉及进口时的货物所有人的销售。有关货物被多家公司购买及转售，马特尔加拿大公司辩解说，所有销售均为销往加拿大的“出口销售”，因此第一笔销售（即成交价最低的销售）能够作为进口货物的“完税价格”向海关进行申报。

加拿大国际贸易法庭认为，马特尔美国公司是海关估价意义上的“卖方”，因为早先的卖方没有证明与马特尔美国公司存在足够的依赖关系。联邦法院同意该结论，但同意的理由却略有不同。有关“出口销售”的问题目前仅在限定范围内适用，有待于日后对《海关法》中第四十五条第一款以及第四十八条第一款的修改以及对目前法律所规定的“加拿大买方”定义的扩大。

七、结论

最高法院就马特尔案作出的裁决有利于统一加拿大国际贸易法庭在特许权使用费应税问题上作出的裁决。在最高法院就此问题作出明确而有利的决定以前，进口商和他们的专业咨询师们一直努力在为加拿大国际贸易法庭作出的各不相同并且经常存在相互矛盾的判决寻求合理的解释。我们希望加拿大国际贸易法庭也能够欢迎最高法院的裁决，至少它为加拿大国际贸易法庭在处理这些问题方面提出了明确的指导性意见。

根据高级法院的裁决，已经在向海关申报的完税价格里包括了特许权使用费的进口商应该重新审视所作的申报并寻求退税。尽管加拿大海关和税务部在收到加拿大最高层法院的裁决之后没有继续上诉的权力，但我们完全有理由相信他们将计划采取一些行政补救措施来扭转或更改最高法院所作的裁决。加拿大海关和税务部对所谓“特许权使用费是否应计入完税价格”问题所拥有的受到充分保护的解释权遭遇了巨大的挑战，我们完全有理由怀疑他们将接受最高法院的判决而不进行任何反击。尽管进口商们可能赢得了这次决定性战役的胜利，然而这场关于特许权使用费估价问题的斗争并没有结束。

附录 A

1. 某一加拿大进口商为获得一商标的使用权同意向美国的许可人（商标所有人）支付特许权使用费。该商标被编织在进口商向香港卖方购买的衬衫上。卖方将在 12 周内每周向进口商提供 1000 件衬衫。进口商再将这些衬衫统一调配到国内的零售点。许可人与卖方没有特殊关系。根据进口商与许可人之间的特许权协议，进口商在加拿大每销售一件带有许可商标的衬衫就要向许可人支付 5 美元的特许权使用费。在销售合同和特许权协议中都没有进口人不支付特许权使用费卖方就会停止向进口商交付衬衫的规定。

特许权使用费不计入从香港进口衬衫的实付或应付价格。该笔费用属于特许权使用费，而且与货物相关。但是，该费用的支付不是销售条件，不支付该笔费用所引起的后果在买卖双方或买方与许可方的协议中都没有明确规定。

加拿大进口商向香港卖方购买货物，并向美国许可人支付特许权使用费。许可人与卖方没有特殊关系，即使有特殊关系，除非在买卖双方或买方与许可方的协议中明确规定不支付特许权使用费所引起的后果，否则该笔费用仍不构成销售的条件。

2. 加拿大包装食品制造商伯奇科想要在加拿大生产“纳米可”品牌的饼干并销售给国内的食品零售商。伯奇科公司与许可人——英国纳米可公司签订了特许权协议，协议规定，为获得为期5年在加拿大以纳米可品牌生产和销售饼干的权利，伯奇科公司在每下一年度的1月1日前向纳米可公司支付25000美元的特许权使用费。协议签署后，伯奇科公司决定从纳米可公司位于巴巴多斯的子公司萨伯克进口一种生产饼干的原料。买方（伯奇科）与卖方（萨伯克）的销售合同涉及伯奇科公司向纳米可公司支付特许权使用费的事宜，以及如果伯奇科公司不支付特许权使用费所引起的后果。

特许权使用费不计入从萨伯克公司进口的饼干原料的实付或应付价格。为获得在加拿大以纳米可品牌生产和销售饼干的权利而支付的特许权使用费不但与进口货物无关，而且也不是进口货物出口到加拿大的销售条件。

即使销售合同明确规定了伯奇科公司不支付特许权使用费，萨伯克公司就拒绝向伯奇科销售饼干原料或中止销售合同的事宜，特许权使用费也无须计入进口饼干原料的实付或应付价格。特许权使用费与进口的饼干原料无关，而是为获得生产和销售成品——饼干的权利而支付的。

3. 一家加拿大零售商从美国经销商处购买动作玩偶。美国经销商从许可人处取得了在世界范围内销售并分销这种动作玩偶的权利，并保证每零售出一个动作玩偶就向许可人支付一定的特许权使用费。根据买方（加拿大零售商）与卖方（美国经销商）之间的销售合同，买方每月需向卖方支付特许权使用费，即当月在加拿大境内销售动作玩偶零售金额的5%。加拿大零售商必须向美国经销商支付该笔费用，然后美国经销商再将该费用支付给许可人。购买合同中规定，如果在当月最后一天特许权使用费仍未支付给许可人，经销商将中止销售合同，停止向加拿大零售商提供动作玩偶，并取消加拿大公司向经销商采购的权利。

特许权使用费应计入动作玩偶的实付或应付价格。因为特许权使用费是为进口动作玩偶并进行转售而支付的，其金额是根据动作玩偶在加拿大销售的金额决定，所以该笔费用与进口货物相关。该笔费用也是货物的销售条件，因为如果零售商没有按照购买合同的规定支付特许权使用费，经销商就有权中止合同。零售商支付的该笔费用“流经”经销商支付给了许可人。

4. 一家加拿大进口商与一家意大利服装设计公司就生产服装并以设计公司的品牌进行销售的事宜签订特许权许可协议。进口商将向泰国生产商购买成衣。根据特许权许可协议的规定，设计公司同意生产带有其商标的货物，而进口商需向其支付在加拿大货物转售价格的 10% 的费用。协议还进一步规定，特许权使用费的一半（5%）是标签的使用费，另一半（5%）是许可人在意大利直接向泰国生产商提供设计规格、颜色及材料建议的费用。进口商和泰国生产商另外签订销售合同，协议规定产品的数量和价格。许可协议和销售合同都没有提及如果进口商不向许可人支付特许权使用费，泰国生产商就拒绝向进口商销售成衣的事宜。

根据《海关法》第 48 条第（5）款（a）（iv）的规定，特许权使用费不计入进口成衣的实付或应付价格。特许权使用费与进口货物相关，但没有明确规定不支付特许权使用费所引起的后果，所以不是出口销售至加拿大的一项条件。

但是，特许权使用费中关于设计规格、建议的费用作为“协助”应计入进口成衣的实付或应付价格。《海关法》第 48 条第（5）款（a）（iii）（D）规定，在加拿大境外进行的设计以及为生产进口货物所必须支付的费用应计入进口货物的完税价格。

D13-1-1《完税价格的规定》，D13-3-12《协助》（《海关法》第 48 至 53 条）以及 D13-4-8《协助》（《海关法》第 48 条）都提供了处理“协助”的附加意见。

5. 一家加拿大批发商想要进口并在加拿大境内转售便携式无线电对讲机。该批发商与一国外生产商签订合同，以 5 美元 / 台的价格购买 50000 台无线电对讲机，且批发商需支付 1000 美元以取得这些无线电对讲机在加拿大的独家经销权。该外国生产商提供给批发商的发票只有一个价格，即 260000 美元（该生产商对整个订单和经销权费一次性收取费用）。卖方单独为批发商准备了独家经销的授权书，但没有提及费用或者不支付费用所引起的后果。

根据《海关法》第 48 条第（5）款（a）（iv）的规定，与货物实付或应付价格分列的为了取得货物经销权而支付的费用不是特许权使用费。但是，上述情况根据第 48 条第（1）款，分销权构成货物实付或应付价格的一部分，并且应计入货物的完税价格。《海关法》中没有规定已经包含在价格中的特许权使用费应当从货物实付或应付价格中扣除。

6. 某加拿大进口商与美国许可人就使用其注册商标签订了许可协议。该进口商与海地的一家工厂约定在未来 24 个月中每月提供 5000 个足球。工厂将许可人的商标印制在足球上。根据许可协议，每在加拿大销售一个带有该商标的足球就要支付 10 美元的特许权使用费，每季度支付一次。许可人拥有海地工厂的部分所有权，并且进口商与工厂的销售发票上注明：如果不支付特许权使用费就停止供应足球。

特许权使用费应计入从海地进口足球的实付或应付价格。该笔费用属于特许权使用费，并且与货物（带有商标的足球）有关。由于在买卖双方的文件中明确规定了必须支付特许权使用费才能保证继续供应带商标的足球，所以，特许权使用费的支付是销售的条件。

附录 B

本附录中第 1 到第 4 条是最高法院、联邦上诉法院和加拿大国际贸易法庭关于《海关法》第 48 条第（5）款（a）（iv）中“销售条件”的解释。

1. 加拿大国际贸易法庭对宝利金案判决：根据《海关法》第 48 条第（5）款（a）（iv）的规定，宝利金公司支付的“一揽子费用”应计入进口音乐唱片的成交价格，并责令宝利金公司缴纳关税。宝利金公司与宝利金集团签订有特许权协议，根据协议授权宝利金公司推广宝利金集团旗下的音乐和歌手，并分销、销售他们的唱片，为此宝利金公司根据净零售额计算应付的一揽子费用。

加拿大国际贸易法庭判定：该费用不属于没有受到进口唱片影响的一般费用；该费用金额根据零售价格确定，与进口货物相关。加拿大国际贸易法庭指出，因为买方不先签署许可协议就不能得到货物，所以该费用的支付是货物出口销售到加拿大的条件。

2. 加拿大国际贸易法庭在对锐步案（编号：AP-92-224，1993 年 9 月 1 日）的裁决中对第 48 条第（5）款（a）（iv）进行了解释，该案裁决：使用成交价格法应计入完税价格的费用不仅限于为专利、商标和版权支付的费用。加拿大国际贸易法庭裁决：进口商——锐步为进口货物固有的“知识产权”支付的商标费与其他应计入进口货物实付或应付价格的特选权使用费没有区别。

加拿大国际贸易法庭又表示，即使根据货物购买合同不需支付费用，只要费用的支付与进口货物有关联，它仍然被认为是销售的条件。

3. 最高法院对加拿大马特尔一案的判决（编号 2001SCC36，2001 年 6 月 7 日）进一步对“销售条件”进行了解释：如果进口商被要求支付特许权使用费，那么他就必须意识到一旦不支付费用，进口货物的供应就会被中止。最高法院裁定，马特尔加拿大公司向专利卖方支付的费用不是货物出口销售到加拿大的一项条件，并且在判决书第 68 段对“销售条件”一词进行了解释：

“除非买方不支付特许权使用费，卖方就有权拒绝向买方销售许可货物或中止销售合同，否则《海关法》第 48 条第（5）款（a）（iv）不适用。”

最高法院对该案的判决也指出：被确定为特许权使用费的费用只有在符合第 48 条第（5）款（a）（iv）的规定时才能计入进口货物的实付或应付价格，而不能根据第 48 条第（5）款（a）（v）的规定作为利润返还来处理。

作为加拿大最高司法诉讼机构，最高法院的判决效力高于之前关于第 48 条第（5）款（a）（iv）规定中“销售条件”的解释。

4. 加拿大马特尔一案的判决为当卖方与许可方不是同一人，且两者没有特殊关系的情况下如何处理特许权使用费提供了指导。联邦上诉法院关于洛克普上诉案（判决书编号：A-642-97，2002 年 4 月 10 日）发表了当卖方与许可人为同一人的情况下对特许权使用费的处理意见。联邦上诉法院支持了最高法院的判决，并对“销售条件”做了清晰、明确的界定；卖方同时作为许可人并不是特许权使用费构成销售条件的充分条件。卖方或许可方必须告知买方需支付特许权使用费，否则就无权使用将特许权使用费作为价格计算依据的货物。

加拿大马特尔与洛克普两案的判决已经阐明了第 48 条第（5）款（a）（iv）中“销售条件”条件的含义。该条件在本备忘录第 15 至 19 段有进一步的阐述。

以下第 5 至 7 条都是联邦上诉法院和加拿大国际贸易法庭在加拿大马特尔和洛克普两案之前的判决。这些判决在此列举了先前对“销售条件”

的解释。

5. 加拿大国际贸易法庭对佳娜公司一案（判决书编号：AP-94-150，1996年9月3日）的裁决：在没有证据证明进口货物的生产商与作为许可人的第三方存在特殊关系、合同关系或其他认为出口到加拿大的销售与向许可人支付特许权使用费有关系的情况下，特许权使用费不计入进口货物的实付或应付价格。该判决与加拿大国际贸易法庭早前对锐步案的判决相矛盾，当时的判决是：只要费用支付与货物购买有联系，销售条件就成立。

6. 在加拿大国际贸易法庭审理的丽姿领带公司一案（判决书标号：AP-95-182）中，进口商与许可人签订的协议允许许可人对带有商标的成品生产流程和质量进行监管。原告向与许可方无特殊关系的国外生产商或者其他转包商购买并进口货物。法庭裁定没有许可人与制造商或卖方之间有特殊关系的证据证明出口销售到加拿大和特许权使用费支付相关联。进口商购买货物的能力不受向许可人支付特许权使用费的限制。加拿大国际贸易法庭认为在锐步案中许可人缺乏对制造商的控制影响了费用支付与货物购买之间的关系。

7. 联邦上诉法院在耐克加拿大公司一案（上诉案编号：90597，1999年1月13日）中推翻了加拿大国际贸易法庭早先的判决（判决书编号：AP-95-206-212，1997年10月10日）。耐克加拿大公司为在加拿大转售由没有特殊关系的卖方生产的货物，而向有特殊关系的许可方支付特许权使用费。加拿大国际贸易法庭作出了与锐步案相似的判决：货物的购买和特许权使用费的支付相关联，向有特殊关系的许可方支付相关的知识产权费是销售的条件；根据《海关法》第48条第（5）款（a）（iv）特许权使用费应计入进口货物的实付或应付价格。联邦上诉法院推翻了该裁决，并裁定：向有特殊关系的许可人支付特许权使用费的义务源自与货物出口销售无关的单独的协议规定，它并不是进口货物的销售条件。

第二节　美国海关对于特许权使用费的估价案例 1

美国在其海关估价法规中，对于特许权使用费和许可费有明确的规定。作为判例法国家，美国海关发布行政裁定，相关判例在实践中有很大的参考意义。本书收录两个特许权使用费估价案例的海关行政裁定，供读者学习参考。

海关行政裁定编号：547226

1999 年 7 月 27 日

RR：VA 547226 DWS

类别：估价

Mr.M Barry Levy Sharretts Paley Carter & Blauwvelt，P.C

Sixty-seven Broad Street New York 10004

关于：许可费用的应税；特许权使用费

Mr. Levy 先生：

以下是对于贵方签署日期为 11 月 9 日和 12 月 3 日两封信件的回复。信中提到了关于 S.Goldberg 有限公司咨询的与某些许可费用是否应税相关的、有约束力的法规一事。对于没有及时回复我们表示道歉。

一、事实

根据你方提供的一份由 S. Goldberg（以下简称 SG）公司和华纳兄弟公司（时代华纳娱乐公司的子公司，以下简称 WB）签订的许可证协议，SG 同意向 WB 支付独家授权生产并在美国销售注册产品的许可费用。注册产品包括以下这些品种：印有 Looney Tunes 宝贝形象（经注册的华纳方财产）的童鞋、拖鞋、品牌帆布运动鞋。根据该协议，SG 可以选择在美国国内生产该注册产品，而必须将销售额的 10% 支付给 WB；SG 也可以将生产放在美国国外进行然后再返销到美国，而这种情况下则需要将 FOB 销售额的 12% 支付给 WB。产品在美国国内销售以及 / 或者进口数额超过协议中规定的“保证补偿费”时，SG 要按照以上的比率支付费用。

辩护律师指出，SG 对任何国外制造商都不拥有所有权，而 WB 对于任何 SG 的外国制造商也不拥有任何所有权。所以我们认为相关双方情况均不符合

19 U.S.C.1401a（g）的规定。辩护律师还指出，WB 没有牵涉到任何 SG 同制造商的商业交易中去。但辩护律师出示了一份某一制造商必须提供给 WB 的标准信函，要求 WB 的高层决策官员签字同意，该信函说明制造商知道与 SG（被许可人）的合作必须得到 WB 的同意。此外，被许可人（SG）必须向许可人（WB）提供生产的样品。

辩护律师和 SG 均表示 SG 和任何制造商没有任何正式的销售合同，而购买则是通过下订单的方式进行的，且所有订单均有复印存档并上交。所有这些订单文件清楚地对售出货物、货物价格、售出货物数量以及销售形式进行了描述，该描述也包括了所有产品上是如何绣上 Looney Tunes 宝贝形象的，但所有的订单并没有提及 SG 向 WB 支付许可费用的任何情况。

二、问题

根据 TAA 的 402（b）（1）（D）条款规定，由 SG 支付给 WB 的许可费用是否包含超出对于进口商品实付应付价格部分，用来作为特许权使用费支付。

三、法律条文与分析

美国对于进口商品的估价要参照 1930 年的关税法案中的 402（b）条文来确定其成交价格，1979 年的贸易协定（TAA）对该法案进行了增补。编纂为 19U.S.C.1401a。TAA 的 402（b）（1）条款的相关部分提到，成交价格应作为出口销售至美国的进口货物的实付应付价格，并列举了法定的附加部分。因此，基于该法规的目的，我们认为成交价格应作为估价的基础。

TAA 的 402（b）（1）条款对实付应付价格还有五项附加部分，其中一项可以在 TAA 的 402（b）（1）条款中找到：

（D）买方直接或间接支付的与进口货物有关的任何特许权使用费和许可费用，以此作为将商品出口至美国的条件。

辩护律师认为 SG 支付给 WB 的许可费用不属 TAA402（b）（1）（D）条款规定的特许权使用费，不应包含在进口货物的实付应付价格之中。

关于特许权使用费和许可费用是否应税，行政法案（SAA）中包含了相关的条款：

[a] 作为附加部分的特许权使用费和许可费用将限于由买方直接或间接支

付，作为进口货物出口销售至美国的一项条件。在这种情况下，对于从加工到制造完成的进口货物专利的特许权使用费和许可费用都是应税的，而在美国境内用来支付进口商品版权和商标而付给第三方的特许权使用费和许可费用应被考虑为买方的销售费用，因而将是不应税的。但是，买方支付特许权使用费和许可费用是否应税是因案例而异的，而且最终还要视以下情况而定：i）买方是否支付该费用作为将进口货物出口至美国的必要条件；ii）该费用在何种情况下支付给哪方。例如，如果买方通过向第三方支付费用的方式以便在美国境内使用进口货物的商标和版权，而支付的该费用并不是作为向美国出口该商品的必要条件的话，那么该费用不应计入到实付或应付价格中去。相反，如果买方承担的该费用是作为向美国出口该商品的必要条件的话，那该费用将被计入到实付或应付价格中去。

如上所述，行政法案说明了为了在美国使用进口货物的版权和商标而支付给第三方的特许权使用费和许可费用是不应税的，但具体还要视在何种情况下支付给具体哪方来决定。一个非常重要的条件是看特许权使用费和许可费用是支付给卖方或与卖方有关的另一方还是给无关的第三方。在我们的这个案例中，SG 向 WB 这个不相关方支付了许可费用，WB 既不是进口货物的卖方也不是与卖方有关联的另一方。

关于特许权使用费和许可费用是否应税的问题，我们已在 1993 年 2 月 10 日出版的海关公告中的《关于特许权使用费支付应税情况的通知》中进行了分析，之后我们都把这个通知简称为“Hasbro II”。在通知中，我们提到要确定特许权使用费或许可费用是否与“进口货物”有关以及是否被作为销售的必要条件，就必须先解决好几个相关问题。通知中提到的问题如下：（1）进口货物的制造是否受专利保护？（2）特许权使用费或许可费用是否涉及该进口货物的生产和销售？（3）进口商可否不付该费用而直接购买产品？尽管对于以上问题的回答决定了特许权使用费和许可费用是否应税，然而根据 TAA 法案 402（b）（1）（D）条款，对于前两个问题的否定回答以及对于第三个问题的肯定回答就已经告诉我们本案的特许权使用费和许可费用是不应税的。

通知的第一个问题问到进口商品是否在专利保护下生产。尽管辩护律师提供的信息并没有明确指出进口商品的生产是否受专利保护，但辩护律师已经宣称该进口商品的生产并没有受专利保护。因此，我们认为，鉴于该法规的目的，该进口商品的生产不受保护。

通知中第二个问题提到特许权使用费是否和许可费用涉及该进口货物的生产和销售。这个问题实际上是对于第一个问题分析的延伸。在我们的这个案例中，许可费用的支付是为了将许可人的商标用于在美国销售的货物的生产和出售。根据“Hasbro II”，回应第二个问题，之前的法律中并未对支付商标和版权是否应税有过明确的规定。因此，决定特许权使用费或许可费用是否涉及该进口货物的生产和销售，也就是特许权使用费或许可费用是否与进口货物有关的问题，行政法案（SAA）的相关条文已经提到过了。

在这个案例中，我们已经认定，对于使用注册形象的费用与该进口商品有关并且涉及该商品的生产与销售。这是基于前文中提到的生产商必须向WB提供相关信函以表示制造商知道与SG的合作必须得到WB的同意这一事实而得出的结论。尽管是由被许可人（SG）确定制造商，但还必须得到获得许可费用的许可人（WB）的同意。此外，存档的订单还清楚地告诉我们制造商被要求在产品上绣上特定的LooneyTunes宝贝的形象。

对于第二个问题的回答并没有明确指出TAA的402（b）（1）（D）条款规定了许可费用是否应税。行政法案（SAA）中指出，我们必须考虑许可费用是否是进口货物销售的必要条件。海关于是就通过第三个问题来确定进口商是否可以不支付该费用而购买该产品。这是支付的费用是否作为销售的必要条件的核心问题。在这里，所有的资料都表明SG可以从销售商那里购买商品并进口该商品而不用向WB支付许可费用。根据协议，SG并没有义务对在国外购买注册商品然后进口到美国而支付任何许可费用。

再者，如上所述，基于对归档文件的查证，没有证据证明许可费用与进口货物的销售协议或购买合同有任何联系（比如，销售商要求SG向WB支付许可费用）。

正如协议中提到的那样，WB必须对于任何制造商进行认证，并对所有印有其商标的商品进行质量控制，这种控制证明支付许可费用是进口货物销售的必要条件。而我们也注意到，质量控制的条款是注册商标协议中的规范性条款，而先前我们也提到，为在美国使用商标而向第三方支付的许可证费用是不应税的。可参照West Legal Form第25单元，第二版。制造商提供的信函也说明，制造商并没有强行要求SG向WB支付许可费用，也没有以破坏合作关系为砝码要求 SG 向 WB 支付许可费用。

基于辩护律师的陈述以及上交归档的所有相关文件，说明并没有关于此次交易的正式合同。我们认定许可费用的支付不是进口货物出口至美国的必要条件。而且根据 TAA 的 402（b）（1）（D）条款，许可费用也不能包含在货物的实付或应付价格之中。

我们注意到协议的第八项条款提及了许可人对注册商品的工艺的使用这一问题。如果许可人在合同规定的范围内向制造商提供所有产品的工艺（Artwork），而该产品又是在美国以外的国家生产制造的，那么根据 TAA 的 402（b）（1）（D）条款，再参照 TAA 的 402（h）（1）（A）（iv）条款的内容，会对此案例提供一定的帮助。

四、结论

根据 TAA 的 402（b）（1）（D）条款，SG 向 WB 支付用来作为特许权使用费的许可费用不应包含在进口货物的实付应付价格之中。

第三节　美国海关对于特许权使用费的估价案例 2

海关行政裁定编号：545612

1995 年 5 月 25 日

VAL R：C：V545612 LPF

类别：估价

Katten Muchin & Zavis 525 Westy Monroe St. –Suite 1600 Chicago，IL 60661-3693

关于：出口销售；涉及商标使用的特许权使用费

一、事实部分

Sears 公司从新泽西的 York 箱包公司购得一批箱包，并通过其零售店进口和销售。您指出根据税法的规定 York 公司与 Sears 公司不存在关联关系。

您指出 Sears 公司向 York 公司提供了价格、数量、生产标准，以及其他规格和要求以使 York 公司能够找到合适的生产商来提供这些货物。一旦 Sears 公司与 York 公司就产品价格和特点达成共识，双方将签订采购合同。Sears 公司支付的价格，包含了在 York 公司向中国、泰国及台湾地区的无关联独立生产商所支付价格基础上的利润加成。您提交的文件中包含了一份样本合同，以及 York 公司向 Sears 公司、生产商向 York 公司开具的发票。

根据 Sears 公司与 York 公司之间的采购合同，箱包从独立生产商处运往美国的 Sears 公司。生产过程中，您指出货物被指定运往 Sears 公司而且不能销售给 York 公司在美国境内其他地区的客户。采购合同规定："每个尺寸及颜色的箱包，在完成贴标及包装后 / 正式生产前必须提交两个样品。"从工厂装运时，每个箱包都有一个 Sears 公司的库存编号以及条形码。此外，在装运前箱包都会附上一个"Jordache"的吊牌。最后，您指出箱包及其外包装已包含了进口至美国市场所需的全部标记。据此，您的观点是这批货物由独立生产商销售给 York 公司时明显地指定出口到美国，因此这些销售构成了公平独立交易。因此，您要求海关按照 York 公司支付给国外生产商的价格来对进口箱包进行估价。

所讨论的箱包带有"Sears"或者"Jordache"的标牌，York 公司是美国国内 Jordache 商标的授权被许可人，Sears 公司知道 York 公司向 Jordache 支付特许权使用费以在其销售给美国顾客（包括 Sears 公司）的箱包上使用该商标。York 公司支付的特许权使用费相当于其向 Sears 公司收取的费用的 7%。Sears 公司不是货物上所附商标的被许可人。因此，您认为 Sears 公司是货物的采购方而不是任何商标权的被许可人，这些货物由 York 公司经授权使用 Jordache 商标。

对那些使用 Sears 公司的商标销售的箱包，York 公司并未支付特许权使用费。因此，York 公司支付的价格仅包含了出厂价格以及利润加成。York 公司支付的使用 Jordache 商标进行销售的货物的价格包含了同样的加成。然而，为了维持其销售附带 Jordache 商标的箱包的利润，York 公司调整了向 Sears 公司的销售价格以涵盖 7% 的特许权使用费用。因此，该特许权使用费用成为了 York 公司所支付的货物全部价格的一部分。在此种价格设定下，York 公司在所有销售给 Sears 公司的箱包的出厂价格上使用了相同的利润加成，无论其附带的是 Sears 公司的商标还是 Jordache 商标。然而，使用 Jordache 商标销售的箱包包含了额外的 7% 以涵盖 York 公司支付的特许权使用费。您认为 York 公司支付给 Jordache 的费用不构成应税的特许权使用费。

二、争议

国外生产商与 York 公司之间的交易价格是否构成估价的基础，以及所讨论的特许权使用费是否属于应税的特许权使用费而应当计入成交价格。

三、法律与分析

根据相关法律，对进口至美国的货物的首要估价方法是成交价格方法。根据税法的相关规定，进口货物的成交价格是指“出口销售至美国的货物的实付应付价格”，附加列明的法定增加项目，包括买方必须支付的、与进口货物有关、作为出口销售至美国的一项要件的特许权使用费，以及卖方获得的因进口货物的转售、处置或使用而产生的任何收益。

根据税法规定“实付应付价格”是指“买方为进口货物向卖方或为卖方利益而已经支付或将要支付的全部费用（无论直接或间接支付，不包括货物国际运输途中因运输保险及相关服务而产生的任何成本或费用）”。

四、出口销售

根据 J. L.Wood 案件，海关对术语“销售”的定义是：财产由一方向另一方的转移。为了确定进口货物是否存在发生于买方和卖方之间的真实销售，任何单独的因素都不是决定性的。而且，该销售关系必须通过对整个时间的审查后确定，并视每个案件本身的事实和环境而定。

然而，某些要素会说明买卖双方之间是否存在真实的销售。为了确定财产及所有权是否已经转移，海关会考虑买方是否已经承担了进口货物的灭失风险并获得了进口货物的所有权。此外，海关会审查买方是否已为该货物支付了价款，以及总体上双方的作用和交易的情况是否表明双方起到了买方和卖方的作用。

为了确定所讨论的交易中的双方关系是否构成买方和卖方、双方在交易中是否保持独立而不像一个主要代理、买方是否控制了卖方的行为，必须考虑下列买方活动的相关因素：

1. 提供了或能够向卖方提供说明；

2. 能够自由地按照其期望的价格销售货物；

3. 选择了或能够选择其客户而不顾及卖方；

4. 能够订购进口货物并装运至其仓库。

通过审核所提交的材料我们认为，他们没有确认国外生产商和 York 公司之间是否存在真实的销售。根据条款 19U.S.C.1484（a），进口商必须在进口清关、填报其他内容的同时向海关申报货物的价格。因此，如果进口商能够提供足够的证据表明发生了真实的销售，以前的两个案件的结论将与此案件相关。特别是，这些结论或许与确定一项销售是否明显指定出口至美国，或者成交价格是否应当基于生产商的价格而不是中间商的价格有关。为了讨论本案件，我们假定该进口商能够证明在生产商与 York 公司之间发生了真实的销售。

在以前的两个案件中，分别讨论了涉及国外生产商、中间商以及美国采购商三方销售安排的进口货物的征税价格。每个案件中的中间商都是报告中的进口商。两个法院都认定生产商的价格，而不是中间商的价格。在生产商与中间商交易时符合估价法律的规定因而是有效的。两个法院认为根据估价法律要使一项交易可行，它必须是通过公平协商而不受任何非市场因素影响，并且涉及“明显指定出口至美国”的货物。

关于这一特殊问题，您指出中间商 York 公司与国外生产商不存在关联关系而且国外生产商与 York 公司之间的销售构成了公平独立的交易。此外，您提供了证据证明货物是指定销往美国的。所提供的涉及进口商、Sears 公司以及中间商的采购合同表明箱包是根据进口商的规格设计和生产的。这些合同同时规定由生产商提供的投入生产前的样品必须提供给进口商。

此外，箱包由工厂运出时包含了 Sears 公司的库存编号以及条形码。箱包与外包装均包含了进口至美国所需的所有标记。最后，您提供了国外生产商与 York 公司以及 Sears 公司与 York 公司之间的发票，表明箱包将直接从生产商处运往 Sears 公司。基于这些证据以及之前生产商与 York 公司之间存在真实销售的假设，中间商与国外生产商之间的销售被认为是一项公平的销售，而且根据 402（b）（1）节的规定货物属于“出口销售至美国”。这一观点与

1994 年 3 月 4 日的 545271 号裁定一致。

五、特许权使用费的应税问题

根据所提供的信息，既然该特许权使用费不构成 York 公司支付的实付应付价格的一部分，我们就必须考虑这些费用是否构成特许权使用费或应当加入货物价格的收益。在这点上，相关法律解释为“应当计入货物价格的特许权使用费应当是买方必须支付的，无论直接或间接，并且作为进口货物出口销售至美国的一项要件。支付给在美国境内的第三方、以使用与进口货物有关的版权和商标权的特许权使用费，通常被视为是买方的销售成本而无须征税”。

为了确定特许权使用费是否应税，基于上述的法院结论，海关会将三个要素结合起来加以判断。这三个要素是：1. 进口货物是否使用专利技术生产；2. 特许权是否与进口货物的生产或销售有关；3. 进口商是否可以不支付该费用而购得货物。肯定前两个要素并否定第三个要素的情况下，才能说明该费用是销售的一项要件，特许权使用费应当征税。

首先，箱包不是使用专利技术或商标生产的。箱包是由与 Jordache 商标无关的独立国外生产商生产的。其次，特许权与进口货物的生产和销售无关。本案中的特许权，是为了在美国国内使用 Jordache 商标而支付的。支付给 Jordache、一个无关联第三方的权利所有人的费用，与支付给国外生产商的费用是分开的。最后，显然不支付该费用也可以买到箱包。事实上，一部分箱包贴上了 Sears 公司的商标，与贴 Jordache 商标正相反。我们知道如果购买的箱包没有 Jordache 商标，双方也没有文件或协议要求必须将特许权使用费支付给 Jordache。因此，所讨论的特许权使用费不构成进口货物销售的一项要件，所以根据 402（b）（1）（D）节的规定无须计入进口货物的实付应付价格。我们没有从特许权协议中看到任何与该决定相反的内容。无论如何，我们赞同 1994 年 2 月 22 日的 544923 号裁决在这点上是有益的。

我们注意到该费用根据 402（b）（1）（E）节的规定不构成收益，因为他们并没有将其作为转售、处置或使用货物的收益而直接或间接返还给卖方。参见相关法律。

如果进口商无法确定国外生产商与 York 公司之间存在真实的销售，并且确定成交价格是基于 Sears 公司为进口箱包而支付的价格，上述对特许权使用费或收益的分析就不适用。

六、结论

基于上述事实和假设，进口货物的成交价格应当以中间商 York 公司向国外生产商支付的价格为基础确定。本案中，支付给 Jordache 的额外费用不构成应税的特许权使用费，无须计入进口货物的成交价格之中。

参 考 文 献

[1] 张守文．税法原理 [M]. 北京：北京大学出版社，2009.
[2] 陈清秀．税法之基本原则 [M]. 台北：台湾三民书局，1994.
[3] 陈敏．德国租税通则 [M]. 台北：台湾“财政部”财税人员训练所，1985.
[4] 刘剑文，熊伟．税法基础理论 [M]. 北京：北京大学出版社，2004.
[5] 北野宏久．税法学原论 [M]. 陈刚，杨建广，等译．北京：中国检察出版社，2001.
[6] 李峥嵘．跨国公司对外支付的特许权使用费所涉海关稽查的应对措施 [J]. 商界论坛，2014（21）：254-255.
[7] 施正文，贺燕．论实质课税原则的税法定位 [J]. 财税法论丛，2013（13）：347-367.
[8] 李永强．我国避税与反避税存在的问题及其应对策略 [J]. 齐齐哈尔工程学院学报，2016（3）：79-81.
[9] 张守文．论税收法定主义 [J]. 法学研究，1996（6）：57-65.
[10] 胡燕．国际贸易中特许权使用费海关估价标准的分析和适用 [J]. 中国经贸导刊，2016（8）：9-10.
[11] 王丽菊．企业所得税反避税规定完善之建议 [J]. 时代经贸，2007（10）：166-167.
[12] 欧阳爱辉．论反避税法的基本原则 [J]. 重庆社会科学，2007（10）：86-88.
[13] 袁勤．论避税的基本规制模式 [J]. 财会通讯（理财版），2007（3）：83-84.
[14] 海关总署关税征管司．审价办法及释义 [M]. 北京：中国海关出版社，2006.
[15] 刘尚华．浅议税收规避和实质课税原则 [J]. 知识经济，2012（1）：32-33.
[16] 江莹．浅析实质课税原则 [J]. 法制与社会，2007（11）：306-307.
[17] 刘映春．实质课税原则的相关法律问题 [J]. 中国青年政治学院学报，

2012（1）：113-117.

[18] 李刚，王晋 . 实质课税原则在税收规避治理中的运用 [J]. 时代法学，2006（4）：65-70.

[19] 马巍巍 . 试析向第三方支付特许权使用费的销售条件构成 [J]. 海关与经贸研究，2016（11）：100-107.

[20] 郑鸿，戴炜 . 浅析实质课税原则在现实之运用 [J]. 法制与社会，2007（1）：389-390.

附　录

附录一　WTO 估价协定第一条注释与附件三第七段的关系

谷儒堂

按：本文选自谷儒堂专著《WTO 估价协定与中国估价制度》（中国海关出版社，ISBN7-80165-066-2，2002 年），后经整理以《WTO 估价协定第一条注释与附件三第七段的关系——兼论〈审价办法〉实付或应付价格的含义》为题，发表于《中国对外贸易》2003 年第 4 期。本文研究的重点虽然不是特许权使用费问题，但对于理解和解决海关与相对人关于特许权使用费的分歧，完善立法有一定参考价值。

一、问题的提出

第一条注释规定："实付或应付价格是指买方为进口货物向卖方或为卖方利益已付或将要支付的全部价款。"在这里，实付或应付价格是对进口货物的支付，即卖方有向买方转移货物所有权的给付义务，而买方有向卖方给付货物价款的义务。这两项给付，互为对价，是买卖合同的最基本特征。

附件三第七段规定："实付或应付价格应包括作为进口货物销售的一项条件而由买方向卖方或由买方向第三方为清偿卖方的债务已付或将要支付的全部价款。"这段说明，似乎只是再次就本协定第一条及其注释有关实付或应付价格的定义加以确认。所不同的是，只增加了实付或应付价格计入完税价格须以该项支付作为销售的一项条件。这一条件的加入是否意味着引入某种不确定性或灵活性，以便发展中国家在适用成交价格时可利用该规定对价格作某种调整并不明确。因为从字面看，买方支付的款项，只需要销售的一项条件，纵使其非为第八条所列举的项目，似也可计入完税价格。

本协定第一条注释与第七段都对实付或应付价格作了界定，这两者的关系究竟如何则是仁者见仁，智者见智。有鉴于此，海关合作理事会的估价技术委员会在第22次会议上进行了讨论。经过讨论，最后形成两种意见：

一种意见认为，附件三第七段的定义并未超出第一条的范围，只是对第一条加以澄清，即第一条的规定应包括附件三中作为“销售的一项条件”的内容。

另一种意见认为，附件三与附件一一样都是《估价协定》不可分割的组成部分，享有同样的法律地位，各自的定义是单独并列成立的，而不是一部分被另一部分所包容，因此不存在谁“澄清”或“修订”谁的问题。

由于人们对两者的关系理解不同，在海关估价实践上就必然会产生不同的估价结果。下面，我们通过一个实例来说明。

范例：买方向卖方购买机器。除提供机器外，卖方还向买方提供如何使用机器的培训。该培训费已计入货价中。在这种情况下，于境外发生的该培训费能否成为完税价格的一部分？

海关估价技术委员会分如下三种情况进行了研究：

（1）如果合同规定是否培训取决于买方，则该费用的支付与被估货物无关，不能计入完税价格。

（2）如果合同规定无论买方是否参加培训均应支付培训费，那么，该费用的支付就构成了一项销售条件，就应计入完税价格。

（3）如果合同规定，买方必须参加培训并支付培训费，那么该费用应计入完税价格。

国际商会认为，上述第1、2的结论是错误的，因为培训与机器的销售无关，它只是售后服务的一部分。

1993年3月，海关估价技术委员会在25次会议上原则通过了上述结论。

二、对问题的看法

《估价协定》第一条的注释及附件三第七段关于实付或应付价格的规定

究竟是何种关系，确实需要研究，因为它关系到各成员如何将其转化为国内立法，关系到本协定能否统一实施。我们认为，这两者之间的关系存在着某种统一性，并非绝然对立。在第一条注释中，买卖双方互为对价，如果买方不支付货物的价款，销售当然不会发生，从这个意义上说，买方支付货物的价款也就是一项销售条件。这说明第一条注释与第七段是统一的。但是，第七段所说的“销售条件”的范围似乎比第一条注释中买卖双方互为对价要广，也就是说，买方除了支付货物价款外，如果还有其他支付，只要这种支付构成一项销售条件，也属于实付或应付价格的一部分。这样，就会出现一个如何适用的问题。

根据《估价协定》第十四条的规定，附件一与附件三都是本协定的组成部分。这样，在一部法律中就出现了两个法条都涉及实付或应付价格的问题。我们认为，第一条的注释与第七段，属于普通条款与特别条款的关系。也就是说，第一条注释是关于实付或应付价格的基本规定，而第七段则是关于实付或应付价格的特别规定。因此，在适用上应遵循特别条款优于普通条款的原则。具体地说，当出现附件三第七段的情形，即作为进口货物“销售的一项条件”（as a condition of sale）的情形，而其他法规又未明文规定时，应将买方支付的全部价款作为实付或应付价格，计入完税价格，如上述 CCC 技术委员会关于培训费处理方式就是如此处理的；当出现了附件三第七段规定的情形，而其他法规有专门规定（如 WTO 估价委员会决议）时，则按照特别法优于普通法的原则从其规定。

WTO 估价委员会的决议虽然不是《估价协定》本身，但毕竟是各成员意志的体现，具有法律约束力，各成员应予以遵守。我们认为，估价委员会的决议属于法律解释，即对《估价协定》的法律解释，属于“特别法”。根据特别法优于普通法的原则，在有关估价待遇问题上应首先适用 WTO 估价委员会决议。

例如，根据 WTO 估价委员会关于利息 3.1 决议，即使利息构成进口货物交易的一项条件，其利息也不能成为完税价格的一部分，因此，对于利息的处理，只能依 3.1 决议办理。

三、论证

我们通过对《估价协定》及估价委员会决议、估价技术委员会有关结论以及成员国估价法规的研究发现，上述结论足以作为一项基本原则，解释有关结论及解决估价实践中遇到的有关问题。为了便于对该结论的理解，我们分下列几种情形加以论证。

1. 利息

在延期付款的条件下，有两种可能性：买方要么支付利息，要么支付比原议定价格要高的价格。依第一条注释，由于这部分利息或价格不是对该货物的支付，而是对权利的支付，因而不能成为完税价格的一部分。然而，如果根据附件三第七段的规定，利息则应计入完税价格。这是因为，延期付款毕竟是买卖双方意思表示，是销售货物的一项条件，否则买方就得不到该实物。

根据特别条款优于普通条款的原则来处理利息问题，其结论应该是：利息应计入实付或应付价格。但是，1984 年 4 月 24 日海关估价委员会正式通过了下述决议：利息若由买方在融资协议中提出且与进口货物的采购有关，不应将其视为完税价格的一部分。在这种情况下，应根据特别法优于普通法的原则，在利息估价待遇上首先适用 WTO 估价委员会决议。这也论证了我们上述结论的正确性。

2. 关于担保佣金

海关和贸易界对担保佣金一词的使用不太严格。简单地说，担保佣金是指为保证货款的承付而支付给中间人的佣金。它可以是卖方为请求其所在国银行确认买方银行开出的信用证而支付的手续费，也可以是卖方向本国专门的政府部门或商业保险公司支付的担保保险金，也可以是担保银行根据交易金额和风险大小向卖方收取的担保费用。以上都是有关部门因承担买方无力偿付货物款项所造成的风险而向卖方收取的费用，而卖方都会将其转嫁给买方。为了不让买方知道卖方对其不信任，卖方往往把担保佣金与货款合并，但有时也将二者分列。

1988 年 3 月，在海关估价技术委员会第 17 次会议上，津巴布韦提出对担保佣金估价困难，希望委员会予以研究。1989 年 3 月，在 19 次会议上代表们进行了广泛的讨论。

一种意见认为担保佣金不同于其他佣金，如同延期付款的利息费用（按规定不计入完税价格）；担保佣金也不是一项销售条件，因为当担保佣金与货款合计时，买方往往不知道担保佣金的存在。如果担保佣金与货款不能分开，则按全额估价，如能分列，则不应将其计入完税价格。国际商会、澳大利亚、新西兰、欧共体和美国等多数代表持此看法。加拿大代表则认为，应明确担保佣金对谁有利的问题。他指出，担保佣金的直接受益人是卖方而不是买方，而由买方负担即成为“买方为卖方利益直接或间接支付的费用”，从而构成实付或应付价格的一部分。开具发票的方法并不能作为改变海关估价的标准，否则会出现将货物生产费用与各种杂项费用分开开票的危险。

后来，在 1990 年和 1991 年有关会议上，又进行了广泛讨论，但很难达成共识，从而形成两种对立的观点：一种意见认为，担保佣金是一种金融服务的费用，不是《估价协定》第一条项下的支付，因而不能计入完税价格。另一种意见认为，担保佣金的支付是买方应卖方的要求进行的，因此，有关费用的支付，显然是货物销售的一项条件，属于附件三第七段规定范围，因此应作为实付或应付价格的一部分计入完税价格。

澳大利亚代表强调，如果某个买主出于自身利益（即便是按卖方要求）为履行协议而支付担保佣金，这笔费用不应作为实付或应付价格的一部分，但如果买方向卖方作为货物出售一项直接或间接的条件而支付担保佣金，以履行其向卖方承诺的一项义务，这样的支付便可属于附件三第七段规定的范围，应计入完税价格。

国际商会观察员认为，尽管有附件三第七段的规定，相当于担保佣金的费用也绝不能作为货物实付或应付价格的一部分。因为这项费用与货物无关，它属于金融方面的费用。他认为，从某种意义上讲，这项费用与海关估价中延期付款的利息相同，关贸总协定估价委员会曾决定利息不计入完税价格，担保佣金也应按此办理。

加拿大和芬兰的代表不同意这个观点，他们认为担保佣金这一类费用属于实付或应付价格的一部分。其理由是：倘若卖方为了保证收回货款，自己求助于某个银行为买方开出信用证或以其他承付的许诺进行担保，这是一般商业活动，与利息有根本区别，对承付的担保是交易的一个条件，卖方一般是在货物出口前进行这项活动，因此它应作为实付或应付价格一部分计入完税价格。

从上述争论中我们可以看出，问题的关键在于采用何种依据，即是根据

第一条注释还是依据第七段的问题。如果依据第一条注释，担保佣金则不能计入完税价格；如果依据第七段，则应计入完税价格。如果我们用特别法条优于普通法条的原则去解释，那么，担保佣金自然要计入完税价格。用这一原则处理这一问题，至少说明不是错误的做法，是符合协定的原则与宗旨的。

3. 关于配额成本

为解决双边贸易问题，出口国与进口国达成配额协议，以免扰乱进口国市场。在配额有限的情况下，没有配额便得不到出口许可证。进出口商为获得配额而支付的费用能否成为完税价格的一部分，就成为一个问题。

依第一条注释规定，则该费用不是对“该货物”的支付，而是对权利的支付，因此不能计入完税价格。但是，按附件三第七段规定，配额成本已构成外销至进口国的一项交易条件，因为没有配额该货物便无法出口，买方便无法得到该货物。因此，配额成本应计入完税价格。按照特别条款优于普通条款的原则，配额成本应依附件三第七段规定。在实务上，对此类问题的处理，取决于各成员国立法。加拿大将该问题分为四类予以解决：

（1）配额持有人将配额成本与货价合并，由进口商支付——应计入完税价格；

（2）配额持有人将配额卖给被估货物出口商——不论发票是否列明，应计入完税价格；

（3）配额持有人将配额售予某一中间商，该中间商再将配额卖给被估货物的出口商，或进口商的代理商——尽管进口代理商不实际购买货物，但没有该配额货物不能进口，因而也需计入完税价格；

（4）配额持有人将配额售予进口商的代理商，但不随同货物出售——估价待遇与上述（3）同。

从上述规定可以看出，加拿大基本上是根据第七段处理配额成本的。这也反过来论证了我们的观点是正确的。

4. 保修期支付的保险费

在1989年10月第18次会议上，芬兰向海关估价技术委员会提供了一份有关保修期支付的保险费的实例：

卖方在与买方签订的汽车销售合同中，作为销售的一项条件，规定卖方将提供两年保修（零件和修理）。第一年的保修费包括在买方付给卖方的货价中，至于第二年的保修费，卖方与某一保险公司签订了一份合同，由该保险公司全额支付，该保险公司向卖方收取保险费，而卖方转向买方收取。该保险费如何处理？

海关估价技术委员会作出如下结论：

根据估价协定附件三第七条的规定，作为成交价格基础的实付或应付价格，包括“作为进口货物销售条件”已付或将要支付的全部价款。基于本案例所述事实，买方第一年支付的保修费和第二年为保修支付的保险费应计入完税价格。

但是，国际商会的观察员认为这一结论是完全错误和不能接受的。他指出，根据《估价协定》第一条的规定，成交价格的基础是“买方为进口货物”而支付的实付或应付价格。而保修费只是为保修服务（当地费用和更换的零件），而不是为原来的进口货物（汽车）支付的费用。他表示，附件三不能凌驾于《估价协定》之上，如果保修费可以与货款分开的话，则不能计入完税价格。

海关估价技术委员会最后通过了上述案例研究。

海关估价技术委员会的决定进一步论证了我们的结论是正确的，即作为特别条款的附件三第七段在适用上自然优先于第一条的注释。

5. 商标权利费

下面我们介绍两个有争议的案例，以加深对上述问题的理解。

（1）《咨询意见》（草案）4.8

进口商与鞋的商标拥有人签订协议，为进口带有该商标的鞋支付商标权使用费。进口商另外与制鞋商签订进口带有该商标的购鞋合同。草案结论：因购鞋合同与商标专利权使用费合同互无关系，鞋的销售不是以支付商标权使用费为条件，因此，进口商为商标权而支付的费用不应计入实付或应付价格。

澳大利亚代表认为，为商标支付的权利费虽然不是进口鞋的销售条件，但商标拥有人为保证其商标的信誉，不可能不对制鞋商提出生产设计和质量方面的要求；进口人也可能通过支付权利费而取得制鞋商标、设计和工艺，并免费提供给制鞋商用于进口鞋的生产。因此，该“权利费”实际上是属于第八条第一款第二项第四分项的费用，应计入完税价格。这一意见得到了欧共体的支持。新西兰代表也表示，虽然草案中的权利协议和购鞋合同是分开的，但海关难以接受为商标所支付的费用和为带商标的鞋所支付的费用之间会没有关系的观点，因为商标和鞋是不可分的。

国际商会同意草案的意见，并表示在此问题上引用第八条第一款第二项第四分项是危险的。

（2）《咨询意见》（草案）4.12

买卖双方同为拥有进口货物商标权的母公司的子公司。进口货物的销售合同中未要求支付商标权使用费，但买方作为子公司，必须为使用与进口货物有关的商标向母公司支付商标权使用费。草案结论：虽然销售合同条款中没有支付商标权使用费的要求，但买方作为子公司必须向母公司支付这一事实，即可视为一项不言而喻的销售条件。因此有关权利费应计入实付或应付价格。

美国、加拿大代表指出，草案应该对连带关系如何影响商标权使用费的估价的因果关系加以进一步分析，应明确货物销售合同与商标权使用费合同的关系。

奥地利代表指出，连带关系起着关键的作用。连带关系本身，即足以构成商标权使用费计入完税价格的原因。芬兰代表也表示，在有连带关系的交易中，没有母公司的商标，子公司是不能销售其货物的。因此，子公司使用母公司的商标是一项义务。

国际商会代表说，子公司使用母公司的商标这一事实本身并不构成货物的销售条件，因为商标权并非与进口货物本身有关，而是与货物进口后商标的使用有关。案例的事实不足以支持其结论。

四、立法建议

我国已加入 WTO，如何将《估价协定》转化为国内立法是一件十分重大的事情。目前，我国正在草拟《关税条例》和《审价办法》，需要群策群力。为此，我们建议，在界定“实付或应付价格”时，应将《估价协定》第一条的注释及附件三第七段有机结合起来，或者将附件三第七段的内容通过行政决定形式予以体现。这样做至少有以下好处：

（1）有利于提高行政效率。随着国际分工及科学技术的发展，国际贸易会越来越复杂，新情况、新问题会不断出现，诸如利息、配额成本、保付佣金等等，需要海关制订统一规则。如果问题出现一个解决一个，海关总署就会被这些具体问题所纠缠，不利于宏观调控和提高行政效率。

（2）有利于保障关税收入。如果将附件三第七段内容写入估价规章，有关费用就会计入完税价格，从而有利于增加关税收入。

附录二　全通背景下加强基层海关稽查工作的思考

扬州海关课题组

随着全国通关一体化改革的深入推进，在“两中心三制度”总体框架下，海关系统的组织架构与业务运行模式发生了深刻的变化，与之相配套的隶属海关功能化改造赋予了不同类型海关更加精准的功能定位。在整个海关监管体系中，属地海关的事后监管成为口岸海关快速通关的重要保障，稽查成为属地海关后续监管的重要手段。基于这样的背景与任务，基层海关稽查工作有着再认识、再思考的价值与必要。

一、全通改革对基层海关稽查工作的新要求

《海关全面深化改革总体方案》中明确，稽查是“三支力量”之一，侧重后续监管和合规管理，按照集约高效和协同治理的原则，由稽查部门统一承担后续监管职责。根据新任务，重新思考基层海关稽查部门的职能定位，明确全通改革提出的新要求尤为重要。目前基层海关稽查部门主要职能包括稽查、保税核查、减免税核查和后续核查，作业来源主要是接收指令和自主分析。“多查合一”的改革仍在讨论和推进中，可以预见的是“多查合一”之后，稽查部门的职能和业务量会进一步增加。

（一）全通改革对基层海关稽查部门更新工作理念提出新要求

全通改革是海关全面深化改革的重点，其核心是通过“两中心三制度”的设计，打破现有的三个层级的管理模式，形成“天下一关”的格局，实现集约高效的管理。从隶属海关来讲，部分属地型海关通过功能化改造可能只保留稽核查和其他部分功能，实现跨区域的监管。这一方面是对海关传统管

理理念的挑战，稽查部门需要转变“各自为政、各管一块”的理念，从“天下一关”的角度来执行各项指令和开展工作；另一方面，在执法上，目前基层海关的稽查工作仍较多地停留在“以查促打”“以查促税”的层面，围绕有效率、税收等考核指标开展工作，后续监管和合规管理的概念不够深入，职责定位不够明确，全通改革后，应当主动更新理念，坚持改革导向，转变传统的“以查发问题为根本任务”的理念，明确自身在海关监管链条中的职能作用，以“治”代“管”，积极引导和规范企业实施合规管理，高效承担起后续监管的任务，为有效解决企业快速便利通关与海关严密监管的矛盾发挥重要作用。

（二）全通改革对基层海关稽查部门完成监管任务提出新要求

根据《全国通关一体化改革框架方案》的要求，全国通关一体化是通过机构重组、制度重构、流程再造，以“两中心三制度”为结构支撑，实现海关监管管理体制改革，而“一次申报、分步处置”是通关流程再造的核心内容，通过改变海关原有的接受申报、审单、查验、征税、放行的“串联式”作业流程，相对分离安全准入和税收征管作业，将价格、归类、原产地的审核向后推，由税收征管中心在货物放行后对报关单税收征管要素实施批量审核，筛选风险目标，统筹实施放行后验估、稽（核）查等作业由稽查部门承担。商品的复杂性和财务管理的专业性对稽查人员的综合素质提出新要求，需要稽查人员能够全面掌握各项业务技能，但基层海关稽查部门的人员往往在某一业务领域较为突出，而综合素质较强的“全能型”人才较少，因此在全通改革的背景下，基层海关稽查部门的工作难度加大，后续监管任务日益加重。

（三）全通改革对基层海关稽查部门提高管理效率提出新要求

通关一体化改革构建的是结构扁平、管理集约、协调统一的管理格局，根据“两中心三制度”框架结构的设计，直属海关稽查部门将作为“中枢神经”，强化职能管理，基层海关稽查部门是后续监管的主要执行力量，作为“四肢”主要负责按照指令实施具体作业，完成后续监管任务。且根据隶属海关功能化改造方案的相关要求，将逐步建立以承担稽查职责为主的集约化、跨区域的功能性隶属海关。因此，全通改革之后属地型海关的工作量将会大幅增加，但目前基层海关稽查部门的作业模式较为传统：一是稽查手段存在局限性且较为被动，无法形成强大的威慑力；二是稽查方式传统，稽核查作业多是围绕单个事项或单个企业进行，稽查作业的辐射力较弱，缺少通过稽核查规范行业或区域的意识；三是稽核查内容重叠，往往对于已开展过稽查作业的企业仍要开展核查作业，甚至针对某一企业的相同内容重复开展核查作业，导致人力资源浪费。所以基层海关稽查部门应当主动适应改革，在管理职能、运行机制、作业模式、工作手段等方面加强统筹、整合、集成、优化，提高管理效率，实现后续监管效能的最大化。

二、系统外单位与域外海关的经验借鉴

当前海关处于改革发展的关键时期，借鉴参考系统外单位和域外海关的先进经验和做法，能够给我们的工作以启示。

同样作为垂直单位的国税局与海关工作较为类似。以县区一级的基层国税局为例，稽查人员一般占总人数的20%左右。稽查工作定位特别强调“查”字，集中力量围绕打击“偷、逃、抗、骗”国家税款而开展工作。在提高打击精准度上，基层国税局主要依托两个渠道：一是线索举报；二是上级筛选后的异常信息。

荷兰海关的稽查制度的发展已有20余年，通过稽查的实施大大提高了海关工作效率，有效利用了海关的有限资源。荷兰海关树立以客户为导向的观念，简化海关手续，对大部分企业采取企业自管和海关管理相结合的稽查手段，根据企业的内部控制和会计系统的不同情况分别发给企业不同的享受海关简化手续待遇的证书，提高了海关整体监管效能，促进了国内的对外贸易发展。

美国的税务稽查制度和海关稽查制度相似，在稽查方式、稽查方法和监督制约机制等方面值得借鉴。首先，在稽查方式上依案情大小大体分为四种：一是书信问答，即直接对相对人提交文书材料上的疑点发函要求解释说明，相对人可以通过回函或直接面谈的方式进行解释、说明。二是案头稽查，一般适用于小案子或比较简单的案子。三是实地稽查，一般适用于对大案子或大公司的稽查。四是重大案件的稽查，主要适用于股票上市的大公司。其次，在稽查方法上，主要有经济实况稽查和分行业专业稽查两种。经济实况稽查是指国内收入局将申报材料与其实际进行比较对照，以确定两者是否相符。

该方法应用于所有对象尤其是现金交易行业的稽查。分行业专业稽查就是将培训税务稽查人员的方式由过去几乎什么行业都查的“一般科”变为现在只精通某一行业的“专科”，称之为“行业稽查专门化计划”，其重点是编写约90个行业的培训手册，供稽查员稽查时参考使用。经济实况稽查与分行业专业稽查是美国税务系统稽查的两大主要方法，被称之为“国税稽查的两大新利器”。最后，在对稽查的监督制约机制上分两个方面：一是税务稽查事前制约，即在处理之前通过稽查部内的稽查支持与处理对案情事实及适用法律进行审核；二是税务稽查事后制约，即在稽查部内设有一个质量检查处，其职责是对已结案的税务案件进行案头抽查复审，不面对纳税人。一般的复查率为7:1，以确保稽查工作的质量。

三、基层海关企业稽查工作对接全通改革的思路与对策

（一）总体思路

贯彻落实党的十九大报告关于全面依法治国的要求，坚持依法治国、依法执政、依法行政共同推进，贯彻新发展理念，强化海关稽查，促进外贸企业做大做强，培育贸易新业态新模式，推进贸易强国建设。对基层海关而言，稽查存在的价值就是“能够查发问题”。这在全通改革后，对稽查发挥监管链条中“兜底”作用的要求更加突出，需要挖掘内部力量，借助外部力量，强化“协同监管”，提升稽查实效。

（二）挖掘内部力量，提高监管能力

全通改革后，基层海关稽查部门的工作量日益增加，稽查工作面临着较大的压力，需要在人力资源保障、改革创新方面做文章。

1. 科学配备稽查力量。以隶属海关功能化改造为契机，适度扩大稽查部门队伍。坚持能够查发问题的稽查选人标准，挑选有海关多岗位业务经验的骨干、“老同志”充实稽查队伍。

2. 建立差别化的作业模式。充分利用稽查、保税核查、后续核查等多种方式探索差别化作业模式，根据作业内容、工作对象的情况，合理使用稽查、保税核查、后续核查等，并实现结果互认。构筑资源配置科学、管理重点突出、覆盖能力全面的工作机制，真正实现“多查合一”。

3. 运用多种作业方式。一方面借鉴美国税务稽查的作业方式，充分考量

企业性质、作业要求、风险大小等因素，运用书面和实地两种作业方式开展稽核查。对于风险较小、企业信用等级较高或稽核查指令较为明确的作业可采用书面方式开展作业，以节省人力资源；另一方面，充分发挥稽查单兵移动应用平台的效能，提高工作效率，并适时探索单人作业模式。

4. 探索专业化的稽查方法。一是按照价格、归类、原产地、加工贸易、减免税等业务类型对稽核查作业进行分类，根据不同类型的作业要求细化稽核查方法，提出常规风险点、必查项目、关注重点、易出现的问题、经验总结和案例分析等，编制专业化手册供稽核查人员参考；二是在稽核查任务分配时，根据不同业务类型有侧重点地选择人员，重视对专业化人才的培养；三是要发挥专家的作用，对于难度较大的作业，采取专家带队的方式开展，提高作业的有效率同时实现现场教学。

5. 形成稽查业务特色品牌。对于隶属海关同质化较高的关区，在功能化改造过程中属地型的基层海关稽查部门应当对辖区企业进行分析，突出重点行业和业务类型，在工作中加强对行业特点、业务特色、风险分析、稽查方法、成功案例等内容的分析和总结，培养专业化人才，打造具有特色的专业化稽查队伍，形成自身的品牌特色。直属海关职能部门也可根据各隶属海关的特点，统一调配人员开展稽核查作业。

6. 建立辖区企业数据库。树立“由企及物”的观念，充分发挥稽查下厂见人、见货、见账的优势，以企业为单元，建立辖区企业稽查风险分析数据库。该数据库中，应当详细录入企业的基本情况，稽核查的内容、方式方法、经验技巧、结果以及在稽核查过程中发现的潜在的风险点。通过对该数据库进行日常监管，形成高效能的风险研判分析，情报信息收集、整理、加工、分析机制，达到查发一家、规范一类的纵深监管目标。

7. 强化风险防控机制。一是“审查分离”，稽查审核工作实体化运作，审核人员应当在程序和实体两个方面加强对稽核查作业的审核，在稽核查作业结束前发现并整改问题，确保作业质量；二是自查工作制度化，结合稽查部门的实际情况，在各时间节点通过自查、互查等方式开展检查，及时发现并整改问题；三是内督外审，联防联控，坚持业务、廉政“两手抓”，聚焦外勤作业关键环节，加强与督审、监察部门的联系配合，强化审计结果运用，主动接受外部监督，形成联防联控机制。

（三）借助外部力量，提高监管水平

世界海关组织理事会前秘书长海斯说过："海关不应只是看门人，而应是一个社区警察，他应熟悉辖区内的情况，知道怎么样去处理各类不正常情况。"全通改革后，基层海关稽查部门更多的就是在充当"社区警察"的职能，熟悉辖区的情况，实现后续监管。因此，充分发掘自身资源的同时，考虑社会环境，引导企业自我管理，借助社会力量提高监管水平是发展趋势。

1. 引导企业合规管理。一是建立关务联络员制度，对于辖区内的重点企业，根据行业和商品特点，指定专门人员作为关务联络员，一方面协调解决企业的需求和问题，另一方面紧密关注企业发展动向，对内部管理建设等及时提出合理建议，提高企业合规管理水平；二是充分释放企业主动披露政策红利，提高企业合规管理的积极性；三是定期对辖区内的重点行业和商品开展分析，提出风险点，通过政策宣讲会、关务联络员、座谈会等形式引导企业开展自我检查。

2. 加强引入中介开展稽查的力度。中介机构在税务、会计等方面具有很强的专业能力，在特许权使用费稽查、价格稽查等专业性要求较高的稽核查作业中，引入中介机构出具专业结论，可以节省稽查部门的人力资源，同时保证作业的质量。

3. 加强同系统外单位的配合。建立海关稽查与口岸单位、财税部门等之间的风险联防机制，加强海关稽查部门与口岸单位、国税部门、地税部门之间的联系配合，实现信息共享。充分利用有效的外部监督力量，提高后续监管的整体水平。

附录三　浅谈进口成套设备特许权使用费审价

王　栋

当前，国际贸易已经超出了传统的单纯货物买卖的范畴，技术贸易在国际贸易中所占的比重越来越大，扩大对外经济技术合作，提高技术合作水平，促进国民经济发展，已经成为我国的基本国策。近年来海关审价实践中发现，我国进口成套设备，尤其是国内不能生产的大型机械装备、成套生产线，往往同时伴随有技术贸易，在该种情况下，特许权使用费理应成为海关价格审核的重点。由于特许权使用费种类较多且支付方式十分复杂，加之企业理解的差异，导致海关认定以及管理难度较大。对此，笔者结合近年来海关工作实践，着重从风险分析、审核方法、认定思路等方面对该问题进行探讨，以期抛砖引玉。

一、成套设备特许权使用费的主要类型

特许权使用费是基于知识产权的许可或转让而发生的相关费用，由于海关监管对象为进出境运输工具、进出口货物、物品，因此海关征税意义上的特许权与广义上知识产权涵盖的权利有较大差异，即海关税收征管规定的特许权使用费仅涉及专利权、专有技术使用权、著作权、商标权、分销权5种知识产权，而没有包括集成电路布局设计权、商业秘密权、地理标志权、商号权等特定权利。从近年来海关执法实践来看，占征税比重较大的特许权使用费主要包括两种类型：一种是进口成套散件或者关键件，在国内组装、加工后产成制成品销售涉及的特许权使用费，另一种是进口关键生产设备涉及的特许权使用费。这两种类型特许权使用费虽都基于知识产权产生、也有着基本相同的权利名称，但由于具体权利涉及内容、行使方法、支付方式的不同，必然导致海关审核重点、认定标准各有侧重，以下重点对成套设备涉及特许权使用费进行介绍。

（一）专利权、专有技术使用费

成套设备进口伴随的技术贸易，往往是因为卖方或相关第三方掌握有买方不具备的专利或专有技术，在此情况下，专利权、专有技术往往成为有形成套设备外合同的另一重要标的，因此支付对价也将成为买方合法行使权利的相应义务。

对于专利权而言，其客体主要包括发明专利、实用新型专利和外观设计专利三种类型。最终以用于生产为目的的成套设备不同于以销售为目的进口的成套散件，其涉及知识产权的经济效用主要通过发明专利以及实用新型专利（可以简单理解为小型发明）体现，而发明又分为产品发明与方法发明两种类别，这应该成为海关审核此类专利权使用费的重点。其中产品发明是指人工制造的具有特定性质的可移动的有形体，如机器、设备、仪表、物质等发明，在该种情况下“含有专利或者专有技术的”这一要件应成为海关判断

特许权使用费与进口货物是否有关的主要方向。方法发明则是指把一种物品变为另一种物品所使用的或制造一种产品的具有特性的方法和手段，在该种情况下，“用专利方法或者专有技术生产的”“为实施专利或专有技术而专门设计或制造的”两个要件相应成为海关判断特许权使用费与进口货物是否有关的主要方向。如以钢铁企业进口设备所涉专利为例，“可逆轧制工艺”属于方法发明、“轧机压下装置的液压安全装置”则属于产品发明。根据专利法相关规定，发明专利的授予必须履行申请、审批（初步审查、公布申请、实质审查、授权公告）等法律程序，被授予发明专利证书，在《发明专利公报》上予以登记和公告，在表现方式上会被赋予唯一的专利号，并注明保护期限，实用新型与前者相比仅不需经过实质审查程序。在了解了上述程序后我们在审价过程中就可以通过《价格质疑通知书》等方式要求企业提供相关信息作为判断是否存在专利使用费的重要方法。

专利申请人在专利申请文件中一般不愿意将发明全部公开，在能满足专利法要求充分公开的前提下，会尽可能将自己技术中最关键的内容保留下来，以防他人仅依据专利说明书即可实施最佳的专利方案，留下的这部分技术变成了“Know-how”，也就是《审价办法》所规定的“专有技术”。专有技术由于没有在专利申请文件中公开，不受到专利法保护，我国将其列为商业秘密，在《反不正当竞争法》中给予保护，他人在专有技术所有人不情愿的情况下，用不当手段获得即属违法，因此专有技术使用费应成为海关审核的重点，其具体内容应结合货物买卖合同或专门的专有技术转让合同进行审定。

在涉及专利、专有技术使用费的情况下，有货物（特指成套设备，而非专利、专有技术的进口载体）进口是计入完税价格的必要条件之一。

（二）著作权使用费

著作权的客体为作品，《著作权法》规定文学、艺术和自然科学、社会科学、工程技术等领域内创作的作品，属于著作权法保护范围，其中就包含工程设计、产品设计及其说明。通过海关执法实践发现，部分企业进口工程设计、产品设计图纸及其说明可能涉及著作权使用费问题，主要有以下几种情况：（1）有设备和技术载体同时进口；（2）设备部分进口、部分国产化，同时存在技术载体进口；（3）不存在设备进口，只有技术载体进口。在上述情况下，一是要通过审核合同等相关资料，根据定义与内涵，确定是否存在著作权（或称版权，英文 Copyright），即著作权人是否享有著作权法律、法规规定的权利；二是看被许可方获得权利的主要用途与支付对价的主要目的，即如果是对工程设计、产品设计图纸及其说明进行复制而支付对价，则属于著作权调整范畴，但如果是使用作品的技术内容，则适用专利法或合同法调整。在存在著作权使用费风险的情况下，需重点了解作品的具体载体以及进口方式。

（三）商标权使用费

如果进口商品属于国际知名厂商设计生产或属于国际知名品牌产品的，应将进口商品是否存在商标权使用费作为审核重点。在该种情况下应以进口货物本身是否以该商标作为实现营销的必要条件为判断标准，而无论货标是否分离；同时相关费用的支付所指向的商标权与进口货物所附带的商标权或暗含的商标权应一致。

二、海关审核要点

在了解了进口成套设备涉及特许权使用费类型的基础上，下一步的工作就是要通过审核来明确两个问题：一是是否存在上述费用以及类型，二是上述费用是否应计入完税价格。而进口合同、招投标文件、企业账册、财务报表及非贸项下对外支付情况应成为海关审核要点。

（一）进口合同

1. 定义（Definition）。英文版合同的特点之一，是在合同开篇即对相关术语进行明确规定，随后合同条文在此框架下进行明确。在“定义”部分，对合同设备、合同产品、合同项目、技术文件等要素的含义、范围有明确的规定，如在技术文件定义中往往会有如下表述“本合同附件 ××× 中所列的与合同项目的设计、检验、安装、试车、投料试生产、性能测试、操作、维修等有关的全部数据、规格、图纸和文件”，就是判断进口设备是否使用专有技术生产的重要参考。

2. 合同范围（Scope of the Contract）。在该部分，合同会对合同项目包括的内容进行明确，一般情况下一个完整的合同项目会包括：为保证合同项目所需要的合同设备、许可的专利和 / 或专有技术、合同项目的设计、技术文件、技术服务和技术培训等等。其中合同会对专利和 / 或专有技术的授权使用范围以及买卖双方在合同项目设计中的权利、义务进行明确，该部分内容是判断是否存在应税特许权使用费的重要参考。

3. 价格（Price）。一般规定合同总价以及合同项目的分项价格，其中分项价格一般包括：合同设备价格（主设备价格、备品和备件价格、材料价格、保险和运输费用）、许可的专利和 / 或专有技术以及相关的技术文件费用、设计和相关的技术文件费用、技术服务费用、技术培训费用等等。该部分内容一是可以从字面对是否存在专利（Patent）或专有技术（Kown-how）进行简单判断，二是将作为应税特许权使用费分割（与哪部分进口货物有关）与分摊（有关进口货物各应分配多少金额）的依据。

4. 支付（Payment）。一般规定支付方式、支付期限、商业单据等方面内容，虽不能对特许权使用费问题进行直接判断，但可以根据合同规定的卖方提供商业单据的要求，对企业申报情况进行逻辑性、真实性检查，并确定是否存在非贸项下对外支付，为合同之外找寻支付依据提供支持。

5. 技术文件（Technical Documentation）。一般规定技术文件的内容与交付方式，其中技术文件内容往往较多，多采用详见合同附件的方式。该部分条款（部分情况下需结合附件）是判断特许权使用费与进口货物是否有关以及确定分割、分摊标准的直接依据，对此需要逐条审核，必要时应要求企业逐条进行解释，以便了解具体的技术内容以及实现方式。

6. 保密（Confidentiality）。一般包括保密范围、保密期限、保密义务等内容。该条款是判断相关技术是否属于专有技术的重要依据，即如果合同存在保密条款，则基本可判定其涉及的技术符合专有技术定义中“尚未公开”的要求。

7. 附件（Appendix）。一般会对合同正文不便详细规定的内容进行细化明确，主要包括合同设备清单以及分项报价、合同设备分交表（包括国产设备、进口设备、交付时间等）、专利和 / 或专有技术范围以及有关技术资料交付时间表、技术培训范围等内容，与合同正文具有同等法律效力，在实践中也发现有个别合同规定将招投标文件中有关技术的要求作为合同附件。由于合同附件规定的内容对于判断是否存在特许权使用费、特许权使用费是否与进口货物有关，乃至后期应税特许权使用费的分割、分摊有直接关系，因此属于合同审核的重中之重，对于企业申报时未提供合同附件或提供附件不完整的，应要求企业提供足本。同时，由于企业进口设备、技术具有很强的专业性，对此可以要求企业技术人员进行专业解释，以进行准确判断。

（二）招、投标文件

根据《中华人民共和国招投标法》以及相关行政法规、规章规定，部分工程建设项目货物的购买纳入招投标管理，其中《机电产品国际招投标实施办法》（商务部13号令，2005年1月1日施行）明确规定了必须进行国际招标的机电产品范围（包括发电、输变电等10个项目79类商品），属于强制性规定。

在该种情况下，海关可以要求进口企业说明其进口货物是否在国际招投标范围内，并提供相应的招标、投标文件。海关审核招投标文件的意义在于：（1）对进口合同的真实性进行验证；（2）获取进口合同以外的风险信息，减少信息不对称；（3）根据招投标流程，辅助判断进口设备涉及相关技术是否属于专有技术范畴，即是否体现在“尚未公开”。

招标文件一般包括以下内容：（1）投标邀请书；（2）投标人须知；（3）招标产品的名称、数量、技术规格；（4）合同条款；（5）合同格式；（6）附件（投标书格式、开标一览表、投标分项报价表、产品说明一览表、技术规格偏离表、商务条款偏离表、投标保证金保函格式、资格证明格式等）。

（三）企业账册、财务报表及非贸项下对外支付情况

特许权使用费的支付具有不同于货款的一些复杂特点，在价格审核过程中，应重点关注企业账册中“管理费用”“制造费用”“预提费用”“待摊费用”等科目，同时在企业会计报表审核中，重点关注资产负债表、利润表、现金流量表以及会计报表附注，由此判断企业是否存在支付特许权使用费的情况。

由于特许权使用费的对外付汇往往通过非贸易项下对外付汇的方式来完成，因此也可以通过对企业对外付汇情况的审查，确定是否存在特许权使用费问题，并可在了解非贸项下对外支付流程的基础上，有针对性地要求企业提供相关单证，如在审查过程中发现企业有《技术进口合同登记证书》，则可要求其提供技术进口合同等。具体见下图：

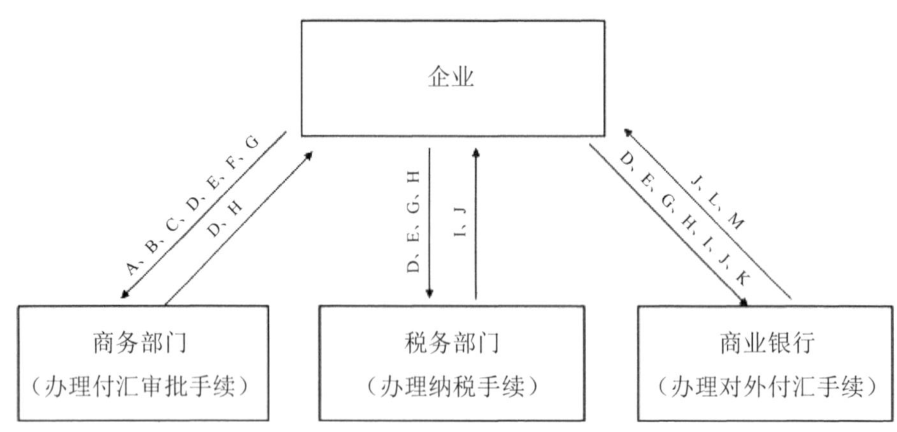

非贸项下企业对外支付流程

单证注释：

A：营业执照

B：自营进出口或外商投资企业批准证书

C：技术进口合同申请表（固定格式，需加盖公章）

D：技术进口合同数据表（固定格式，需加盖公章，根据合同金额填写）

E：技术进口合同

F：提成费计算说明及财务报表（以提成费支付的）

G：发票

H：技术进口合同登记证书

I：服务贸易、收益、经常转移和部分资本项目对外支付税务证明（国税、地税分别加盖公章）

J：中华人民共和国税收通用缴款书

K：对外付款申请书

L：外汇水单

M：银行手续费收据

当然，并不是所有进口成套设备涉及的特许权使用费都是通过非贸项下对外支付，实践中也发现有部分企业通过报关单以贸易方式对外支付。

三、海关审核步骤

（一）价格质疑

审价过程中应充分利用价格质疑手段，重点了解有无特许权使用费支付情况，并在此基础上重点对是否“与进口货物有关”和是否“构成销售条件”两个问题进行针对性质疑。此环节应根据总署19号公告有关补充申报的规定，要求企业补充提供《价格申报单》，并说明详细情况，除此之外还应要求企业提供进口合同（带有附件的足本）、技术进口合同、非贸项下对外付汇证明等文件，并可要求企业专业技术人员现场讲解相关细节。在该环节，应重点做好证据固定工作。

（二）单证审核

企业在法定期限内补充提供相关资料的，海关应重点进行单证审核。在该环节中，除按照本《指引》第二部分“审核重点”对相关单证内容进行实质性审核外，还应着重对单证之间的逻辑关系进行形式性审核，确保材料之间能够相互印证。单证审核过程中，可以根据发现的新情况要求企业提供进一步情况说明或文件资料。

（三）下厂核查

下厂核查主要涉及以下方面：一是在企业进口成套设备复杂，尤其是合同标的分批装运、申报的情况下，现场了解进口设备构成、功能、生产工艺流程以及合同细节等情况，以便有效认定特许权使用费；二是通过核实企业账册及财务报表，取得应税特许权使用费客观量化数据资料，确保分割与分摊的准确性。

（四）信息沟通

《审价办法》规定以信息沟通为核心的“价格磋商”只适用于非成交价格法估价，但在特许权使用费估价过程中海关应与企业保持信息沟通。信息沟通主要包括以下内容：一是向企业详细解释海关特许权使用费估价方面的法律法规，引导企业守法自律，主动向海关申报相关情况；二是和企业交流用于估价的客观量化数据资料，坚持以公认的会计原则为基础，确保估价准确，并获得企业的理解；三是获取同行业企业信息，为启动行业专项核查做好准备。

（五）结论认定

结论认定主要包括两个方面：一是定性，即认定相关特许权使用费是否符合计入完税价格的三个条件，尤其是要严格按照《审价办法》的规定，对“与进口货物有关”“作为货物销售要件”两个重点进行认定；二是定量，即确定具体的计税办法与标准，在客观量化数据资料的基础上确定具体的分割、分摊标准。为确保定性结论准确，在该环节要明确是否有货物进口，以及具体包括哪些“被估货物”，对此现场海关一是可以在信息沟通过程中要求企业提供同一合同项目下在全国各口岸进口情况；二是可以向关税处提交价格咨询获取全国报关单数据资料。

四、问题探讨

（一）技术文件费的定性问题

在技术进口合同中，往往会在专利或专有技术使用费之外，单独列明技术文件费用。该部分费用虽不属于专利权使用费，但与专有技术使用费界限较为模糊，是认定的重点和难点。实践中，一种观点认为企业合同中有单列的 Kown-how（直译为专有技术）费用，因此从逻辑关系上判断技术文件费用不属于专有技术使用费，不应计入完税价格。对此，我们认为应从“专有技术”定义的内涵而非字面直译来对技术文件费用进行定性。

根据《审价办法》对专有技术的定义，“图纸、模型、技术资料和规范等形式”是专有技术的表现形式，因此“技术文件”应是专有技术的外在表现形式之一，同时实践也证明技术进口合同中提及的技术文件主要是以电子、纸面或胶片表现的图纸及其他技术文件，由此可见即便技术资料费与专有技术使用费同时列明，也不排除技术资料费全部或部分属于专有技术。“尚未公开”是专有技术的构成要件之一，因此判断技术资料是否属于专有技术，需要审核合同是否存在保密条款或买卖双方是否另签有保密协议。

在根据内涵判定技术资料符合“专有技术”的基础上，考虑到技术资料涉及内容往往涵盖国内、国外设备，甚至国内基建设计等内容，因此需要对认定为“专有技术使用费”的技术资料费进行分割与分摊，最终确定计税标准。

（二）风险点捕捉

一是具有较高技术装备水平的行业所涉项目进口设备。参照机电产品国际招标范围，主要有发电、输变电项目，矿山、冶金项目，建材、楼宇项目，纺织项目，机械加工项目，石油、化工项目，轻工、环保项目，医疗卫生项目，广播、通讯、电子项目。

二是重大减免税设备、项目。确定减免税商品的一个主要原因是受国内制造水平限制不能生产，因此减免税设备进口往往会伴随着技术引进。根据海关总署 2008 年 103 号公告，自 2009 年 1 月 1 日起对部分减免税进口设备恢复征收进口环节增值税，因此减免税设备应成为海关重点关注的风险点。

三是合同标的为生产线的（即便不能以生产线报关）。

以上是笔者结合近年来自身工作实际对成套设备特许权使用费审价的点滴思考，囿于个人水平，权作抛砖之论，真诚恳请全国同行批评、指正，让我们一起携手在特许权使用费估价理论研究与实践的道路上继续前行。

（本文原载于《海关审价》2012 年第 18 期）

附录四　关于海关估价中“专利和专有技术使用费”应税判定的探讨

李　骏

企业的市场竞争力相当程度上取决于其技术水平，制造型的企业更是如此。技术和货物往往构成一个不可分割的整体，在一定程度上可以认为技术是货物的灵魂，而货物则是技术的物化形式。企业投入研发资金所开发的技术，通常是以专利或专有技术形式保有的。随着技术的发展进步，涉及专利和专有技术交易的货物在国际贸易中的比重也逐步提高。

一、专利与专有技术的概念

专利权是国家根据发明创造人或设计人的申请，以向社会公开发明创造或设计的内容，以及发明创造或设计对社会具有符合法律规定的利益为前提，根据法定程序在一定期限内授予发明创造人或设计人的一种排他性权利 [1]。《中华人民共和国专利法》第二条规定：“本法所称的发明创造是指发明、实

[1] 王迁 . 知识产权法教程 [M]. 北京：中国人民大学出版社，2014：266.

用新型和外观设计。”《中华人民共和国海关审定进出口货物完税价格办法》（以下简称《审价办法》）第五十一条中将“专有技术”定义为：“以图纸、模型、技术资料和规范等形式体现的尚未公开的工艺流程、配方、产品设计、质量控制、检测以及营销管理等方面的知识、经验、方法和诀窍等。”专有技术通常对应于在国际贸易中广泛应用的术语“Know-how”。许多国家（如美国、德国以及墨西哥等）的法律都承认有商业 Know-how 和工业 Know-how，并在相关的法规中将其列为保护事项。

专利的申请是以向社会公开技术为条件，经相关部门审查后依法定程序授予专利权并受专利相关法规保护。保密性则是专有技术的基本特征，也是其获得法律保护的前提。许多国家是把专有技术作为商业秘密加以保护的，法律上可以认为这两个概念基本等同。《中华人民共和国反不正当竞争法》中将“商业秘密”定义为：“不为公众所知悉、能为权利人带来经济利益、具有实用性并经权利人采取保密措施的技术信息和经营信息。”专利受《中华人民共和国专利法》保护，而专有技术的保护通常援引反不正当竞争法、侵权法以及合同法的相关条文。相比较而言，专有技术受法律保护的力度比专利要小。

二、专利或专有技术使用费与进口货物形成的关系

专利或专有技术使用费属于特许权使用费的一种。因此，根据《审价办法》第十一条的规定，其计入完税价格应满足两个条件：专利或专有技术使用费与进口货物有关、专利或专有技术使用费的支付构成进口货物向中华人民共和国境内销售的条件。《审价办法》第十三条规定，进口货物含有专利或者专有技术的、或进口货物用专利方法或者专有技术生产的、或进口货物为实施专利或者专有技术而专门设计或者制造的，可以认定专利或专有技术使用费与进口货物有关。因此，专利或专有技术与进口货物形成上述三种关系中的一种，就可以认为专利或专有技术与进口货物有关。以下就这三种关系分别进行探讨。

（一）进口货物含有专利或者专有技术的，或者用专利方法或者专有技术生产的

如果不支付专利或专有技术使用费，就无法获得相关的专利或专有技术，那么也就无法生产包含专利或专有技术的进口货物或使用专利或专有技术制

造相关进口货物。无论专利或专有技术是由制造商自身拥有或由第三方授权，专利或专有技术参与了货物的生产制造，其具有的价值实际已经形成了进口货物制造成本的一部分。在商业交易中，卖方在核算成本以确定销售价格时，会将这部分成本一并考虑在内。可以想见，在其他交易条件相同情况下，如果不支付专利或专有技术使用费就可以购得含有专利或专有技术的或者是由专利或专有技术制造的进口货物，那么此时专利或专有技术实际上是没有经济意义的，也将不会有人为这样的专利或专有技术支付价款。正是由于专利或专有技术所具有的商业价值，而且参与了进口货物的生产制造，买方如果不支付特许权使用费则相当于少付了进口货物的一部分价款，很明显与进口货物买卖相关的合同将无法全面履行。因此专利或专有技术使用费也就构成货物进口销售的条件，应计入完税价格。

买方就与货物有关的专利或专有技术支付相关费用，某种意义上也可以认为其构成了实付、应付价格的一部分。正如 WCO 估价技术委员会的咨询性意见 4.1 中所言：如果根据专利制造的一台机器按不包括专利费的价格输往进口国出口销售，而且卖方要求进口商向持有专利的第三者支付专利费，则该项专利费应该计入实付或应付价格中。在进口货物中已包含专利或专有技术或进口货物使用专利或专有技术制造的情形下，意味着专利和专有技术的价值已凝结在进口货物之上，专利或专有技术使用费构成进口货物价值的一部分。在以上两种情形下，构成销售条件实际上是与货物有关这一条件的自然延伸。

（二）进口货物为实施专利或者专有技术而专门设计或者制造的

为实施专利或者专有技术的货物主要是指为实施专利或专有技术而专门设计或制造的机器、设备。如果所进口的货物是为实施专利或者专有技术而专门设计或者制造的，此时专利或者专有技术的价值并非直接附加在进口货物上，而是在进口后通过使用进口货物才能实施相关的专利或专有技术。进口货物本身并没有包含专利或专有技术，也不是由专利或专有技术生产的，专利或专有技术的价值通常也没有直接构成进口货物的一部分成本。因此，关键应从进口货物的性质、用途及其与专利或专有技术所构成关系入手进行判断。《审价办法及释义》中认为：“如果有证据表明进口的成套机器、设备的各个部件虽为通用设备，但各部件的组合形式却涉及专利或者专有技术的，或者整套机器、设备是符合专利或者专有技术标准的，则可认定进口货物与特许权使用费有关。”[1] 但在进口的货物是通用性质的机器、设备情形下，意味着买方通常不需要支付专利或专有技术使用费就可以在公开市场上获得相关机器设备，专利或专有技术使用费的支付并非与进口机器设备的采购相关联的，则可认定专利或专有技术使用费并非进口货物的销售条件，就如 WCO 估价技术委员会的咨询性意见 4.3 [2] 中所列举的案例。

如果所进口机器设备是为实施专利或专有技术而特别设计制造的，并非通用的机器设备，机器设备的用途就是为了实施专利或专有技术。由于进口此类机器设备目的就是为了实施专利或专有技术，通常专利或者专有技术将会构成货物进口销售的条件。否则如果只购买了机器设备而不支付专利或者专有技术使用费，对于买方而言也就意味着所进口的机器设备无法发挥应有的作用（如果不支付专利或者专有技术使用费则机器无法实施专利或专有技术），或者对于权利方而言其无法获得买方使用专利或者专有技术的对价（如果不支付专利或者专有技术使用费则仍可使用机器实施专利或专有技术）。正如 WCO 估价委员会的咨询意见 4.12 的相关案例 [3]，进口设备被专门购买用于

[1] 海关总署关税征管司.《审价办法及释义》[M].1 版：北京：中国海关出版社，2006，92.

[2] WCO 估价技术委员会的咨询性意见 4.3：“进口商 I 获取了专利工序的使用权来制造某些产品，并同意依据使用该工序而生产的产品数量向专利持有人 H 支付专利费。在另一项单独合同中，I 设计并向外国制造商 E 购买了一台机器，计划专门用于专利工序。由专利工序而支付的专利费是否构成该台机器实付或应付价格的组成部分？海关估价技术委员会提出下述意见：虽然有关专利费的支付是为了该台机器所体现的工序——而且是单独使用该台机器的工序，但由于专利费支付不是该台机器输往进口国出口销售的一项条件，所以，该项专利费不能构成完税价格的组成部分。”

[3] WCO 估价委员会的咨询意见 4.12：“进口商 I 和卖方 S 签订合同，提供轧钢设备。该设备将并入进口国内业已存在的连续铜棒厂。合并轧钢机设备是一项涉及一个拟用于轧钢机运行的专利工序的技术。进口商除设备价款外，须为使用该专利工序支付 15000000 个货币单位的许可费。卖方 S 收到进口商支付的设备价款和许可费，然后将全部许可费转交给专利持有人。海关估价技术委员会提出下述意见：该许可费是用于支付合并轧钢机设备以运行专利工序的技术的。轧钢设备被专门购买用于运行专利生产工序。因此，鉴于该工序须支付 15000000 个货币单位的许可费，与被估货物有关，且为销售的一项条件，该费用应当计入进口轧钢机设备的实付或应付价格。”

运行专利生产工序，进口商除支付设备费外，还为使用该专利工序支付了许可费，该费用应计入完税价格。

三、关于中间产品的专利或专有技术问题

在贸易全球化和科技进步的背景下，商品的全球生产网络也逐步形成，即原来集中于一国或一地的产品生产，现在分散到不同的国家或地区，每个国家或地区专业化负责产品的某一或某些工序。因此，零部件、半成品以至成品的制造、装配分布于不同的国家或地区，国际分工从产品层面逐渐深入到工序层面。这种基于产品工序的国际分工也被称为垂直专业化分工。垂直专业化分工导致许多产品在生产过程中被拆分为多个加工增值环节，并按照特定需求将其分散到不同国家或地区进行。随着我国融入垂直专业化国际分工体系，我国进口中间产品（包括半成品、零部件等）的比重也不断增加。当前，在估价实践中常常遇到的贸易安排是：依据双方的协议，许可人授权进口国被许可人购买、制造、销售专利许可的相关产品，被许可人则应向许可人支付一笔专利或专有技术许可费；与专利或专有技术许可有关的成品则使用进口的中间产品在国内进一步加工制造而成。判断这种情形专利或专有技术使用费是否应税，则应分析并确定进口中间产品是否包含专利或专有技术或者是使用专利或专有技术生产的，专利或专有技术使用费所支付的标的是否已包含在进口货物中或在进口前已参与货物的制造，抑或专利或专有技术只是供在进口国内的加工、装配过程中使用。即，确定专利或专有技术许可费是否应税，关键在于判断买方为何要支付专利或专有技术许可费，并究竟能从其支付的费用中得到怎样的回报，支付的专利或专有技术使用费所指向对象。根据专利或专有技术使用费指向的不同对象和范围，专利或专有技术使用费可能与进口货物全部有关、部分有关或无关。

不同行业涉及的专利或专有技术的类型也有所差别，因此应从行业特点、相关专利或专有技术的性质及其在生产中所起的作用入手，才能对专利或专有技术与进口货物之间的关系做出正确的判断。以下就具有代表性的机械制造和化工及医药行业所涉及的专利或专有技术问题分别进行探讨。

（一）关于机械制造行业的专利或专有技术

对于机械制造业而言，相关的专利或专有技术通常主要涉及设备设计、关键部件制造以及设备装配等技术。应通过对相关货物和技术协议的审查，判定

专利或专有技术具体指向的对象，即专利或专有技术是为了生产进口的半成品或零部件，还是为了在进口国国内将进口的半成品及零部件加工、装配成为成品。在支付的专利或专有技术费用与进口的零部件或半成品生产制造有关（即专利或专有技术用于生产进口货物，或专利或专有技术包含于进口货物中）的情况下，相关权利费用才计入完税价格。如果专利或专有技术只是与国内相关产品的生产、装配有关，许可协议中没有专利费的支付与进口零部件或半成品的购买相关联的内容，则专利或专有技术使用费不应计入完税价格。例如：进出口买卖双方签订关于生产线设计、进口和装配的合同，合同中规定了卖方向买方提供部分关键设备和关于整条生产线设计、工艺、图纸、数据及相关专利和专有技术，买方支付关键设备价款以及专利和专有技术使用费。生产线除了进口的关键设备外，剩余设备都根据设计要求在国内购买并进行装配。所进口的关键设备既有包含专利或者专有技术的，也有用专利方法或专有技术生产的，特许权使用费与进口货物有关且其支付构成了进口货物向我国境内销售的条件。因此，与关键设备有关的特许权使用费应计入完税价格。同时根据合同，由卖方提供的专利及专有技术不仅应用于进口货物，也有部分用于国内配套设备以及整条生产线装配，此部分特许权使用费用的支付对象是发生在进口国内，而与进口货物无关，因此不计入完税价格。

机械制造行业相关的专利或专有技术通常都涉及各种专业性极强的生产工艺、工序流程以及质量测试等内容，因此在认定此类特许权使用费时，必须对相关专业知识有一定了解才能判断专利或专有技术使用权是否与进口货物有关。专业技术部门关于所涉及转让技术性质、作用和内容的说明也具有重要的参考价值。此外，除了对进口货物所含技术的许可，转让的技术通常还会包括安装、调试、培训、维修（一揽子设备引进协议）或装配、检测（进口成套散件）等内容，如果是属于《审价办法》第十五条第一项的服务或劳务费用范围，则不应被计入完税价格。

（二）关于化工及药品行业的专利或专有技术

对于化工及药品行业而言，相关的专利或专有技术通常涉及如何制造生产具有特定用途的化合物或混合物。判断相关专利或专有技术是否应税，主要应着眼于确定进口货物是否为包含专利或者专有技术或是运用专利或专有技术制造的化合物或混合物，即关键是判定专利或专有技术是否已经应用于制造进口的货物，或进口货物中是否已经含有专利或专有技术所指向的化合物或混合物。通常情况下，如果成品方式进口，专利或专有技术使用费一般与进口货物有关，并应计入完税价格；如果进口通用原料，则专利或专有技术使用费多数与国内的生产有关而与进口货物无关，故不需计入完税价格。在 WCO 估价技术委员会咨询意见 4.9 [1] 中，虽然案例同时涉及专利和商标使用费，但就专利使用费而言，WCO 估价技术委员会认为，专利费是为获得包含某种专利制剂制造权而做的支付，而进口产品是一种标准的非专利药剂，专利费的支付不是进口货物出口销售的条件，而是在进口国制造并销售专利制剂的条件，因此该项费用不计入完税价格。对于进口为半成品或专用原料，专利或专有技术使用费可能全部或部分与进口货物有关，相应的专利或专有技术使用费也就全部或部分计入完税价格。

综上所述，对于进口货物含有专利或者专有技术的，或者用专利方法或专有技术生产的，通常可以认为专利或者专有技术的价值已经凝结在进口货物上，构成货物生产制造成本的一部分，专利或者专有技术使用费一般应计入进口货物的完税价格；而对于进口货物是为进口后实施专利或专有技术的，则应关注货物的用途，即货物为通用设备还是为实施专利或专有技术而专门设计

[1] WCO 估价委员会的咨询意见 4.9："1. 同一进口国的制造商和商标持有人就动物制剂达成一项协议。根据协议规定，制造商授予进口商在进口国内“专利制剂”的独家制造权、使用权和销售权。该专利制剂由制造商或代表制造商向进口商提供的大量可的松制成，包含适合动物使用的进口可的松。可的松是一种标准的非专利的非刺激性的药剂，可以从不同制造商处获得，是专利制剂最主要的原料之一。制造商也授予了进口商与生产有关的独家商标使用权和在进口国内的专利制剂销售权。协议的支付条款规定进口商须支付任一年度专利制剂第一批 2000000 个货币单位的净销售额的 8% 以及同年专利制剂下一批 2000000 个货币单位的净销售额的 9% 的专利费。规定每年至少有 100000 个货币单位的专利费。根据协议概述的不同情况，双方都可将进口商的独家权变更为非独家权。在这种情况下，最低专利费将扣减 25% 甚至 50%。以销售为基础的专利费也根据一定情况减少。最后，以专利制剂销售为基础的专利费应在每年的每季度末之后的 60 天内支付。2. 海关估价技术委员会提出下述意见：专利费是为获得包含某种进口产品的专利制剂制造权并最终使用专利制剂商标而做的支付。该进口产品是一种标准的非专利的非刺激性的药剂。因此，商标的使用与被估货物无关。专利费的支付不是进口货物出口销售的条件，而是在进口国制造并销售专利制剂的条件。所以，将该支付款额加入实付或应付价格是不适当的。”

制造的，买方是否不支付专利或专有技术使用费也可以在市场上购买到此种货物，在此基础上判定专利或者专有技术使用费是否应计入完税价格。而判定中间产品所涉及的专利或专有技术使用费是否应税，关键在于货物进口前的生产环节或工序中，是否已经包含相关技术协议所许可的专利或专有技术、或已经利用所许可的专利或专有技术生产进口货物或对货物进行加工。在实际交易过程中，专利或专有技术与进口货物的关系可能要复杂得多，需要结合个案具体情况进行分析。美国海关发布的 Hasbro II 裁定（General Notice on the Dutiability of Royalty Payments，Vol. 27，No. 12，Cust. B. & Dec. at 1（February 10，1993））指出：在判断其是否与进口货物有关及是否作为销售的一项要件，应考虑以下三个方面因素：（1）进口货物是否以专利制造；（2）专利是否涉及进口货物的生产或销售；（3）进口商是否可只买进口货物而不用支付专利费用。如果对（1）、（2）的回答是否定的且第（3）的回答是肯定的，则该项专利费不应税[1]。该裁定强调还应通过确定专利使用费的具体支付对象来进一步判定其是否应税，买方支付相关费用如果与卖方无关，将不构成销售条件。这对我们判定专利或专有技术是否应计入完税价格也有一定的参考价值。如果专利或专有技术许可的范围涵盖产品的整个生产过程，而进口货物仅为零部件、半成品或组装件，那么此时就要在客观量化数据的基础上进行分摊。

随着国际分工的发展，商品与技术的跨国界流动的范围和规模不断扩大。我国也日益融入全球制造体系，涉及专利或专有技术的进口货物也呈增多趋势。有形货物与各种类型的专利或专有技术形成了错综复杂的关系，更增加了海关估价中判定专利或专有技术使用费是否应税的难度。因此，应从进口货物、货物买卖合同、专利或专有技术许可合同以及专利或专有技术性质等方面入手进行全面考察，厘清货物与专利或专有技术的关系，以确定专利或专有技术使用费是否应计入完税价格。

（本文原载于《海关与经贸研究》2017 年第 5 期）

---

[1] 英文原文为：The questions are：（1）was the imported merchandise manufactured under patent?（2）was the royalty involved in the production or sale of the imported merchandise? and（3）could the importer buy the product without paying the fee? Negative responses to the first and second questions，and an affirmative response to the third，suggest non-dutiability.

附录五　浅析商标权使用费是否计入进口货物完税价格之判定

李　骏

在国际贸易中，许多涉及商标权使用费的贸易安排比较复杂，导致商标与进口货物的关系不明晰，因此关于进口货物商标权使用费的估价问题成为海关估价中的难点之一。本文从 WCO 估价技术委员会的咨询性意见相关典型案例以及评论 25.1 分析入手，探讨商标使用费计入完税价格的实质以及如何从技术和应用层面对现实中复杂的商标权使用费进行审查和估价。

一、商标的作用及特点

商标是用来区分相同或相似商品和服务的不同生产者或提供者的标志，其最初作用是便于消费者对商品和服务进行识别。随着经济的发展，商标在发挥区别商品或服务的不同提供者作用的同时，逐渐成为商标使用者生产或经营的质量和信誉的代表，而后者显然在市场营销中起着极其重要的作用。因此，商标具有商业价值，能够增加商品的附加值，著名商标是企业无形资产和巨大财富成为共识。在实际交易中，货物有无商标或者附有不同的商标，均会对其交易价格产生很大的影响，尽管与商标具有的商业价值相比，在商品上附上商标的生产成本非常小。根据《中华人民共和国商标法》的规定，经核准注册的商标，商标注册人享有商标专用权并受法律保护。商标所有人主要以许可等方式将商标有偿转让，授予他人在特定范围内使用商标的权力，所以商标也成为受知识产权保护的一种工业产权。

二、进口货物商标使用费计入完税价格的条件

《WTO 估价协定》（以下简称《协定》）第八条规定“作为被估价货物销售的条件，买方必须直接或间接支付与被估价货物有关的特许权使用费和许可费”，应计入进口货物的完税价格。基于《协定》而制定的《中华人民共和国海关审定进出口货物完税价格办法》（以下简称《审价办法》），明确特许权使用费计入完税价格必须要同时满足两个条件：一是特许权使

用费与进口货物有关，二是特许权使用费的支付构成进口货物向中华人民共和国境内销售的条件。商标权使用费属于特许权使用费的一种，因此商标权使用费计入完税价格同样也应满足以上两个条件。《审价办法》进一步详细规定判断商标权使用费与进口货物有关的条件：进口货物附有商标；或者货物进口后附上商标直接可以销售的；或者进口时已含有商标权，经过轻度加工后附上商标即可以销售的。由此可以看出，判定商标权使用费与进口货物有关的关键不在于商标在什么时间附着在进口货物上。所以，无论商标已在进口货物显性体现（货物在进口环节已附有商标），或者商标只是隐性体现（货物在进口后才附上商标或进口后经轻度加工附上商标），只要根据相关协议的规定，货物进口时已含有商标权，就可以认为商标使用费与进口货物有关。海关通过审查相关涉及贸易安排的单证以及查验进口货物，通常即可对商标权是否与进口货物有关做出判断。《审价办法》第十四条将特许权使用费支付构成销售条件归结为两种情形：（1）买方不支付特许权使用费则不能购得进口货物；（2）买方不支付特许权使用费则该货物不能以合同议定的条件成交，即只要符合上述条件之一，就可以认为特许权使用费构成进口销售的条件。由于本条规定的原则性和概括性比较强，在估价实践中往往需要从相关交易各方的具体交易安排来推断特许权使用费是否构成销售条件。商标权使用费所具有的特点（例如：主要用于促进商品的销售，而通常与商品生产无关；注册一个商标花费相对较少，但要使商标保持或增加价值，则需要在营销活动中投入大量的资源等等），使得判定商标权使用费是否应税的切入点和标准与其他特许权使用费有所不同。只有结合商标特点，才能对商标权使用费的支付是否构成进口货物销售的条件作出正确的判断。

三、商标权使用费的支付构成进口货物销售条件的判定

WCO 估价技术委员会针对特许权使用费发布了 14 个具有指导意义的咨询性意见，其中大部分是针对具体案例做出估价决定。通过对其中三个比较典型的案例以及最近公布的评论 25.1 的分析，探讨判定商标权使用费的支付构成进口货物销售条件的关键及其实质。

（一）判定构成“销售条件”的关键

从表面上看，WCO 估价技术委员会咨询性意见 4.6 [1] 提供的案例与《审价办法》相关规定有矛盾之处：案例认为，进口商不必支付商标费也可以购得进口货物（就如第一次购货的情形下），进口商进口货物并非以支付特许权使用费为前提。但应注意到：第二次购买的货物与第一次购买的货物并不相同，即含有商标权的货物与未含商标权的货物应认定为两种不同的货物。第二次进口商购买的是附有商标权的货物，为了获得这种具有商标权的货物，作为进口销售的一项条件，进口商被要求支付了商标费，此时商标使用费应计入完税价格。因此，货物在进口销售时是否以该项商标进行营销，是判定商标使用费是否应计入完税价格的关键因素。也正是如此，在判定商标使用费是否与货物有关时，并不以货物进口时是否附有商标为标准，而是看进口时是否含商标权。

（二）许可方为第三方时构成“销售条件”的判定

当前，许多跨国企业在全球范围内进行资源整合，以国际分包的方式开展生产，自身则通过对商标的控制，专注于市场营销以获取最大的利润。涉及商标权的国际贸易经常发生的情形是：进口商与制造商达成一项货物销售合同，并与商标所有方（以下简称“许可方”）达成一项商标许可协议，进口商分别向制造商支付货款、向许可方（即第三方）支付商标权使用费。在许可方为第三方情形下，由于商标与货物之间会形成较为复杂的关系，难以判定商标权使用费的支付是否构成进口货物销售条件。在进口货物卖方也是商标许可方的情形下，基于商标合同与销售合同的相关

[1] WCO 估价技术委员会咨询性意见 4.6：“进口商分两次向外国制造商 M 购买浓缩液。M 拥有商标权。货物稀释后销售是否可以使用该商标取决于某一特定进口销售交易的条款。商标使用费按单位货物计算。进口的浓缩液在销售之前简单地用普通水进行稀释并经过了消费包装。在第一次购货交易中，浓缩液稀释后转售时没有使用商标，因此，未被要求付费。在第二次购货交易中，浓缩液稀释后转售时使用了商标，作为进口销售的一项条件，而被要求付费。海关估价技术委员会提出下述意见：鉴于在第一次购物交易中，货物转售时未使用商标而且又未付费，则无须计入费用。在第二次购货交易中，M 要求支付的费用必须计入进口货物的实付或应付价格中。”

性，对商标权使用费的支付构成进口货物销售这一条件的判定相对容易（特别是当商标权使用费的支付已经构成该进口货物合约的不可分割的组成部分时）。但是如果许可方与制造商不是同一人，判断特许权使用费是否应税则要复杂得多。

1. 相关咨询性意见对是否构成“销售条件”的推定

在实际交易过程中，一些进口货物虽然附上商标，但货物在进口销售时并非以该商标进行营销。正如WCO估价技术委员会咨询性意见4.8 [1] 中的案例，进口商向制造商购买的鞋子虽然附有商标，但在销售时并不意味着制造商以该商标营销鞋子，进口商是从许可人处获得商标授权的，进口商是否向许可方支付商标费并不影响其从制造商处获得鞋子。估价技术委员会认为由于支付商标费的合同与货物销售的合同是相互独立的，商标使用费支付构成进口货物销售的条件不成立，不应计入完税价格。虽然在实际交易环境下，制造商一般不会愿意成为非法使用商标的当事人，可能会对进口商是否获得合法使用商标的授权进行一定方式的审查。但如果没有相关的协议或贸易安排对制造商的货物销售进行约束，就不应认为商标使用费支付构成进口货物销售的条件。对于制造商而言，他向进口商销售的货物是否带商标几乎没有区别（唯一例外就是让货物附上商标的生产成本）。该案例中，货物在进口销售过程中并不包含商标使用权。因此，在上述情形下商标权使用费的支付并非货物销售的条件。

---

[1] WCO估价技术委员会咨询性意见4.8：“进口商I和居住在X国专利持有人H签订一份专利合同。根据合同规定，I同意对运入进口国的使用L的商标的每一双鞋向L支付一笔固定的专利费。专利持有人L提供与商标有关的美术设计作品。进口商I与X国的制造商M签订另外一份合同，购买使用L的商标的鞋子。I向M提供L的美术设计作品，由M将商标贴上。制造商M无须经L许可。该项销售合同不包含任何与专利费有关的款额支付。制造商、进口商与专利持有人之间全无关系。”海关估价技术委员会提出下述意见：“进口商被要求支付专利费以获取使用商标的权利。这项义务源于一个与出口货物到进口国销售无关的独立的合同。货物根据另外一个合同从供应商处购得，专利费的支付不是货物销售的一项条件。因此，在本例中，专利费不应计入实付或应付价格。”

WCO 估价技术委员会咨询性意见 4.11 [1] 中的案例和意见 4.8 的相类似，货物销售合同也不涉及商标使用费支付。在案例中虽然三方存在特殊关系，但根据技术委员会意见，特许权使用费计入完税价格并非基于这个原因。在咨询性意见 4.8 的案例中，根据进口商和许可人签订的专利合同，进口商同意对运入进口国的使用相应商标的每一双鞋向专利持有人支付一笔固定的专利费，制造商无须经许可人许可。而在咨询性意见 4.11 的案例中，虽然服装制造商和进口商之间的销售合同没有要求支付特许权使用费，但根据进口商与许可人之间的协议，进口商必须向许可人支付特许权使用费以获得从制造商购得的服装的商标使用权。因此以上两个案例关键的不同之处在于：咨询性意见 4.8 案例中，货物进口合同和专利合同是独立的，而且制造商无须经许可人同意，也就意味着实际贸易过程中买方可以自由选择制造商，买方获得的是使用商标的授权；在咨询性意见 4.11 案例中，相关协议规定，买方必须向许可人支付特许权使用费以获得自制造商处购得的运动服的商标使用权，商标权使用费与销售合同产生了实质上的关联。进口商获得的商标权依附于向制造商购买的服装之上，为了支付该批货物中所含商标使用权的对价，进口商需向许可方支付商标权使用费。此时，商标权使用费的支付是货物销售的条件。

2. 评论 25.1 对构成“销售条件”的相关规定

WCO 估价技术委员会评论 25.1，是关于支付给与卖方无特殊关系的第三方许可方时特许权使用费估价的重要文件。该评论是以加拿大和日本提交的 3 个涉及商标使用费的案例为基础形成的，对判定商标权使用费是否应税无疑

[1] WCO 估价技术委员会咨询性意见 4.11：“运动服制造商 M 和进口商 I 都与母公司 C 有特殊关系，C 公司拥有运动服的商标权。M 和 I 之间的销售合同没有要求支付特许权使用费。然而，根据与 C 公司的一个单独协议，I 必须向 C 支付特许权使用费以获得自 M 处购得的运动服的商标使用权。该特许权使用费的支付是否构成销售的一项条件且是否与进口运动服有关？”海关估价技术委员会提出下述意见：“M 与 I 关于附有商标货物的销售合同没有规定支付特许权使用费的具体条件。但是，鉴于 I 购买货物必须向母公司支付特许权使用费，该支付是销售的一项条件。如果 I 未支付特许权使用费，将没有商标使用权。与母公司之间未签订书面合同这一事实并不妨碍 I 应母公司要求履行支付义务。鉴于上述原因，为获得商标使用权而做出的支付与被估货物有关，支付的金额应计入实付或应付价格。”

更具针对性指导作用。评论 25.1 指出：应依据许可人对进口货物生产加工或销售实施控制的程度，确定支付特许权使用费是否作为销售的条件。第 9 条[1]提出了确定构成销售条件的五个方面考虑因素：其中第 1 和第 2 项考虑因素是关于许可协议与货物销售协议的联系，第 3、第 4 和第 5 项考虑因素反映的是特许权与货物之间的关联程度以及许可方对货物的控制程度。符合第 1 和第 2 项并不能完全确定构成了销售要件，而第 3、4 和 5 项只要满足其一，则可以认定构成了销售要件。第 3 项与《审价办法》的第十四条规定相近，第 4、5 项从许可方对制造商及产品的控制程度的角度判定是否构成销售的条件。由于在商标使用许可中，许可人通常都会监督被许可人使用其注册商标的商品质量，被许可人则应保证使用该注册商标的商品质量，因此第 5 项要求许可方对许可货物的控制应超出质量控制的范围。评论 25.1 认为，相关协议中可能不会包含买方必须支付特许权使用费作为销售条件的明确规定，特别是当特许权使用费支付给与卖方无关的第三方时；在这种情况下，需要考虑其他的因素以确定特许权使用费的支付是否作为销售的条件。在估价实践中，更应该关注的是许可协议与货物销售协议联系的紧密程度，以及许可方对进口货物的制造或销售的控制程度，并比照评论 25.1 的第 9 条的规定来判定商标权使用费是否作为销售条件。

（三）判定构成“销售条件”的实质

商标就其本身来说可以以出售、许可或其他方式进行交易。许可贸易是商标贸易中使用最为广泛的贸易方式，即商标权利所有人作为许可方，通过与被许可方签订许可合同，将其所拥有的商标授予被许可方，并由被许可方支付一定数额的商标使用费的商标交易行为。商标权利所有人允许被许可方

---

[1] 评论 25.1 的第 9 条：1. 在销售合同或相关文件中有关于特许权使用费的证明；2. 在许可协议中有关于货物销售的证明；3. 根据销售合同或许可协议条款，由于买方未向特许权许可方支付特许权使用费，作为违背许可协议的结果，会导致销售协议的终止。这就显示特许权使用费的支付与被估货物有关，且特许权使用费的支付是销售的条件；4. 在特许权协议中约定，如果不支付特许权使用费，制造商被禁止为进口商生产含有特许权许可方知识产权的货物；5. 许可协议中包含了这样的条款，允许许可方对制造商和进口商间（出口销售至进口国）的货物生产或销售进行管理而不仅仅是质量控制。

按照合同约定的条件将该商标用于一定范围的产品，允许被许可方根据需要自产或外购这些产品。在这种情况下，商标权使用费支付仅是以商标为标的，进行的是单纯的技术贸易，而与进口货物的销售无关。此时商标权使用费由于是独立于进口货物的实付应付价格之外，可不计入完税价格。正如欧盟《海关法实施细则》第 159 条[1]规定，将买方不能随意从与卖方无特殊关系的其他供应商处获得该货物，作为判定商标权使用费的支付构成进口货物销售的条件。买方可以不受限制地选择供应商，并在所获得的货物上使用授权的商标，实际表明买方获得的商标权是属于单纯的技术贸易。如果买方获得商标使用权只局限于一定范围之内、符合一定条件的卖方销售的货物，通常意味着商标的价值已依附于相应的货物之上。海关征税的管理对象应为有形货物，诸如商标、专利等技术贸易涉及特许权使用费并不是海关课税的对象。如果特许权在进口前已经附着于进口销售的货物之上，其价值已经凝结在进口货物中，即使在形式上这部分费用以特许权使用费的方式支付，也应属于有形货物成交价格的一部分。《WTO 估价协定》第十五条规定："在确定货物是否类似时待考虑的因素包括货物的质量、声誉和商标的存在等。"实际也就是认为，由于商标的价值已物化在货物之上，因此是否附有商标或所附有商标不同，都会对有形货物的交易价格产生影响。

海关对商标权使用费征税是基于认为，买卖双方出于某种考虑，对被估价的有形货物价值进行了人为的拆分——形式上拆分为有形货物货款和商标权费两部分。例如：进口服装时，如果将服装与其上印制的商标分别报价，分为不同的两份合同，虽然形式上构成了两次独立的销售，但海关仍应将两次独立的合同视为一次完整的销售。在这种情形下，买方获得的只是商标持有方授予的商标权中有限的使用权——仅限于在特定进口货物上使用。对于此时商标权使用费而言，其价值直接体现于货物在进口销售时就包含以该商标进行营销的相关权利。不支付商标权使用费，则相当于买方少付了成交价

[1] 欧盟《海关法实施细则》第 159 条规定："一项与商标使用权有关的特许权使用费仅当满足下列条件时方可计入进口货物的实付或应付价格之中：特许权使用费涉及货物进口后以原状销售或仅经简单加工后销售；货物带商标销售，无论进口前或进口后附上商标，只要该商标的特许权使用费已支付；且买方不能随意从与卖方无特殊关系的其他供应商处获得该货物。"

格中的一部分，买方不可能获得含有商标权的货物，或者说货物是不可能以合同议定的条件成交的。因此，判定商标权使用费支付构成销售条件的关键是：判断所估价的货物在进口销售时卖方是否以所含商标权进行营销。如果货物销售时以商标权进行营销，商标所含的商业价值在进口环节已经凝结在进口货物中并构成进口货物价格的一部分（只不过这部分的对价以商标权使用费形式出现），该商标权使用费自然应计入完税价格。关于买方不支付特许权使用费是否能购得进口货物，或买方不支付特许权使用费则该货物是否能以合同议定的条件成交的问题，可以认为是货物在进口销售环节是否以所含商标权进行营销的问题的自然延伸。在许可方为第三方时，通过判断许可方对进口货物生产加工或销售实施控制的程度，来判定许可人向买方授予的商标权是否仅限于特定货物（如由指定制造商生产的商品）。如果许可方通过相关协议以及实际的贸易安排，使得买方只能在特定进口货物上使用商标，此时商标权价值是附着在进口销售的货物上。买方获得的并非技术贸易意义上的商标权，其所获得的商标权仅限于在特定进口货物上使用，并构成该进口货物的部分价值。

四、对商标权使用费的支付构成进口货物销售条件的审查建议

多数商标所有人出于商标的控制、商标的信誉以及商业利益等方面的考虑，不允许被许可方向任意方购买使用授权商标的货物，而对使用商标的货物或制造商设置一些限定条件（如要求被许可方只能在向特定方购买的货物上使用商标）。但在合同签订及贸易安排上，对进口货物和商标权费之间的相关性，又不会像咨询性意见 4.11 的案例中规定得那么明确。在这种情况下，海关应从相关协议文件及贸易过程的审核入手，对商标权使用费是否作为销售条件做出正确的判断。

（一）从相关交易文件和贸易过程判定是否构成“销售条件”

海关仔细审查包括许可协议和销售协议在内的相关文件是很有必要的。许可协议通常会规定被许可方所赋予的特许权、相关权利的时限及地域限制、权利使用费的支付以及产品质量要求等条款；销售合同通常会列明与货物进口销售有关的条款。在相关协议和文件中包含的信息可能会有某些内容，提示商标权使用费的支付是否构成销售条件。同时应注意，对销售条件的判断

不应该局限于审核相关合同条款对销售条件的限制，也应关注交易的实际，并从整个交易过程来审查买卖双方以及许可方的权利和义务。合同中关于商标权使用费支付的条件，既可在合同条款中列明（如在合同中将商标权使用费作为货物成交价格条款的组成部分），也可以通过适当的实际贸易流程安排来间接达成。如果相关各方不存在特殊关系，各方出于对自身利益的关切，在相关协议中对贸易安排及双方享有的权利和义务应会做出比较翔实的规定，相关协议参考价值较大。但相关方如果存在特殊关系，除了对合同审核外，海关更应着重考察实际的贸易安排。由于特殊关系的存在，有时仅通过协议的文本本身很难发现协议签订的实质，此时就需要从企业的实际贸易行为出发，通过审查企业在贸易中的外在表现，并依靠商业和法律上的事实推断，由外及内把握贸易安排产生的实质性影响。必要时海关应将其与无特殊关系方在类似情况下采用的贸易安排做比较。

（二）从整体的角度判定是否构成“销售条件”

在贸易实际中，常常存在多个贸易安排密切相关，共同组成了一笔包括进口货物和相关商标使用权的交易。对于商标权使用费是否应计入完税价格的判断，是仅从购买货物贸易安排来看，还是从联系密切的相关多个贸易安排来看，得到的结论可能大相径庭。因为“作为货物销售条件”表述的范畴是超过“作为货物销售合同的条件”范畴的。在服装行业的实际涉及商标权使用费的贸易安排中，常常出现的情况是，买方与商标许可方签订相关的商标许可协议规定：买方应按照与许可商品销售有关的某个财务指标（如：年度销售额或毛利润等）一定比例的金额作为商标权使用费支付给商标许可方，作为商标许可方授予买方销售带有商标商品的许可使用费用。协议还规定买方享有一定的自由选择制造商的权利。如果把买方分别向制造商下订单和向商标许可方支付商标权使用费这两个贸易过程割裂开来看，它们之间是独立运作的，不存在控制或限制关系，特许权使用费的支付不构成销售的条件。但如进一步审核相关协议和单证，可能会发现：虽然买方可以自由选择制造商，但该制造商需要有一定的资质——制造商必须与商标许可方签有特定的生产协议。生产协议一般会规定，商标许可方授予制造商可以生产含有相应商标的产品的权利，同时要求制造商为有关商标权提供保护，即未经许可，制造商不得向他人生产、销售含有商标的产品。此时，许可方与制造商的生产协议相关条款以及买方与制造商的进口货物销售合同共同构成了一次完整的销售，海关应在此基础上判断销售条件。

（三）注重典型案例对是否构成“销售条件”的指导作用

涉及商标权使用费的实际贸易安排千差万别，相关法规无法做出详尽的规定。因此进口货物和商标权存在何种程度的关联，许可人对货物进行何种程度的控制，是否构成“销售条件”应结合个案的具体情况作出判定。美国、加拿大等国是典型的判例法国家，在估价实践中多依赖于典型的判例。其中一些经过长期理论以及实践的检验已经被公认为“指导性案例”，它们提供了大量有针对性的细节，可按图索骥式地针对发生的实际问题给予审价人员明确的指导。法官在判决类似案子时，也或多或少会借鉴引用这些典型的判例。我国虽然不属于判例法的国家，但也有必要对估价实践中遇到的具有代表性和典型性的特许权使用费案例进行提炼、总结，并以一定形式公布。这无论对于海关估价关员还是进出口商都具有重要的参考价值。

（本文原载于《海关与经贸研究》2014 年第 1 期）

附录六　实质课税原则在海关特许权使用费征管中的运用探析

王　浩　许　练

一、实质课税原则的内涵及其理论基础

（一）实质课税原则的内涵

实质课税原则，又称实质课税法、实质课税主义、经济观察法，是税法重要原则之一。随着市场经济的多样化发展，实质课税原则在税收规避行为治理中的实际运用显示出了积极作用，被广泛地应用于各国的税收立法、执法和司法过程中。

实质课税原则是指征税机关征税时，不能仅根据其外观和形式确定是否应予课税，而应根据实际情况，尤其应当注意根据其经济目的和经济生活的

实质，判断是否符合课税要素，以求公平、合理和有效地进行课税。

（二）实质课税原则的理论基础

1. 实质课税原则与量能课税原则、税收公平原则内在逻辑的一致性

对于实质课税原则的理论依据，多数学者倾向于从量能课税原则和税收公平原则中抽象。所谓的量能课税原则，要求尽可能地对经济上有较强的给付能力和负担能力的人进行课税。换言之，“能力越大、责任越大”，纳税能力强者应多纳税，纳税能力弱者可少纳税，无纳税能力者则不纳税，此时，税收的征纳不再简单地以形式上实现依法征税，满足财政需要为目的。从这一层面来考量，量能课税原则与实质课税原则的内在逻辑存在一致性，因此当满足一定条件时，适用量能课税原则或实质课税原则在结果上并无区别。

税收公平原则已成为我国税法的基本原则之一，它要求纳税主体在各种税收法律关系中的地位必须平等，且税收负担在这些依法负有纳税义务的主体之间应当实现公平分配。税收公平原则实际上已将量能课税原则涵盖在内，承认量能课税原则的同时，可以说也就是承认税收公平原则。其理由在于量能课税原则从根本上来说，是在试图缩小国家与纳税义务人之间的距离，体现“以人为本”，确保对每一国民给予公平之对待，不因纳税义务额而有所区别。当纳税人逃避税款时，就已经对平等课征、普遍课征和量能课征的原则构成了损害，而对其他纳税人来说，则是另一种不公平。实质课税原则适用的目的，在于实现量能课税，即根据纳税人的赋税负担“经济能力”而确定其应负的税负。构建在税收法定的基本原则之上的实质课税原则虽由量能课税原则导出，但必须接受税收法定主义的限制约束。

由此观之，实质课税原则可视作量能课税原则与税收公平原则在特殊税法领域的具体体现。

2. 实质课税原则与税收法定原则的冲突与统一

税收法定作为税法的基本原则之一，该原则是指税收的开征必须有法律依据，要严格按照法律依法征税，依法纳税。税收法定原则是民主原则、法治原则等现代宪法原则在税法上的体现，对保障人权、维护国家利益和社会公益可谓举足轻重、不可或缺。我国台湾学者陈清秀认为，经济观察法如果漫无节制地适用，则税收法定主义的精神将名存实亡，任何课税均能依据实质课税原则加以正当化。税收法定原则将形式正义作为优先考量，注重确定性与可预测性，

而实质课税原则则更倾向于在实质上体现正义，注重灵活性和弹性，实质课税原则具体在税法解释上加以适用，以填补依据税收法定主义造成的税法上的欠缺，是税收公平原则在特殊情况下的具体体现，也是对税收法定主义的一种有益补充。简言之，“税收法定主义应以形式课税原则为基础，以实质课税原则为目的”。二者之间的关系是对立统一、动态平衡的。与此同时，两个原则只有互相配合、互相协调才能实现现代税法规范意义上的公平、量能课税等基本目标，才能使税收法定主义的体系更加完善和健全。

二、实质课税原则在特许权使用费征管中的实践

（一）实质课税原则与海关估价三原则的内在契合

估价法规三原则[1]来源于《WTO估价协定》和我国的经济社会特色。《WTO估价协定》在其一般介绍性说明中阐明了立法原意，即希望建立一个统一的估价准则，在执行中为各国进出口商提供更大的统一性和确定性。同时海关的估价制度应是公平和中性的，海关估价应依据商业惯例的简单和公正的标准，最大限度地使用成交价格方法估价，而不能使用任意或虚构的价格进行估价。《WTO估价协定》目标是建立一个公开、透明、标准和可预见的估价体系，该体系对于国际贸易的发展不会产生任何阻碍作用。为此，我国在对《WTO估价协定》的立法转化过程中，充分认识到贯彻其立法精神既是履行国际承诺的义务，也是推动我国经济社会发展的必经之路。为此，我国海关在制定估价原则时，充分借鉴了《WTO估价协定》的立法精神，同时又增加了具有我国特色的内容，最终形成了目前的“客观、公平、统一”三原则。“客观”，是指“不带个人偏见，按照事物的本来面目去认识的行为”。在海关估价中运用“客观”原则就是指海关估价过程中，运用的数据必须来源于进出口贸易活动中存在的真实数据，而不能使用武断的、虚构的数据对于进出口货物实施估价。《关税条例》第二十八条“按照本条例规定计入或者不计入完税价格的成本、费用、税收，应当以客观、可量化的数据为依据”的规定明确了海关估价中的“客观”标准就是要以客观可量化的数据为基础估定进出口货物的完税价格。

---

[1]《审价办法》第二条规定：“海关审查确定进出口货物的完税价格，应当遵循客观、公平、统一的原则。”

那么在判断特许权技术合同的真实性过程中，则不能仅依照外观与形式，而应当依照实体或实质加以判断，并探究其真实本意，“客观”原则与“实质课税”原则上表现一致。“公平”，是指“按照一定的社会标准（法律、道德、政策等）、正当的次序，合理地待人处事。在正义的概念中，公平是最基本和最重要的观念。”公平是西方法学中的一个重要概念，目前也已吸收进我国的立法思想体系中。海关估价中的公平原则强调的是海关估价过程的公平，即相同的贸易方式、相同的交易过程应受到相同的海关估价待遇，这一观点落实到具体条款中就是成交价格原则。税收负担要维持实质的公平，即便法律形式和名义不同，只要存在经济实质，不管其外观形式如何，都必须同等课税。实质性课税原则侧重于对纳税人规避纳税义务方法途径的限制，实质课税原则与“客观、公平、统一”原则并不矛盾，事实上，二者是殊途同归的，对海关特许权使用费征管工作具有借鉴意义。

在特许权使用费海关征管工作中，实质课税原则根据法律目的及可能的文义解释和处理问题，根据该原则确定的课税内容可能会打破对税收法定主义的形式理解，因其具有灵活性和补充性，实质课税原则在一定程度上可以发挥完善税法解释的作用。

（二）实质课税原则对特许权使用费的征管依据的有效补充

在实际案例中，大多数企业的贸易方式多样、交易过程复杂，销售双方在进口合同和技术协议上一般不会明确注明有关条款，其发生特许权使用费的行为往往无法与《审价办法》等相关条文直接对应。因此，运用实质课税原则，从交易事实出发判定特许权使用费的计征条件尤为必要。《WTO 估价协定》的成交价格原则规定：成交价格是指按估价协定所规定的方式调整后，该货物销售出口至进口国的实付或应付价格，包括直接支付和间接支付的价款。海关估价的对象是有形货物，只有买方在购买进口货物同时，又发生一项技术贸易，技术贸易随附于货物贸易同步发生，特许权使用费的支付与货物销售行为密不可分，海关才将其视为一个整体进行估价。因此，进口货物的特许权使用费如符合成交价格的“该货物销售”的原则和“实付、应付价格”原则，特许权使用费作为实付、应付价格的一部分，“不论其支付方式是直接支付还是间接支付”，都应计入进口货物的完税价格，若进口人向第三方支付特许权使用费作为销售进口货物的一项要件，则其向第三方支付的特许权使用费也应计入成交价格。世界海关组织 WCO 估价技术委员会评论 25.1，即“关于第三方特许权使用费的一般性评论”，指出可以确定为特许权使用费构成进口货物销售要件的 5 项事实因素条件。这 5 项事实要素分别是：（1）在销售合同或相关文件中有关于特许权使用费的证明；（2）在许可协议中有关于货物销售的证明；（3）根据销售合同或许可协议条款，由于买方未向特许权许可方支付特许权使用费，作为违背许可协议的结果，会导致销售协议的终止。这就显示特许权使用费的支付与被估货物有关，且特许权使用费的支付是销售的条件；（4）在特许权协议中约定，如果不支付特许权使用费，制造商被禁止为进口企业生产含有特许权许可方知识产权的货物；（5）许可协议中包含允许许可方对制造商和进口企业间（出口销售至进口国）的货物生产或销售进行除质量管理以外的实质性管理。因此，准确理解上述 5 个条件所蕴含的实质要义并加以推广应用，将有助于破解中国海关特许权使用费征管难题。

（三）运用实质课税原则的特许权使用费稽查案例分析

2011 年，某海关在对 Z 公司（以下简称 Z）开展常规稽查过程中，发现该公司进口的数控加工中心及其零部件存在向其母公司 D 公司（以下简称 D）支付“技术许可费”的情况。经审查发现 Z 是 D 的全资子公司，与 D 签署专有技术《许可协议》。该协议规定，Z 受 D 许可，利用 D 专用技术制造、销售附有“DK”商标的数控加工中心。以技术许可和商标许可为许可整体，计提“技术许可费”，按国内销售所得的净收入计提 8% 支付给 D。Z 是 D 在中国境内的独家制造、销售授权公司和商标使用人。

海关进一步审查发现 Z 进口和销售的数控加工中心分为四种情况：一是从关联企业进口，进口时附有 DK 商标的数控加工中心（主要是整机），进口后经过检测直接销售的；二是从关联企业进口，进口时附有 DK 商标的成套零部件，进口后经过简单装配、检测后进行销售的；三是从非关联方进口，进口时没有附 DK 商标的散件，进口后与其他国内采购件经过加工、装配、检测后，附上 DK 品牌商标再进行销售；四是 OEM 货物，从非关联方进口，进口散件没有附 DK 商标，进口后经过加工、装配、检测进行销售，销售的成品不附 DK 商标。Z 在进行上述加工、装配、检测过程中，应用 D 许可的专有技术。根据许可合同规定，上述第一、二、三种货物销售（除返售给母公司和关联企业外）需要按国内销售所得的净收入的8%计提“技术许可费”；第四种货物不需要计提“技术许可费”。

海关认定第一、二种货物符合《审价办法》第十三条第（二）项“特许权使用费是用于支付商标权”相关条款的规定，应计入完税价格征税；第四种货物与特许权使用费无关，不需征税，企业均无异议。

争议焦点集中在对第三种货物的处理。企业认为该类货物向没有关联关系的公司购得，其价格是公开市场上的公平价格，没有证据表明其与技术许可费的支付构成“销售要件”，且该类货物进口没有附商标，进口后的加工装配过程复杂，不属于轻度加工，故与技术许可费无关。企业的物流记录、财务账册确实未见异常，无法认定商标技术许可的支付构成该类货物的销售条件。案件陷入困境。考虑到DK品牌数控加工中心在市场上的垄断地位和技术差异，以及该类货物占据Z绝大部分销售额，海关推测进口货物中可能含有特定甚至关键的技术。海关在企业的生产车间实地调研发现：该企业生产的各类数控加工中心均含有一个核心电脑控制模块需进口，该模块技术含量高，是加工中心的关键部件。Z与该部件的境外生产销售商签订了保密技术协议，协议规定，Z要求生产销售商需就该部件的技术规范进行保密，未经Z允许，不得向第三方提供有关产品。经Z书面确认，该部件的技术规范由D在境外研发并提供给Z，再由Z转交生产销售商，属于《许可协议》中的技术许可范围。企业说明，该类产品设计的零配件大都是定制件，有特定的参数和图纸，在研发投产阶段D的采购已经在德国、美国等国家的供应商投入资金设计和制造模具。海关认为：由于该进口核心模块是根据专有技术研发设计并生产的，且该专有技术由Z公司向境外生产销售商免费提供，与该进口核心模块的生产和销售有关，根据《审价办法》第十一条，相关的技术规范等已构成应税“协助”。由于该专有技术属于《许可协议》中的技术许可范围，其价值主要通过“技术许可费”体现，故海关认定相应“协助”的价值应通过对“技术许可费”的分摊计算得出，并调整计入完税价格，企业最终认可了该征税结论。

不难看出，上述案例充分运用了实质课税原则。首先，海关将特许权使用费作为成交价格的调整项目是实质课税原则的体现。通过对纳税人经济活动的经济实质进行分析与研判，将纳税人未包含在成交价格中但与进口货物有关且支付构成进口货物销售的条件的特许权使用费进行合理调整，反映出纳税人的真实所得，有利于防止纳税人的避税与偷税，维护国家税收利益以及税收的公正性。其次，海关对应税特许权使用费的判定是实质课税原则的灵活运用。本案中，Z 从无关联关系的第三方进口核心模块的行为完全符合 WCO 在“关于第三方特许权使用费的一般性评论”中指出的可以确定为特许权使用费构成进口货物销售要件的事实因素条件，海关充分考虑企业的销售实质，从“协助”的角度切入，确定该部分“技术许可费”应税，解决了无明确对应“构成货物进口销售的条件”合同条款的判定困境。

（四）实质课税原则在海关特许权使用费征管中的实践

海关依据实质课税原则判定特许权使用费是否应税时，通常需要对照审核两份合同，一是货物进口合同，即有形货物的贸易合同；二是特许权转让合同，如专利权许可合同、专有技术许可合同、商标许可合同等。运用实质课税原则审核特许权使用费是否与货物进口销售有关时，可通过调研企业的贸易流程，明确货物买卖双方、特许权持有人和使用人以及相关第三方的相互关系，分析物流、信息流和资金流的实际走向，全面掌握货物和特许权贸易的整体流程，可重点审核以下实质关系：

1. 贸易流程是否受到明显的控制。在跨国公司全球化供应与采购的模式下，传统的商业职能日益细化和分离，形成总部、采购、营销、金融、研发和售后服务中心并存的复杂贸易体系。跨国公司依靠技术和资金优势，在国际贸易中经常占据绝对的主导地位，直接或间接控制货物贸易的买卖双方。因此，海关在审核跨国公司特许权使用费是否应税时，更应注重对贸易流程的调研分析，从控制能力的角度对特许权使用费是否构成销售条件进行综合判断。

2. 完整收集企业与外方签订的技术转让协议，包括合同附件，对技术协议中的专用概念要求企业书面说明，重点从以下四个方面进行充分取证、相互印证：

一是重点审核合同中权利义务条款。不管进口货物的卖方是否同时是特许权利的所有人，如果不支付特许权使用费，买方就不可能获得、使用或销售进口货物，或者中止有关的销售合同，那么这种费用的支付就构成了货物向中国销售的条件。所以通过考察进口货物买卖双方、特许权许可人和被许可人之间的协议、发票和往来函电，特别是双方权利义务和协议中止条款，不论在有关合同中是否明确表示或根据有关条款进行逻辑推理，如果不支付特许权使用费，买方根据货物交易的安排无法获得许可货物，以取得特许权使用费的支付构成进口货物的销售条件的证据。

二是重点审核协议中的质量控制条款。在审核合同时往往重视对价格条款的审核而忽视对其他条款的审核，作为特许权使用费的支付与进口货物有关的证据可能隐藏在合同中的品质保证或质量控制条款中。一般来说特许权利人要求买方支付特许权使用费，同时要求货物的制造商按一定的质量标准进行加工生产，在此情况下虽然特许权使用费是支付给权利人而货款支付给制造商，但这两者之间是有关联的，所以取得权利人与制造商的加工协议是找到特许权的支付与进口货物有关的重要证据。因此对质量条款的审核显得尤为重要。通过这一条款的审核，可以判断进口单位或实际收货单位在采购进口货物上是否受到特许权所有人的控制或制约。如果进口单位或实际收货单位只能通过特许权所有人，或者与其有关联的出口商，又或者其指定的无关第三方购买进口货物，那么特许权所有人对货物销售到中国境内具有实质控制能力。需要注意的是，如果质量条款纯粹是符合某一特定的产品质量标准，且该质量标准与特许权无关，买方可以自行选择符合资质的供应商，则特许权使用费的支付将不构成销售条件。

三是审核有效期条款。在货物转让合同中对特许权使用费构成货物销售条件的证据较难取得，在许多情况下，供货合同往往并没有直接写明有关特许权使用费支付的条款，但在整个交易的过程中供货合同可能会因为许可协议的终止而终止，或者没有许可协议就没有进口货物销售到中华人民共和国关境内。因此，在考察销售条件的时候，一定要同时取得供货合同和许可协议，以及其他可以使一次交易完整发生的合同文件，往往可以从货物和技术许可合同的有效期中发现构成销售条件的证据。

四是不要忽视合同附件的审核。一般而言，在货物进口合同中买卖双方只会简单对所涉特许权使用费问题进行描述，个别合同甚至在货物进口合同中对此只字不提，因此，要审定专利或专有技术的特许权使用费是否与进口货物有关，关键在于专利权或专有技术许可合同。通过对该合同的审核，应该掌握所涉专利权或专有技术的具体指向以及它与进口货物的关系。特别是技术转让合同所附带的一些附件，一般在附件中会涉及专有技术清单，与此同时，海关还应要求进口商提供关于专利或专有技术的单证说明，例如专利号、专利证书等。对于专利，如所涉专利是受《中华人民共和国专利法》保护的发明专利权、实用新型专利权或者外观设计专利，进口商专利应提供相关的专利证书；考虑到许多专利只是在国外申请了专利而尚未在中国申请专利保护，对于这种情况，则应要求进口商提供所涉专利在国外受保护情况的文字说明并提供相关的证明文件，如国外专利行政部门发布的专利证书、专利公报等，海关据此判断所涉特许权是否属于专利范畴。而对于专有技术，由于其不受工业产权法的保护，应要求进口商提供关于专有技术的内容介绍。

三、需解决的问题和相关建议

行文至此，笔者笃信在我国《关税法》立法中，甚有增设实质课税原则规定的必要，以便为传统的海关税收征管适用带来一丝活力，表现在：（1）实质课税原则重视探求经济目的和经济实质，可以防止恶意逃避税收行为的发生，促进税收负担的公平分配。（2）实质课税原则在必要时进行纳税调整，可以防止不适当的税收减免或漏征，满足国家财政需要。（3）实质课税原则在一定程度上强化了海关的自由裁量权，对特定案件而言，提升税收征管效率。（4）实质课税原则的运用有助于克服相关法律的僵化性及因形式上的理解而给税收征管造成的损害。还应看到，实质课税原则也涉及理论和实践多方面的问题，亟待解决。

在全面深化全国通关一体化改革，持续推进汇总征税、纳税人属地管理、“一次申报、分步处置”等征管方式创新的大背景下，“有限”运用实质课税原则需解决以下问题：一是申报权责的问题。建议在关税立法时考虑增加纳税人和海关在申报和接受申报过程中的权利义务，如纳税人对其纳税申报中提供的涉税资料的真实性和完整性负责；海关在税收申报确认中对纳税人应纳税额做出调整的，应对数据信息、核定方法负责；纳税人有异议的，应当提供有效依据进行补充申报。二是“大数据”信息比对的问题。建议考虑通过立法等形式保障海关从其他职能部门、金融机构、第三方获取涉税信息的权力，确认从国际信息合作中获取涉税信息的效力，将海关 AEOI（国际税收信息自动交换）、“三互”（口岸部门间执法互助、信息互换、监管互认）上升为法律层面的程序。三是行政救济问题。建议积极探索研究纳税人主动披露制度，允许纳税人自查自纠，发现申报错误后及时改正，避免纳税人因缺乏救济而隐瞒不报、知错不改。四是合理自由裁量的问题。建议完善海关行政裁定程序，确保税收技术自由裁量权合理适度使用。海关的行政裁定适用于纳税争议的内部解决环节，并应严格限定为海关总署级别的事权。五是建立特许权使用费审核专家技术组工作制度，建议以海关估价技术委员会为平台，建立特许权使用费专家技术工作组制度，抽调关税、稽查等方面的专家组成，主要负责特许权使用费疑难问题研究，对案件提供技术支持，对验估人员开展特许权使用费估价培训等工作。

实质课税原则为海关特许权使用费征管提供了有力的支持。鉴于我国海关税收征管现状，可以适时地引入以充实我国反避税实践，弥补立法和执法中的不足，完善特许权使用费征管制度。通过对实质课税原则和税收规避行为的理论分析和实践考察，可以看到实质课税原则的引入的确为海关特许权使用费征管带来新的活力，可以防止由于对税法的固定的、形式上的理解而给量能课税造成的损害，有利于税法公平的实现。应加大对实质课税原则在海关税收征管领域运用的理论探索和实践创新，结合税收法定主义，综合考虑我国国情和海关监管实际“有限”运用，使实质课税原则的适用更科学，使其在破解特许权使用费海关“征管难”中发挥更大的作用。

（本文原载于《海关与经贸研究》2017 年第 5 期）